TODO LO QUE QUIERES SABER DE JESÚS

TODO LO QUE QUIERES SABER DE JESÚS

BUENO, NO TODO, PERO SÍ LO SUFICIENTE PARA COMENZAR

PETER DOWNEY Y BEN SHAW

Vida®

La misión de Editorial Vida es ser la compañía líder en comunicación cristiana que satisfaga las necesidades de las personas, con recursos cuyo contenido glorifique a Jesucristo y promueva principios bíblicos.

Todo lo que quieres saber de Jesús
Edición en español publicada por
Editorial Vida – 2009
Miami, Florida

Originally published in the USA under the title:
Everything You Want to Know about Jesus
© 2007 by Ozdad, a division of Songs of Thunder Press
Published by permission of Zondervan, Grand Rapids, Michigan.

Traducción: *Silvia Palacio de Himitian*
Edición: *Orville Swindoll*
Diseño interior: *Good Idea Production, Inc.*
Adaptación de cubierta: *Grupo Nivel Uno, Inc.*

ISBN: 978-0-8297-5365-3

CATEGORÍA: Referencias bíblicas / General

IMPRESO EN ESTADOS UNIDOS DE AMÉRICA
PRINTED IN THE UNITED STATES OF AMERICA

09 10 11 12 ❖ 6 5 4 3 2 1

CONTENIDO

MATERIAL DE COMIENZO

Tercera parte
UN HOMBRE CON UNA MISIÓN

Cuarta parte
NO ES DE ESTE MUNDO

Quinta parte
PARA EL ACTO FINAL

Sexta parte
HIJOS DE LA REVOLUCIÓN

MATERIAL DE CIERRE

the frogs legs
em right-
Henry a

MATERIAL DE COMIENZO

PRÓLOGO

Crecí en una iglesia; mayormente fui un buen muchacho y todo eso. Concurrí a la Escuela Dominical todas las semanas desde el mismo momento en que abandoné la guardería. Así que tuve mi cuota de historias bíblicas; y escuché mi parte de las historias de Jesús.

Una de mis favoritas era la historia de Jesús caminando sobre el agua. Todavía puedo recordar (de hecho, en realidad tengo el cuadro presente en mi memoria en este mismo instante) las imágenes del franelógrafo en las que Jesús se deslizaba por el aire, con su hermosa túnica azul, sobre un trozo de azul vítreo. (De paso, el franelógrafo constituía la tecnología de enseñanza de aquellos días: pequeñas figuras troqueladas que se ubicaban en primer plano —gente, botes, algún árbol ocasional— que llevaban adosado un trozo de felpa en la parte de atrás, y que se adherían prolijamente al tablero cubierto con un fondo de franela en el que se veían distintas topografías bíblicas neutras. Mi suegra todavía cuenta con una de las colecciones más completas del mundo de toda esa parafernalia para franelógrafos. Hablando en serio, su material debería convertirse alguna vez en la principal atracción de un museo de Escuelas Dominicales.)

Volviendo al Jesús que se deslizaba…

En mi imagen mental congelada, Jesús es blanco y con el cabello prolijamente peinado. (Fuera de broma, me sorprende que cuando reinventamos a Jesús como una persona blanca nadie haya intentado reinventar su cabello de un modo más apropiado, al estilo de la iglesia; tal vez en la onda del peinado de uno de esos agradables tele evangelistas). Y él se deslizaba (en realidad el término *aerodeslizaba* es el mejor en el que puedo pensar) en mitad del día a través de una masa de agua idílicamente calma. En ocasiones, en esa imagen de mi infancia, él aparece con una mano a medio levantar, a la altura de su pecho; no sé si en una especie de bendición o de saludo informal. («¡Eh, muchachos! Relájense, soy yo».)

Estoy seguro de que para cuando yo llegué a la adolescencia, sabía que esa figura de Jesús con felpa adhesiva al dorso en la que él caminaba sobre el agua no era demasiado exacta. Pero allí estaba burbujeando y filtrándose en mi subconsciente espiritual.

Con certeza, durante el tiempo en el que asistí a una universidad cristiana y a una escuela de graduados, ya por lo menos sabía que Jesús no era blanco, que en realidad había caminado en lugar de deslizarse por el aire, y algunas otras cositas más. Pero no iba a permitir que eso estropeara la imagen que había adquirido de niño.

Hasta estoy seguro de que después de años de ser pastor de jóvenes y contar repetidamente esta historia, sabía que había algunas otras inexactitudes, como el estado del agua. (Recuerdo con claridad al orador de un retiro, al que yo había convocado, presentando el peor rap que escuché en mi vida, en el que hablaba de cómo el bote era sacudido por las olas: *s-s-s-sacudido… s-s-s-sacudido.*)

Pero yo seguí consintiendo en que la imagen de mi infancia persistiera, encapsulada en acrílico psicológico, en el museo de mi mente.

Recuerdo (más la experiencia que el momento y el lugar en el que ocurrió) que finalmente me di cuenta, ya avanzado en la adultez y siendo un cristiano experto, que el texto mencionaba claramente que todo ese asunto de la caminata sobre el agua había sucedido en medio de la noche (una noche de tormenta, para más). Por supuesto, esa hubiera resultado una lección de franelógrafo aburrida, dado que no hubiéramos podido ver nada. Y el agua: bueno, no era ni calma ni quieta. Aquellos marineros experimentados (los discípulos) no conseguían regresar con el bote a tierra porque se había levantado una fenomenal tormenta de viento, y las olas eran tan tremendas que aplastaban el bote y lo alejaban de la costa (*s-s-s-sacudido*). *Esa* fue el agua sobre la que Jesús caminó.

Demasiado deslizarnos por los aires… Ahora tengo presente la verdadera imagen de un Jesús del Oriente Medio y de piel oscura tratando de abrirse camino entre los picos y las depresiones de un mar embravecido. Sus ropas debían estar empapadas por las salpicaduras. A sus cabellos los debe haber revuelto el viento. (¿Dónde hay un buen sujetador de cabello cuando uno lo necesita?) Ahora la escena se parece más a un episodio oscuro como la boca de un lobo, sobre una superficie de canto rodado (¡sobre el agua!), o como una competencia extrema de patines con saltos y piruetas, realizada de noche, con Jesús deslizándose por la cresta de una ola y saltando a la próxima para caer en un hueco y prepararse para realizar su siguiente truco.

¡Zás! El acrílico protector de mi imagen infantil finalmente queda aplastado. Y entonces comienzo la tarea reconstructora de observar al *verdadero* Jesús.

En una escala más amplia, y tomando en consideración muchas historias más, eso es lo que Ben y Pete logran: aplastar el acrílico psicológico que envuelve todas nuestras falsas imágenes e ideas acerca de Jesús. Se trata de un trabajo noble de deconstrucción y reconstrucción. Tal vez algunos hasta lo llamen de recreación de la imagen.

Y sea que nuestros pensamientos e imágenes nos vengan de la infancia o de otra etapa de la vida, sea que tengamos muchos conceptos acerca de Jesús o solo los rumores que hemos alcanzado a escuchar por ahí, todos tenemos algunas ideas seriamente mezcladas con respecto a quién fue y quién es Jesús, y a qué fue lo que hizo y lo que hace ahora. Pete y Ben están preparados con sus martillos. Ellos nos van a conducir a través de un rally informal, directo, y hasta caprichoso por… bueno, ¿cómo diremos?… por todo aquello que necesites saber acerca de Jesús. (Bueno, ya me entiendes… mejor que leas el subtítulo.)

—MARK OESTREICHER
AUTOR DE VARIOS LIBROS DE
ESPECIALIDADES JUVENILES

ACERCA DE LOS AUTORES

¿Quiénes son Ben y Pete?

Al leer un libro como este, resulta importante conocer un poco acerca de los autores. Pero los nombres de Peter Downey y Ben Shaw probablemente signifiquen muy poco para ti.

Si escribieras estos nombres en un buscador de internet, te hallarías en problemas de inmediato porque hay más de un Peter Downey y de un Ben Shaw en el mundo.

Así que para tu información, el Ben Shaw que escribió este libro no es el pintor Ben Shaw, ni el jugador de béisbol Ben Shaw, ni el mimo conceptual ni, obviamente, el Ben Shaw que fue a la horca por asesinato. Tampoco es el Ben Shaw vocero de la iglesia de la Cienciología. Del mismo modo, Peter Downey no es un profesor de ciencias de la computación de Arizona, tampoco un guardabosques canadiense, ni un actor cómico, ni el tipo aquel que tiene antecedentes criminales por destruir los parabrisas de automóviles con un bate de béisbol.

Así que, yendo al grano… ¿quiénes son Peter Downey y Ben Shaw?

Ben nació en Vancouver, pasó la mayor parte de su vida en Sydney y al presente vive en Londres. Peter nació en Londres, pasó la mayor parte de su vida en Sydney y nunca pensó siquiera en irse a Vancouver.

Sus caminos se cruzaron por primera vez a mediados de los ochenta entre bastidores, en un concierto de rock, y han sido buenos amigos desde entonces. Ben tocaba en una banda llamada *In the Silence* y Pete en una banda denominada *Priority Paid.* Durante los siguientes seis o siete años tocaron juntos en muchos conciertos y festivales y hasta viajaron juntos a través del Mar de Tasmania un par de veces para presentarse en grandes festivales de música cristiana en Nueva Zelanda. Poco imaginaban al ir sentados uno al lado del otro a bordo de un 747, a diez mil metros de altura, que veinte años después escribirían libros en coautoría.

Pete

… comenzó a asistir a la iglesia cuando tenía dieciséis años, principalmente como forma de conocer chicas. Pero lo que aprendió acerca de Jesús en la iglesia y a través de la Biblia cambió su vida. Pete se dio cuenta de que vivir según el camino de Jesús tenía sentido. En términos más coloquiales, se «convirtió en cristiano». Durante los años siguientes se dedicó a supervisar la Escuela Dominical y grupos de jóvenes, liderar campamentos y misiones de verano, tocar rock cristiano con el ya mencionado grupo de lindos muchachos de los años ochenta, y predicar. Estudió hasta obtener títulos de bachiller y de maestría, y logró un doctorado, aunque él siempre le hace saber a la gente que es doctor en educación y no en medicina, porque vive temiendo constantemente que en algún teatro en los que toca alguien pregunte en voz alta: «¿Hay algún doctor en la sala?», y se espere que él realice una operación de apéndice de emergencia allí nomás, en los pasillos, sin nada más que alicate y alfileres de gancho. Se ha desempeñado como maestro de inglés de los años superiores durante más de veinte años y en este momento es vicedirector de una importante escuela cristiana en Sydney, Australia.

Pete está casado y tiene tres hijas adolescentes. Ha escrito tres libros de gran éxito sobre matrimonio y paternidad, y también ponencias y artículos para toda una serie de periódicos y revistas. Le gusta tocar la guitarra,* nadar, acampar, comer platos bien condimentados, ir a la playa, leer libros y ver películas.

* ¡Y aventar la guitarra! ¡Lo he visto! —Ben

Ben

... creció en el suburbio portuario de Mosman en Sydney y, como Peter, no comenzó a asistir a la iglesia hasta ya entrada su adolescencia, luego de haber aprendido acerca de Jesús en la escuela. Una de sus maestras de esa época invitó a toda la clase a ir a su casa para «comer pastelillos y llevar a cabo un estudio bíblico». ¡Por supuesto, los chicos fueron por los pastelillos! Pero luego de escuchar la historia de Jesús, tanto él como unos cuantos más de sus compañeros se hicieron cristianos. Poco después, conformaron una banda de rock, sin sentirse desalentados por el hecho de no saber tocar instrumentos ni leer música. Pero aprendieron unos pocos acordes, tomaron algunas lecciones y prosiguieron adelante, haciendo de eso su carrera de ocupación a tiempo completo durante más de cinco años. Cuando la banda se desarmó, Ben comenzó a trabajar para una iglesia antes de obtener su título en la Universidad Teológica Moore. Desarrolló un agudo interés por la historia judeocristiana de los comienzos y por el Nuevo Testamento, y prosiguió sus estudios en la Universidad Macquarie. Hoy Ben trabaja como coadjutor en la Iglesia Emmanuel de Wimbledon, en Londres, y continúa dando conferencias en escuelas, universidades e iglesias. Un curso suyo en el que enfoca una perspectiva general de la Biblia (La Biblia en Tres Horas) se ha dictado en Australia, Hong Kong, Inglaterra e Irlanda. Está casado con Karen, y tienen un perro llamado Bear. Todavía se las arregla para jugar cricket y fútbol a nivel competitivo, y además disfruta de prácticamente cualquier deporte... y de escribir libros con Pete.

El intento de Pete y Ben de conquistar el universo editorial comenzó hace algunos años cuando se asociaron para escribir *Everything You Want to Know about the Bible: Well... Maybe Not Everything but Enough to Get You Started* [Todo lo que quieres saber de la Biblia: Bueno... quizá no todo, pero lo necesario para comenzar], que fue publicado por Zondervan. Y el resto, como ellos lo dicen, es historia. Ese libro apenas había salido de la imprenta cuando ambos ya estaban poniendo sus pensamientos en un siguiente proyecto.**

** Ben quería escribir una historia completa de las grandes bandas de rock australianas en los años ochenta, y yo lo convencí de que no lo hiciera. —Pete

La elección fue simple. Una de las frustraciones al escribir el libro sobre la Biblia fue que a la figura clave, Jesús, solo le fueron asignados unos pocos capítulos breves. Tuvieron que resumir en dieciséis páginas la vida y las enseñanzas de la persona más importante de la historia. Y no quedaron satisfechos. Así que el libro que sostienes entre tus manos vino como resultado de eso.

¿Están satisfechos ahora?

Bueno.

Vamos a la página siguiente y comencemos. No es momento de demoras. ¡Arre, avanza, Silver! ¡Párense firmes! ¡Adelante!

ACERCA DEL LIBRO

¿El verdadero Jesús podría ponerse de pie, por favor?

La internet nos proporciona una vertiginosa selección de imágenes de Jesús: viñetas, pinturas, esculturas, mosaicos, dibujos, vitrales y hasta películas. Muy pronto descubrimos que Jesús existe en nuestra conciencia cultural bajo muchas apariencias distintas.

En algunos retratos, Jesús aparece como un bebé sonriente de ojos azules, un mechón de cabellos rubios y un aura semejante a la de una vela emanando de su cabeza. Descansa serenamente en una cama de paja, creando un cuadro pintoresco de la Navidad, rodeado de amistosos animales de granja que, a los efectos prácticos, se ven como si estuvieran tarareando una alegre melodía todos juntos.

Pero eso está en franca contraposición con la siguiente imagen: una pintura de un Jesús sin camisa, como musculoso superhombre,* de pectorales abultados y tensos, y bíceps muy marcados.

> * Eh, ¿quieres decir alguien como yo? —Pete
>
> ¡En tus sueños, compañero! —Ben

Algunos retratos de Jesús son más serenos: Sentado en exuberantes jardines, rodeado de viñas y flores (y, con bastante frecuencia, un grupo de niños pequeños de apariencia muy cuidada, de diversas nacionalidades, y vestidos en pequeños trajes y vestidos de fiesta), se lo ve como un metrosexual de manos suaves y piel lechosa con mejillas sonrosadas. Bañado por un rayo de luz, mira con nostalgia y pensativamente hacia las nubes, como intentando componer una línea poética.

Algunas pinturas lo muestran como la viva imagen de un ser bello de facciones firmes. Un hombre alto y carismático de hombros anchos, ojos escrutadores, mandíbulas angulosas, dentadura perfecta y una expresión resuelta.

Muy pronto descubrimos que Jesús existe en nuestra conciencia cultural bajo muchas apariencias distintas.

Eso constituye un contraste completo con el tradicional arte bizantino, que presenta a Jesús como la cascarilla de un hombre apesadumbrado, insípido, débil, de expresión amarga y ojos llorosos de perrito abandonado. Con mucha frecuencia tiene un aura semejante a una pecera y está sentado en un trono. Lleva puesta una corona y un manto y mantiene una de sus manos en alto con pompa regia, como si estuviera señalando algo interesante que acaba de descubrir en el techo.

Y hay otros retratos aun más estrambóticos: Un Jesús como gigante cabeza intergaláctica mirando sobre la tierra, llorando y derramando sus lágrimas a través de la atmósfera… un Jesús cuyo corazón resulta visible a través del pecho… una figura de cerámica representando a Jesús como un protestante blanco anglosajón jugando con un niñito que va en bicicleta y una niñita en patines… Jesús como una figurita de Lego… Jesús cantando a dúo con Elvis… Jesús como un misterioso borrón de tinta, o como una imagen sobre parte de una tostada carbonizada… Y la lista podría continuar.

Lejos de ser visto como una persona real, Jesús existe dentro de nuestro moderno imaginario colectivo como una caricatura estilizada. Lo hemos esterilizado con una jerga piadosa, los hemos envuelto en un bagaje religioso y lo hemos enmarcado dentro de una vitrina. Como un barco a la deriva en el océano, él ha flotado a través de los siglos, recogiendo las rebabas de la religión al andar, hasta que ahora ha venido a ser una especie de

Hemos esterilizado a Jesús con una jerga piadosa, los hemos envuelto en un bagaje religioso y lo hemos enmarcado dentro de una vitrina.

recorte de cartón que flota en medio de un paisaje bíblico, dispensando consejos de los que se encuentran en las tarjetas de salutación, epigramas bondadosos y frases cristianas cortas y selectas. Ha dejado de ser una persona real.

Muchas personas tienen solo un conocimiento de Jesús hecho de trocitos, como una manta de retazos, una amalgama de ideas tomadas, sin excesivo rigor, de historias de la Escuela Dominical y de festividades cristianas. Construyen su cuadro de Jesús de la misma manera en que un niño puede crear un rostro a través de un collage hecho con trozos de revista. Han tomado un poquito de aquí y un poquito de allá y lo han juntado de cualquier manera para crear, con rapidez, un Jesús. Han visto tarjetas de Navidad que muestran a un tierno bebé Jesús. Recuerdan trozos de una oración hecha por los niños en la que se lo llamaba «dócil y afable». Se acuerdan de algunas de las canciones de *Jesucristo Superstar* y de *Godspell.* ¡Oh, no olvidemos la escena de *Life of Brian* en la que él se para sobre el trasfondo disertando acerca de «los productores de queso bendecidos»! Cuentan con una vaga corriente de anécdotas e historias recordadas a medias: algo acerca de que él caminó sobre las aguas, que convirtió el agua en vino, que sanó a un ciego, que desparramó las mesas en un ataque de ira… y acaban de ver el DVD de *La pasión de Cristo.*

Prácticamente todos, según parece, tienen una opinión con respecto a Jesús. Algunos dicen que él fue un moralista, un gran orador y maestro; o un revolucionario, un profeta, un sanador. Algunos dicen que era un mago o un hechicero, en tanto que otros lo consideran un buen tipo, pero nada más. Luego tenemos otros que argumentan que su figura fue profundamente malentendida, que el Jesús descrito por la corriente principal del cristianismo proviene de una amalgama de la historia con la tradición y que en realidad no se trata del verdadero Jesús del primer siglo. Aun están aquellos que dicen que él es simplemente un mito, un producto de la ficción, del mismo tipo que Santa Claus, el hada de los dientes, o Alicia en el país de las maravillas. El actor y director Mel Gibson lo resumió bien cuando dijo: «Desde niño, mientras crecía, [la historia de Jesús] siempre fue como esterilizada y no real, como una historia de hadas. Pero me sorprendió que en realidad haya sucedido; la Palabra de Dios nos dice que sucedió, y está respaldada por toda suerte de detalles históricos».[1]

Cuando nosotros (Ben y Pete) crecíamos, teníamos nuestras propias ideas con respecto a quién era Jesús. Ben nunca fue a la iglesia y lo primero que aprendió de Jesús fue a través de películas de la Pascua y alguna lección ocasional en la escuela. Para él Jesús era simplemente un lindo hippie de ojos azules y cabellos rubios que hablaba sobre el amor y recogía flores. Él había existido en la historia pero era completamente irrelevante para cualquier persona del mundo moderno… o por lo menos así lo consideraba.

De niño, Pete asistía a la Escuela Dominical, donde pasaba la mayor parte de su tiempo coloreando hojas de tarea en las que aparecía Jesús realizando milagros. Jesús, por lo tanto, resultaba un activista por la paz de los setenta, con una sonrisa como la del gato de Cheshire (el de Alicia en el país de las maravillas), una sonrisa genial y (por alguna extraña razón) siempre un pulgar levantado y un guiño en sus ojos, como diciendo: «Eh, muchacho… ¡que la lepra se vaya, hombre! ¡Guau! ¡Me voy! ¡Sigan adelante! ¡Sí!»

Si queremos agudizar nuestra comprensión de Jesús, necesitamos dejar los preconceptos en la puerta y comenzar de cero.

1. Ken Duncan, *The Passion: Lessons from the Life of Christ,* Ken Duncan Panographs, Wamberal, 2004, p. 70.

Y es por eso que escribimos este libro. Constituye nuestro humilde intento (quizá un poco presuntuoso) de arrojar sobre Jesús una nueva mirada. No nos engañamos en cuanto a las limitaciones de nuestro libro. No se trata de «la obra definitiva» referida a Jesús; sería risible el solo pensar que se le acerca. Pero esperamos que haga su contribución. Además, reconocemos la teoría literaria que señala que, hasta cierto punto, toda interpretación está ligada a una perspectiva. Este libro es producto de la vida y la época de los autores, ya que *nunca* podemos despegarnos completamente del filtro cultural a través del que comprendemos el mundo.

Si queremos agudizar nuestra comprensión de Jesús, necesitamos dejar los preconceptos en la puerta y comenzar de cero.

Por supuesto, una cosa es tener intenciones grandiosas, y otra es llevarlas a cabo. Analizamos una cantidad de diferentes enfoques, pero al final recibimos la inspiración de una humilde vaca.

¿Qué?

Cuando vamos a la carnicería y miramos las paredes, generalmente encontramos allí el afiche de una vaca de perfil, dividida como un viejo mapa soviético, según los cortes de carne que la constituyen. Esas partes dislocadas de la vaca no existen aisladamente. Como las piezas de un rompecabezas, son unidades individuales. Y solo cuando se unen todas se revela su propósito y se forma todo el cuadro. Siguiendo nuestra analogía bovina, aun cuando comprendamos que la pierna, el lomo, el bife de chorizo, el vacío, la espaldilla, las costillas, la aguja, la falda y el solomillo son partes separadas, solo al colocarlas juntas logramos una unidad vacuna.*

* Estoy confundido. ¿El rompecabezas es el cuadro de una vaca? —Ben

Lo que intentamos decir es que aunque hemos mantenido una cronología aproximada, también hemos intentado enfocarnos en los temas y movimientos de la vida de Jesús y su ministerio en forma individual. Pero cada uno de ellos aisladamente nos transmite solo una parte del cuadro general que conforman cuando se unen para brindarnos la comprensión de quién es Jesús y qué fue lo que hizo.

Para resumir, el libro consta de seis partes principales:

Primera parte («Las primeras cosas») establece el escenario como para que podamos comenzar.

Segunda parte («En espera del Rey») enfoca lo que sucedía en el entorno en la época en que Jesús nació.

Tercera parte («Un hombre con una misión») nos lleva a través de la vida adulta de Jesús y su ministerio.

Cuarta parte («No es de este mundo») investiga las cosas milagrosas que Jesús hizo.

Quinta parte («Para el acto final») considera el fin de la vida de Jesús cuando fue condenado y ejecutado, y luego su regreso de la muerte a la vida.

Sexta parte («Hijos de la revolución») analiza lo sucedido después de Jesús, incluyendo lo que implica seguirlo hoy.

Por supuesto, se han escrito más libros con respecto a Jesús que sobre cualquier otra persona o tópico de la historia. Cada palabra de los Evangelios y todo lo que Jesús dijo e hizo ya ha sido desmenuzado, considerado al derecho y al revés, masticado, traducido, examinado, disecado, retorcido, forzado, regurgitado, interpretado, pasteurizado y enterrado como abono. Existen innumerables tesis doctorales, series de ponencias, sermones, artículos, podcasts, concordancias, y alas enteras de las bibliotecas llenas de libros referidos a Jesús, libros tan pesados que podrían rompernos un hueso del pie si se nos cayeran de las manos. Muchos de esos escritos se sumergen en las profundidades de la vida de Jesús. Este libro, por el contrario, procura brindar una visión general; más bien es un intento de considerar superficial y rápidamente algunos escollos que aparecen en la superficie de esta, la más trascendente figura de la historia del mundo.

No tiene que ver con un tratado académico. No estamos interesados en las interpretaciones radicales, en los debates teológicos, en las cuestiones controversiales, o en crear teorías estrafalarias propias (como por ejemplo, que Jesús era un artista ambulante de circo de Italia, con siete esposas). No se trata de esa clase de libro.*

Cuando Pete estuvo en la universidad, tuvo un compañero que no se sumergía en la lectura de los libros de texto que se le requerían para dar un examen de historia, sino en la lectura de un conjunto de notas breves. Ahora bien, las notas breves constituyen un buen trampolín para lanzarse a considerar un tópico, pero ciertamente no se las puede considerar un substituto de la cuestión real, como descubrió el amigo de Pete cuando recibió sus calificaciones.** (¡La lista de cinco puntos que él memorizó le sirvió de muy poco a la hora de elaborar una argumentación extensa relacionada con las razones de la declinación del Imperio Romano!) Este libro constituye una introducción al tema Jesús, y de ninguna manera debe ser considerado como un reemplazo a la lectura de los escritos originales acerca de él en los libros de Mateo, Marcos, Lucas y Juan de la Biblia.

Este libro es simplemente un trampolín desde el cual sumergirse de cabeza en la vida de Jesús. Esperamos que te ayude a lograr una comprensión acerca de quién es Jesús, lo que dijo y lo que hizo. Esperamos que alcances una comprensión del lugar que él ocupó en la historia y en la cultura de su tiempo. Esperamos que alcances a ver un cuadro más amplio de Jesús de modo que puedas leer acerca de él con un mayor entendimiento. Y, sobre todo, esperamos que la vida y el mensaje de Jesús cambien tu vida.

Confiamos en que llegues a percibir que Jesús no es simplemente un bebé en un pesebre o un predicador santurrón de cara seria que emite su sabiduría en frases de calendario. Y esperamos que veas que aun dos mil años después, en esta época agitada en que contamos con comunicaciones instantáneas, equipos de MP3, MTV, alta tasa de divorcios, empresas multinacionales, reality shows, terrorismo, globalización, estaciones espaciales internacionales, recalentamiento global y entrega de pizza a domicilio, él sigue siendo alguien relevante y poderoso en la actualidad. Ninguna otra persona de la historia humana ni siquiera se le ha acercado.

Bueno, basta de palabras. Prosigamos. Consideremos a Jesús: quién fue, qué dijo, qué hizo, qué significa todo eso, en resumidas cuentas. Consideremos todo lo que quieres saber acerca de Jesús. Bueno… quizá no todo, pero lo necesario para comenzar.

* Y además, somos muy perezosos. —Ben

** Confiésalo, Pete. Fuiste tú, ¿verdad? —Ben

No, con toda certeza no fui yo. Bueno, no en realidad. Quiero decir… bueno, sí. —Pete

AGRADECIMIENTOS

Los Premios de la Academia constituyen un reconocimiento anual espectacular dirigido a los actores y a los equipos de producción por su contribución a la industria del cine. Durante esa noche hay varios momentos destacados, tales como los reconocimientos, el montaje de películas, las canciones que han sido tema de algún film y que interpretan músicos legendarios, la tensión por enterarse quién ha ganado qué premio y, para ciertos espectadores, la ropa que llevan puesta las estrellas.

Y el punto más bajo de cada una de esas noches son seguramente los incoherentes discursos de los exuberantes ganadores de los premios, en los que gatillan una interminable lista de agradecimientos, mencionando nombres que no tienen ningún sentido para los millones de nosotros que los miramos. Daría igual que leyeran los ingredientes de una caja de cereales.

Así que a riesgo de parecer hipócritas… aquí agradeceremos a la gente a la que queremos agradecer, aun cuando sus nombres signifiquen muy poco para ustedes. Apreciaríamos que los leyeran, pero siéntanse libres de dar vuelta a la página y seguir adelante. Bueno, en realidad, es así.

Pete

Yo quiero agradecer a mi esposa, Meredith, y a mis tres hijas, Rachael, Georgia y Matilda, por su paciencia, perseverancia y constante provisión de chocolate caliente y tostadas con pasas de uva cuando me encerraba en el escritorio con la computadora portátil. Gracias a mis padres por: a) hacerme ir a la iglesia cuando era un adolescente y, b) por engendrar en mí el amor a la escritura. Gracias a todos los amigos que han transitado conmigo por incontables estudios bíblicos y servicios y, por supuesto, a los maestros de la Biblia, pastores, ministros, oradores, escritores, eruditos y líderes que me han conducido y continúan conduciéndome a través del tiempo por las carreteras principales de la Biblia y por sus terrenos escabrosos. Gracias a mi maestra de tercer grado, la Sra. Dunstan, que me dijo que debería ser escritor (fui yo el que coloqué sal en la pecera; lamento lo que le sucedió a Milton); a los de Australia (los amo a todos); a Richie, por haberme comprado mi primera concordancia; y, por supuesto, a Ron. Y a la paz mundial. Y quiero agradecerle a Ben también. Es fantástico tener un compañero escritor que pueda llamarme la atención cuando me salgo del camino y colocarme de vuelta en él cuando mi compás teológico y mi sextante histórico se hallan descalibrados.*

* Pete, en realidad no se puede descalibrar un compás, pero gracias de todos modos. —Ben

¿Ves lo que quiero decir? ¡Fantástico! —Pete

Ben

Ha sido un placer escribir un libro con Pete otra vez, aunque este lo escribimos desde dos puntos distantes del globo. Se debe a las maravillas de la tecnología moderna. Gracias, Pete, por inspirarme a escribir, por hacerme reír y por los cientos de correos electrónicos. Gracias también a Jeremy y Lois Smith, Rhun y Shirley Gruffydd, Don Clarke y Nathan

Norrie por alentarnos con sus oraciones y el apoyo general. Gracias a Jonathan Fletcher y a toda la Iglesia Emmanuel de Wimbledon por emplearme y soportar mis sermones, algunos de los cuales hicieron su recorrido hasta llegar a este libro. Una gratitud especial a mi esposa, que me ha alcanzado muchas tazas de té y me apoya incansablemente. No podría haberlo logrado sin ella.

Ben y Pete, los dos, deseamos agradecer al equipo de Zondervan: Stan Gundry, por firmar el contrato, y a Katya Covrett por mantener sus manos sobre el volante. Gracias a Brian Phipps (editor de desarrollo), Mike Cook (director de marketing), Mark Sheeres y Melissa Elenbaas (diseño interior) y Ron Huizinga (diseño de tapa) por su brillantez en el manejo editorial, de diseño y de marketing, para hacer que pareciéramos más inteligentes y nos viéramos mejor de lo que somos en realidad.

Primera parte

LAS PRIMERAS COSAS

Capítulo 1
SI LA HISTORIA TUVIERA UN PUNTO DE APOYO
Presentemos al Hijo de Dios

Intentan realizar esta pequeña prueba.

¿Quién es este hombre?

María, su madre, lo dio a luz un día, un día muy parecido a cualquier otro día. Nació en medio de una familia común y corriente, llevó una vida normal, fue a la escuela de la localidad, y todos pensaban que era un muchacho corriente. Nadie le prestó mucha atención siendo niño, pero cuando fue algo mayor, apareció con ideas que le cambiarían el rostro al mundo para siempre. Era el amanecer de una nueva era, de una nueva manera de mirar las cosas.

Las noticias sobre todo esto se esparcieron como un fuego arrasador y hoy, años después, la gente de cada rincón del globo lo conoce tanto a él como a sus ideas. Una institución enorme (una de más las poderosas, influyentes y ricas) se ha desarrollado en torno a él y se ha extendido a casi todo país y ciudad del mundo. Se expandió y diversificó para incorporar proyectos comunitarios, de salud y educación. Su libro se ha traducido a múltiples idiomas y ha sido publicado en más de sesenta países. Muchos aspectos de la vida moderna (desde cuestiones domésticas hasta la forma de llevar a cabo los negocios) han sido influidos directamente por sus ideas. Ha sido causa de división: algunos lo consideran un salvador, en tanto que otros le dan la espalda y maldicen su nombre.

¿Quién es este hombre?

Bien... lo más probable es que hayas respondido: Jesús. Sería perfectamente razonable considerando que, después de todo, tienes en tus manos un libro sobre Jesús.

Pero (*inserta aquí: «Lo siento, estás equivocado», con campanadas y bocinas como las del Mercado de Divisas*)... no es Jesús.*

La persona que describimos es... Bill Gates, fundador de Microsoft.

Ahora, no tenemos nada en contra del Sr. Gates. Es uno de los hombres más poderosos, ricos, filantrópicos e influyentes de la historia. Sin embargo, a pesar de la forma sorprendente en que él ha cambiado la vida moderna, su impacto es una cuestión insignificante comparada con la persona de la que trata este libro.

Sí, es correcto (*cortina de entrada, introducción de redobles e himno conmovedor del Mercado de Divisas*)... se trata de Jesús.

Jesús es la persona más significativa e influyente que jamás haya caminado sobre la tierra. De todos los tiempos.

Nadie ha causado mayor impacto sobre la vida de la gente y sobre la conformación de la historia humana. Si la historia tiene un punto de apoyo, ese es Jesús.

Resulta fácil, al leer las frases previas, restarles importancia como parloteo religioso sin mayor significado. Nos hemos vuelto insensibles a la hipérbole que se usa con frecuencia cuando se debate acerca de Jesús. Pero hagamos un alto por un momento y pensemos en esto: Adelantándonos rápidamente hasta el siglo veintiuno, las ondas expansivas y la sombra de su vida todavía se perciban en nuestra existencia cotidiana.

***Esto se parece a una conocida broma: El maestro de Escuela Dominical le pregunta a un niño: ¿Qué es algo que tiene cuatro patas y una cola y además está cubierto de pelo? —Pete**

Y el muchacho le responde: «Sé que la respuesta debería ser Dios, o Jesús, pero me suena más a un perro...» —Ben

Nadie ha causado mayor impacto sobre la vida de la gente y sobre la conformación de la historia humana. Si la historia tiene un punto de apoyo, ese es Jesús.

Podría decirse que Jesús es la figura histórica sobre la que más se ha hablado. Hay más libros escritos sobre él que sobre cualquier otra persona que haya existido. A la Biblioteca del Congreso de Washington D.C. se la considera como la biblioteca más grande del mundo. Cuenta con 850 kilómetros de estantes, que albergan más de 29 millones de libros catalogados, en 400 idiomas. Pero entre todos esos volúmenes, existen más libros sobre Jesús que sobre cualquier otra persona. Y añadido a ello, es el personaje principal del libro más ampliamente impreso, traducido y leído de la historia de las publicaciones: La Biblia.*

En cuanto a las artes, Jesús no tiene paralelo. Desde Handel a U2, aparece como la inspiración de miles de melodías de canciones y de sus letras, en casi todo tipo de género. Ha habido más películas sobre Jesús que sobre James Bond y Luke Skywalker juntos. De hecho, la película más vista en la historia del cine ha sido un film muy simple titulado *Jesús*, de 1979.** Y si caminamos en prácticamente cualquier galería de arte del mundo, encontraremos pinturas en las que aparece él.

Su celebración de cumpleaños es más importante que la de cualquier persona que haya vivido: la conmemoración de su nacimiento todavía sigue siendo la mayor celebración anual alrededor del globo. Aun nuestros calendarios occidentales (el concepto mismo de tiempo, en término de años) tienen como bisagra su nacimiento.***

Una tercera parte de la población mundial actual (compuesta por alrededor de dos mil millones de personas en África, Asia, el Medio Oriente, Europa y las Américas) se declara seguidora de él[1] y dice fundamentar su vida sobre sus enseñanzas. Como tal, él constituye la piedra fundamental de la mayor de las religiones mundiales.

Su influencia va más allá de la construcción de incontables escuelas, catedrales y orfanatos. Sus seguidores han abierto el camino, en escala global e histórica, a la conformación de nuestro planeta, proveyendo alfabetización y educación a las masas, hospitales, cuidado de ancianos, abolición de la esclavitud, derechos de las mujeres, exploración, avances de la ciencia, caridad, grupos de presión y organizaciones de asistencia social. Sus enseñanzas han ejercido influencia en nuestra historia y en nuestras leyes. Tan arraigado está él en nuestra cultura que su nombre se ha convertido (lamentablemente) en una palabra usada para maldecir por parte de las personas que se golpean el pulgar con un martillo.

Y finalmente, sus enseñanzas influyen directamente sobre los pensamientos y acciones (la misma manera de vivir) de miles de millones de personas alrededor del mundo diariamente. Él inspira a sus seguidores a vivir en sincronía con la manera en que Dios lo desea… para servir a otros y vivir ***rectamente***, para vivir del modo en que se espera que lo hagamos. Jesús nos limpia de la mugre que obstruye nuestra vida y nos restaura a una relación correcta con Dios.

Así es: desde Julio César hasta George Washington, desde Albert Einstein hasta Bill Gates, desde Mozart hasta Bono, desde Juana de Arco hasta la Madre Teresa, ninguno tiene paralelo con Jesús de Nazaret.

No está mal para un muchacho que no fue a la universidad, nunca asumió un puesto oficial y jamás siquiera se alejó más de unos pocos cientos de kilómetros del lugar de su nacimiento.

Jesús nació de padres jóvenes, en un puesto de mala muerte de avanzada del Imperio Romano, dos mil años atrás. Probablemente haya pasado sus primeros treinta años conti-

1. Record Mundial Guinness.

* Según los Records Mundiales de Guinness, se han vendido más de cinco mil millones de copias de la Biblia desde 1815.

** Ha sido vista por más de cinco mil millones de personas en más de doscientos países y traducida a más de ochocientos idiomas y dialectos.

*** Aunque es más probable que él hubiera nacido alrededor del año 4 a.C.

nuando el oficio de su «padre» terrenal, construyendo armarios y colocando puertas. No sabemos mucho con respecto a los primeros tiempos de su vida. Conocemos la historia referida a su nacimiento y a un suceso de su infancia (que mencionaremos más adelante), pero eso es todo. Todas las historias relacionadas con sus enseñanzas y viajes que aparecen en la Biblia provienen de un período de tres años de hechos compactados, posteriores a que él cumpliera los treinta años. Fue entonces que comenzó a deambular por los alrededores, transmitiendo palabras increíbles y realizando cosas asombrosas. Cambió la vida de la gente y trastornó al establishment. Dijo, hizo y afirmó cosas sobre él mismo que resultaron chocantes, controversiales… y hasta blasfemas.

Jesús (el hijo del carpintero, el muchacho de la casa de al lado) no fue un teólogo titulado, ni un sumo sacerdote del templo. Sin embargo, dejó estupefactos a todos con sus palabras, conocimiento, sabiduría y autoridad. Dondequiera que iba, la gente se reunía para escuchar de su boca pensamientos asombrosos, ideas innovadoras y enseñanzas capaces de cambiar la vida. La gente acudía en tropel para verlo. No se trataba de visitas amables de alguna delegación pequeña que mostrara buenos modales. Las escenas que se producían alrededor de Jesús nos recuerdan más a lo que vemos hoy cuando hay un partido de fútbol con un equipo de los más populares, o cuando llega una estrella de rock internacional y se presenta en la ciudad. Jesús, obviamente, tenía *algo* especial: carisma, poder, autoridad, atractivo. Le infundía a la gente esperanza, seguridad, paz, dignidad, rumbo y contentamiento, pero aun más, le ofrecía algo único en toda la historia humana. Jesús afirmaba algo muy particular con respecto a sí mismo. Declaraba no ser un hombre común y corriente, sino en realidad el Hijo de Dios que había venido a vivir entre nosotros para que la gente pudiera relacionarse con Dios. Afirmaba que por medio de él la gente podía ponerse en orden con Dios y que *él* mismo era la puerta de entrada a la vida después de la muerte.

Las enseñanzas de Jesús influyen directamente sobre los pensamientos y acciones (la misma manera de vivir) de miles de millones de personas alrededor del mundo diariamente.

Esta era una afirmación muy grande y, en algunos sentidos, las palabras no tienen mucho valor. Pero Jesús fue más allá, pues probó lo que decía. Luego de ser juzgado y condenado por blasfemia, fue ejecutado en una crucifixión llevada a cabo por soldados del Imperio Romano. Entonces él desplegó su poder y autoridad para hacer algo que nadie jamás pudo hacer ni antes ni después. Volvió de la muerte, no como una imagen espeluznante, trémula y fantasmagórica, tipo guerra de las galaxias, sino verdaderamente en carne y hueso.

Las noticias acerca de este hombre explotaron a través de todo el mundo como un incendio forestal, cruzando fronteras, más allá de todo tipo de gobierno, y finalmente a través de los siglos. La gente comenzó a cambiar su vida de acuerdo con sus enseñanzas. Las personas empezaron a leer los relatos sobre él y a reunirse juntos. Se erigieron edificios en los que sus seguidores pudieran congregarse. Esos edificios de iglesias se encuentran hoy prácticamente en cada rincón del planeta.

Antes de seguir más adelante, sin embargo, necesitamos poner en claro un par de cosas.

En primer lugar, Jesús era judío. Tal vez ya tengas este conocimiento asentado profundamente, pero a veces resulta fácil olvidarnos de ese sencillo hecho, de la misma manera en que muchas veces nos olvidamos que la Biblia no fue escrita originalmente en español. Dado que Jesús constituye la figura central, icónica, de la fe cristiana, resulta fácil caer en la trampa de pensar que de algún modo él es una «insignia», y que es anglicano, o católico, o pentecostal (¡y hasta que es blanco!), o que él fue un «nacido de nuevo», o que estaba completamente familiarizado con las doctrinas y las liturgias de la fe (del cristianismo) que fueron creciendo alrededor de él y después de él. No es así. Jesús jamás puso un pie en una iglesia cristiana ni cantó «Sublime gracia». El símbolo de la cruz, que ha venido a representar a la fe cristiana, en sus días constituía una terrible herramienta de ejecución.

El padre terrenal de Jesús (José) provenía de una larga línea de antepasados judíos (sobre los que podemos leer en Mateo capítulo 1), y como tal, Jesús fue criado como un varón judío devoto dentro de una comunidad judía. Cuando tenía ocho días, fue circuncidado de acuerdo con la costumbre judía. Sus padres lo llevaron a Jerusalén, donde sacrificaron dos palomas a modo de dedicación al Dios de los israelitas. Ellos regresaron anualmente al templo de Jerusalén, donde celebraban la fiesta de la Pascua. Jesús debe haber asistido a la escuela de la sinagoga durante unos pocos años y allí habrá aprendido a leer los escritos sagrados de la Ley y los Profetas. De hecho, no solo aprendió a leer, sino que es muy probable que haya memorizado gran parte de la Ley (los primeros cinco libros del Antiguo Testamento) y que haya estudiado de qué manera interpretarla y aplicarla. Sus ropas, formas de conducirse y rituales estaban en concordancia con la religión y la forma de vida de los judíos de ese tiempo. En la sinagoga debe haber leído los rollos en su idioma original (el hebreo), pero al salir afuera, a las calles, y hablar con los constructores, chacareros y pescadores, su lenguaje de todos los días tiene que haber sido el dialecto local, o sea, el arameo.

Las noticias acerca de este hombre explotaron a través de todo el mundo como un incendio forestal, cruzando fronteras, más allá de todo tipo de gobierno, y finalmente a través de los siglos.

Lo que nos conduce bellamente a nuestro segundo punto.

Durante el partido entre Australia y Croacia, en el Campeonato Mundial de 2006, cuando uno de los jugadores de Australia apareció en el campo de juego, un comentarista de televisión anunció: «Aquí está Josh Kennedy, de quien mucha gente dice que se parece a Jesús». A él (Jesús) se lo ve (como a Kennedy) con la apariencia de un protestante blanco, anglosajón, alto, atlético, de bellas facciones fuertes, cara alargada, ojos escrutadores, cabellos tipo estrella de rock y una barba bien recortada. Esa imagen ha sido reforzada por algunos apuestos actores (como Jim Caviezel o el ridículo nórdico Max von Sydow) que lo interpretaron en películas, y por la pintura de Warner Sallman, de 1941, la *Cabeza de Cristo*, que ha sido reproducida más de 500 millones de veces.

El hecho es que ninguno de los informes originales describen cuál era el aspecto de Jesús, así que cualquier retrato de él, sea pictórico, cinematográfico o en vitreaux, es una pura fantasía. Resulta razonable presumir que probablemente él llevara barba y bigotes, al estilo de los hombres jóvenes de ese tiempo. La evidencia arqueológica sugiere que el hombre promedio de ese entonces era un *peso gallo* de tal vez poco más de un metro y medio. También es adecuado considerar que debido al riguroso clima mediterráneo y a su estilo de vida al aire libre, junto con sus años de trabajo en el oficio de la construcción en una época anterior a las herramientas eléctricas, él no haya tenido el rostro bohemio, de un blanco pálido, con el que normalmente se lo retrata en los cuadros. De hecho, probablemente hubiera sido más bien musculoso, de contextura vigorosa, de piel oscura y rudo como un par de botas viejas.

Es importante tener en cuenta esta humanidad de Jesús. A pesar de las extraordinarias afirmaciones que se han hecho sobre él con posterioridad (llegaremos a ellas muy pronto), en todo sentido él fue un ser humano común. Asistió a la escuela, comió y bebió, se rió, durmió, trabajó esforzadamente, tuvo amigos y probablemente haya nadado en el río. En tanto que la Biblia registra sus más trascendentes palabras de enseñanza y sabiduría, resulta importante recordar que él también debe haber participado de conversaciones y charlas con respecto a la comida, el tiempo y el oficio de la construcción. Él no andaba por ahí refulgiendo, y no flotaba algunos centímetros por encima del suelo. Para la mayor parte de las personas que lo conocieron durante sus primeros treinta años, él era simplemente Jesús, ese tipo de Nazaret. Y aun después de comenzar a realizar cosas sorprendentes, todavía había bastante gente (incluyendo los miembros de su propia familia) que lo consideraban de ese modo, y rechazaban sus afirmaciones.

Pero para muchas de las personas que lo conocieron después (y para todos los que han llegado a conocerlo durante los últimos dos mil años) fue y es mucho más que el simple Jesús. Era Jesucristo, aquel ser infinitamente majestuoso, el salvador del mundo.

Ese nombre realmente nos dice muchísimo sobre Jesús, sobre quién fue y a qué había venido. Pero eso constituye un gran tópico en sí mismo, así que lo vamos a dejar para el siguiente capítulo.

Capítulo 2

YESHUA BEN YOSEF... ¿QUIÉN ES?

¿Qué es lo que hay en un nombre?

Las luces se apagan y comienza la película. Se trata de un film épico de ciencia ficción del siglo veintidós en una estación espacial que orbita alrededor de las lunas de Júpiter. Aparece un científico nervioso por el corredor oscuro y se encuentra de frente con un monstruo extraterrestre, gigante y baboso, todo garras y dientes. El científico abre su boca y grita: «¡Jesucristo!»

Mmm. Interesante.

Dejando de lado la cuestión del uso inapropiado del nombre de Jesús, esto indica algo. Aunque coloquialmente nosotros lo conocemos como Jesucristo, ese no fue su verdadero nombre. Su madre, por ejemplo, cuando lo llamaba para que se lavara para cenar, no decía en voz alta: «¡Jesucristo, ven aquí ahora, inmediatamente!»

Durante su vida, la gente se refirió a Jesús de muchas maneras. Estas formas en realidad nos dicen mucho sobre quién era Jesús y cómo lo veía la gente. Así que hagamos un alto a un costado por un momento y consideremos los distintos nombres y títulos por los que Jesús fue conocido.

Jesús

La mayoría de los nombres tienen un significado. Nuestros nombres (Peter y Benjamin) vienen, respectivamente, de la antigua palabra griega petra (que significa «piedra») y de un antiguo nombre hebreo que originalmente era Benyamin (que significaba «hijo de la mano derecha»). Sin embargo, cuando nos pusieron esos nombres no fue porque Peter pareciera un ladrillo cuando nació,* ni porque la madre de Ben tocara una guitarra encordada para la mano derecha, sino porque a nuestros padres simplemente les gustó su sonido.

* ¡Aunque Pete era un bebé muy pesado! —Ben

En los días de Jesús, las cosas eran diferentes. Como la mayoría de los niños de esa época, a Jesús no le pusieron ese nombre porque fuera la moda del mes en Belén, o porque a José y María les pareció que sonaba mejor que Dan o Adán. Más bien se lo pusieron por su significado. Y ni siquiera fue idea de José y María el llamar a su hijo Jesús. A ambos un mensajero de Dios les dijo por separado que ese bebé iba a ser único y que tendría un papel especial en el plan de Dios para toda la humanidad.[1] El nombre **Jesús** es muy significativo. Se percibe claramente en el anuncio que el ángel le hizo a José: «[María] dará a luz un hijo, y le pondrás por nombre Jesús, porque él salvará a su pueblo de sus pecados».[2]

El verdadero nombre en hebreo era **Yeshua**, que significa «Dios salva» (o aun más literalmente «Yahweh es salvación»). Ese fue el nombre que su madre, su padre y sus amigos deben haber usado mientras él crecía. La familia vivía en un tiempo en el que todavía el griego era el idioma dominante en los negocios, así que mientras Yeshua tenía que ver con gente de distintos oficios y con los mercaderes (y más tarde con oficiales del gobierno

1. Lucas 1

2. Mateo 1:21

romano), él debe haber sido conocido por su nombre griego: **Iesous**. (El nombre que usamos para Jesús en realidad es una versión moderna y castellanizada de este nombre griego. El mismo Yeshua jamás oyó su nombre pronunciado como lo decimos nosotros: «Je-sús»).*

También resulta interesante notar que Jesús era un nombre bastante común (como Ben o Pete hoy) y que en ese tiempo había unos cuantos tipos llamados Jesús.

Jesús, hijo de José

Como hemos dicho, mucha gente erróneamente cree que Cristo era el apellido de Jesús. En realidad, los apellidos tal como nosotros los conocemos hoy no se volvieron populares hasta más de mil años después de la muerte de Jesús. Para hacer las cosas más fáciles, al expandirse las poblaciones locales y nacionales, las familias fueron adoptando apellidos que los ayudaran a diferenciar a un Juan de otro. Los nombres que adoptaron provenían de una cierta cantidad de fuentes; por ejemplo, basados en la ocupación del padre (Herrera, Molina, Cocinero, Panadero, Pintor, Zapatero, Sastre, Carpintero, Maestro, Cazador), o en algún atributo de la familia (Pequeña, Sabio, Brusca, Brazofuerte, Almafuerte, Bueno, Mala).

En muchas culturas, la forma más rápida de referirse a una persona era relacionarla con el nombre del padre. Así, por ejemplo, «David, hijo de Jack» se convirtió en «David Jackson» (*son* es hijo en inglés), Ian, hijo (son) de Jeffery, se transformó en «Ian Jefferson». Lo mismo en español. Juan, hijo de Rodrigo, pasó a ser Juan Rodriguez (hijez de Rodrigo), Pedro, hijo de Marcos, se convirtió en Pedro Márquez. A través de la historia, todas las culturas y grupos lingüísticos han desarrollado muy bien sus identificaciones patriarcales, que se perciben, por ejemplo, en el irlandés *O'*Grady, en el escocés *Mac*Donald, en el italiano *De*Lucca, en el escandinavo Johann*sen*, en el normando *Fitz*william, o en el ruso Ivan*ov*.

Jesús también debe haber sido identificado por su línea familiar. En tiempos de Jesús no usaban el O', ni el Mac, ni el Fitz, sino más bien el prefijo Ben o Bar para referirse al «hijo de». Así que **Jesús, hijo de José**, debe haber sido conocido coloquialmente en su región como Yeshua Bar Yosef, o Yeshua Ben Yosef.** (Resulta interesante que hay otro Jesús en la Biblia, y en su caso vemos que se usa este tipo de identificación familiar. Cuando la multitud gritó pidiendo la liberación del insurrecto Barrabás,[3] es probable que estuvieran pidiendo por Jesús, hijo de Abbas (Bar Abbas), y al hacerlo, condenaron a Jesús, hijo de José.)***

Jesús de Nazaret

Otra manera de identificar a una persona hacía referencia al lugar en que su familia se había originado, o a aquel en el que vivía (Fuerte, Colina, Bosque, Lago, Pozos, Ríos, Laguna, Palacio, Castillo, Torres). También se hacía referencia a Jesús mencionando el lugar en el que vivía. Los escritores de la Biblia registran que a menudo la gente se refería a él como **Jesús de Nazaret**. Resulta interesante que Nazaret no fuera un lugar prominente, sino considerado un pueblo de segunda categoría.****

****Acabo de pensar algo, Ben. Su tú hubieras vivido en la época de Jesús y tu papá se hubiera llamado Ben también, tú hubieras sido conocido como Ben Ben Ben. —Pete**

Deberías salir a pasear un poco más. —Ben

* Otros idiomas, por ejemplo, se refieren a él de otras maneras: Jesu Christi (en alemán), Jézus Krisztusnak (en húngaro), Ihu Karaiti (en maorí), Yesu Kristo (Swahili).

*** Como gente educada, intuimos que esto probablemente sea así, y esa es la forma en que se describe a Barrabás en muchas versiones de la Biblia, aunque los manuscritos más antiguos de Mateo solo tienen la palabra «Barrabás», y no «Jesús Barrabás».

**** De hecho, Juan registra que la respuesta inicial de Natanael al oír por primera vez acerca de Jesús fue hacer una broma: «¡De Nazaret!... ¿Acaso de allí puede salir algo bueno?» (1:46).

---

3. Mateo 27:17.

Jesús el Cristo

Cristo no era un apellido sino un título, como los términos rey o presidente. El pueblo de Israel había estado esperando la llegada de su **Mesías** (un término muy rico, que básicamente significa «el ungido»). La palabra griega que lo definía era **Christos**, de donde proviene Cristo.

Mucha gente no sabe que mucho antes de que Jesús apareciera en escena, los reyes de Israel también eran llamados mesías, debido a que gobernaban al pueblo como aquellos que habían sido especialmente elegidos y «ungidos». Así que, por ejemplo, el rey David* fue llamado mesías. De hecho, cuando un rey ascendía al trono se llevaba a cabo una elaborada ceremonia de coronación en la que se derramaba un aceite muy caro sobre su cabeza y cuerpo. Eso simbolizaba su unción por parte de Dios. A partir de ese momento todos lo veían como el representante humano de Dios para gobernar sobre su pueblo.

Sin embargo, los profetas del Antiguo Testamento habían predicho que llegaría un día en el que el supremo Mesías vendría. Un rey de reyes. Uno distinto de los otros. Uno que sería el verdadero representante de Dios sobre la tierra y que gobernaría de parte de él. Los escritores del Nuevo Testamento declararon que Jesús de Nazaret era el Mesías anunciado. Por lo tanto, originalmente lo deben haber llamado **Jesús, el Cristo**, o **Jesús, el Mesías**, pero con el tiempo el nombre fue acortado y quedó como **Jesucristo**.

Señor

La gente que se encontraba con Jesús a menudo se refería a él como el **Señor**, o como **el Señor Jesucristo**. Nuestra palabra castellana *señor* es la traducción del término griego ***kyrios***, que se usaba de distintas maneras durante el primer siglo. Por ejemplo, podía significar «señor» o «amo», en señal de respeto y para trasmitir un cierto sentido de status. Así que se hacía referencia al dueño de una viña, o al que poseía esclavos, o a un oficial del gobierno con la palabra señor. Cuando los cristianos originalmente comenzaron a llamar Señor a Jesús, es muy probable que fuera en este sentido de la palabra.

Sin embargo, el término señor también conllevaba un sentido de divinidad.** A los emperadores romanos a veces se los llamaba señor en este contexto, debido a que ellos declaraban ser parcialmente divinos. También, tanto en el Antiguo como en el Nuevo Testamento se hace referencia a Dios mismo como *el* Señor. Y a medida que fue pasando el tiempo, los cristianos utilizaron cada vez más el título de Señor referido a Jesús en este sentido.

El Hijo de Dios

Uno de los títulos más importantes dados a Jesús fue **el Hijo de Dios**. De hecho, la frase inicial del Evangelio de Marcos dice: «Comienzo del evangelio de Jesucristo, el Hijo de Dios»[4], como señalando que el resto de la historia de Jesús tiene que ver con comprender este título.

Esto nos indica que Jesús fue único. Aunque a los israelitas se los llamó hijos de Dios en el Antiguo Testamento, Jesús fue el único y verdadero Hijo de Dios. Según lo confirman las palabras de uno de los versículos más conocidos de la Biblia: «Porque tanto amó

4. Marcos 1:1

* Acerca del que leemos en 1 y 2 Samuel, y que vivió alrededor de mil años antes que Jesús.

** Así, por ejemplo, en la temprana traducción del Antiguo Testamento al griego (la Septuaginta, o Versión de los Setenta), kyrios se usa para traducir el nombre propio de Dios que aparece en el hebreo.

Dios al mundo, que dio *a su Hijo unigénito*, para que todo el que cree en él no se pierda, sino que tenga vida eterna».[5]

Y también nos dice que Jesús era divino. Era el Dios personificado, una versión humana o una representación de Dios: el Dios hombre. Cuando uno de sus discípulos le pidió que les mostrara a Dios el Padre, Jesús dijo:«El que me ha visto a mí, ha visto al Padre».[6] Del mismo modo, el apóstol Pablo dijo: «Él es la imagen del Dios invisible».[7]

También vale la pena notar que fue este término el que se convirtió en uno de los mayores puntos de fricción en el juicio que condujo a la crucifixión de Jesús. Que Jesús y sus seguidores afirmaran que él era el Hijo de Dios se consideraba algo absolutamente blasfemo, y les proveyó a las autoridades judías la principal razón por la que pensaron que debía ser ejecutado.

Hijo del hombre

Jesús frecuentemente se refería a sí mismo como **el Hijo del hombre**, prefiriéndolo a otros títulos. Pero para nosotros hoy constituye uno de los títulos más misteriosos. Técnicamente, ¿no es cada hijo un hijo de hombre? Los eruditos en la Biblia han escrito ensayos y tesis doctorales del tamaño de una guía telefónica acerca de este término tan inusual.

Resulta significativo que mientras este título nos resulta críptico a nosotros, no les resultaba tan extraño a Jesús y a muchas de las personas de su época. El título Hijo del hombre se utiliza más de noventa veces en los libros de Ezequiel y Daniel, en el Antiguo Testamento. Jesús y la gente a la que él le hablaba debían haber estado familiarizados con los escritos de estos profetas y con el uso de este título. Así que al referirse a él mismo como el Hijo del hombre, Jesús deliberadamente establecía una conexión en la mente de quienes lo escuchaban entre él mismo y el conocimiento que ellos tenían de ese título, con el que estaban familiarizados.

¿Y cuál era ese conocimiento? En el libro de Daniel, el autor describe una visión en la que a uno «como un hijo de hombre» se le da autoridad, gloria y poder soberanos; todos los pueblos, naciones y lenguas lo adoran. Su dominio es eterno y nunca desaparecerá. Gobernará sobre un reino que nunca será destruido.[8]

Jesús, de hecho, declara que ese es él. Al llamarse a sí mismo el Hijo del hombre, Jesús les transmite a los que lo escuchan que *él* es aquel, que *él* es el que va a reinar como el poderoso rey cuyo reino nunca será destruido.

Sin embargo, Jesús le infunde al término un significado adicional. Cuando se refiere a sí mismo como el Hijo del hombre, lo hace a menudo en el contexto de una enseñanza profética referida a sus sufrimientos y su muerte. Parecería que para Jesús,* el Hijo del hombre también tiene que ver con un ser humano designado divinamente, que sufre y sirve al mundo a través de la muerte. Este doble significado de gobernante y siervo sufriente parece indicar el sentido que se esconde detrás del título de Hijo del hombre cuando Jesús lo usa acerca de él mismo.

* En especial según lo describe el escrito de Marcos.

5. Juan 3:16, énfasis añadido
6. Juan 14:8–9
7. Colosenses 1:15
8. Daniel 7:13–14, RVR1960

Emanuel

Cuando Pete era niño, tenía una grabación de Navidad con un himno que comenzaba así: «Oh ven, ven Emanuel y rescata al cautivo Israel». Eso condujo a Pete a una confusión que se prolongó en el tiempo, mientras crecía preguntándose quién era ese tipo mejicano, Manuel, por qué había sido secuestrado Israel, y qué era lo que todo eso tenía que ver con la Navidad.*

De hecho, **Emanuel** es un nombre muy significativo, dado a Jesús, que significa «Dios con nosotros». Jesús literalmente es el Dios en medio de nosotros. O (si quieren volverse muy precisos) el Dios *encarnado*. Unos años atrás, Joan Osborne logró un éxito con la canción «¿Y si Dios fuera uno de nosotros?» Los escritores de la Biblia declaran que no hace falta poner un *si*, pues Dios se convirtió en uno de nosotros en Jesús.

* Compañero, ¡eres un *drongo*! (es una manera amistosa de decir bufón o tonto en Australia). – Ben

Maestro

Los amigos de Jesús (incluyendo sus doce compañeros más cercanos) y sus enemigos se referían a él como **Maestro**, o **Rabboni**. Ahora bien, para algunos de nosotros eso podría tener algunas connotaciones muy negativas. Podríamos imaginar a Jesús apuntando a un pizarrón y entregando tareas mientras señala: «Habrá un examen este viernes sobre las parábolas 1 a 7». Pero en realidad ese era un título tenido en alta estima.

Solo los estudiantes y alumnos más destacados llegaban a ser rabinos, luego de toda una vida de estudio y después de ser aprendices de algún rabino durante muchos años. Los rabinos les enseñaban a los demás e interpretaban los escritos de la Ley y de los Profetas. Ellos discutían, debatían y analizaban con otros rabinos acerca de cómo interpretar y aplicar la ley.

Referirse a Jesús como Rabí era rendirle el más alto de los honores. Constituía un indicador de la estima en la que era tenido por parte de mucha gente.

Así que allí lo tienen:

Jesús de Nazaret, el hijo de José, el Cristo, el Rabí, Emanuel, el Hijo del hombre, el Hijo de Dios... todas diferentes maneras de expresar la identidad de Jesús.

Acomodémonos, entonces, y permitamos que nuestro microscopio histórico regrese atrás dos mil años; y enfoquémoslo hacia un trozo de tierra en la costa este del Mediterráneo. En tanto que la vida en esos días tenía algunas similitudes con la nuestra, de muchas otras maneras se trataba de una época totalmente distinta a la de nosotros. De hecho, eran realmente días extraños.

Capítulo 3

DÍAS EXTRAÑOS EN VERDAD

La vida en los días de Jesús

Cuando Pete era niño, una de sus posesiones favoritas era un antiguo proyector de diapositivas. Él tenía una cantidad de emocionantes cintas como «Batman salva el día», «¡Los Thunderbird están listos!» y «Ornitología para principiantes». (Los celos enfermizos de Pete hacia su amigo Kevin, a causa del proyector de diapositivas con sonido que tenía este, condujeron a un apresurado final de su amistad, pero eso nos desvía del tema.)*

Para una Navidad su tía le regaló a Pete una cinta titulada «Viaje por la Tierra Santa». (Imagínense lo emocionante que le resultaría eso a un muchacho de doce años.) Contenía una serie de fotografías de lugares mencionados en la Biblia, como «el Monte de los Olivos, vista hacia el oeste», «Pesqueros en un lago», «La entrada de Jaffa», «Pastores cuidando de sus ovejas», «Mujeres sacando agua de un pozo» y «Hombres en ropa tradicional». **¡Bravo!**

En tanto que las diapositivas resultaban útiles para transmitir una sensación del sereno esplendor rural de aquel tiempo (y tal vez los sonidos de esa época también, si uno hubiera tenido un proyector con sonido como Ben y Kevin, ese pretencioso fanfarrón que… oh, perdón), no brindaban un sentido real de lo que era la vida diaria de la gente de esa época.

¿Y cómo era la vida en tiempos de Jesús?

* Eh, ¡yo tenía un proyector con sonido! —Ben

¿Ah, sí? Bueno, te odio. —Pete

El Imperio Romano

Jesús vivió durante el primer siglo d.C. en un pequeño pueblo llamado Nazaret, en Galilea, al norte de Judea, una de las provincias de la que era en ese entonces la superpotencia mundial: el Imperio Romano. En los días de Jesús, el Imperio Romano se extendía hacia el oeste hasta lo que se conoce ahora como España, hacia el sur hasta el norte de África, hacia el norte hasta el Asia Menor y la moderna Alemania, y hacia el este hasta Judea, donde vivía Jesús. La población de todo el imperio estaba entre los 50 y 60 millones de personas, y su capital era la ciudad de Roma, con una población de entre 750.000 y 1 millón de personas.

El gobernante supremo del imperio era el emperador. El Evangelio de Lucas nos dice que Jesús nació durante el reinado del emperador Augusto. Augusto murió cuando Jesús finalizaba su adolescencia (en el año 14 d.C.), y el nuevo emperador, Tiberio (hijo adoptivo de Augusto), gobernó el Imperio Romano hasta después de la muerte y resurrección de Jesús. Cuando Jesús exhibió una moneda para preguntar de quién era la imagen que se apreciaba en ella,[1] se refería al retrato de Tiberio.

Aunque en esa época el mundo era dominado mayormente por los romanos, todavía seguía estando bajo una fuerte influencia de los griegos. El pensamiento y la cultura griega (el helenismo) penetraron mucho al Imperio Romano en esferas tales como la filosofía, la

1. Mateo 22:18–21

religión, la recreación, el idioma y las artes. Así que Jesús vivió en lo que los historiadores llaman el mundo greco-romano.

A lo largo y ancho de todo el Imperio Romano se usaban docenas de idiomas, así que muchas personas eran políglotas. Pero los dos idiomas principales eran el latín y el griego. Aunque Jesús puede haber estado familiarizado con esas lenguas y haberlas usado de tanto en tanto, sus idiomas principales eran el arameo y el hebreo. El idioma tradicional de los judíos era el hebreo, pero en los días de Jesús, el hebreo era un idioma en declinación, utilizado mayormente dentro de contextos y debates religiosos. Parecería que la mayor parte de las enseñanzas de Jesús, en particular en la zona de Galilea, fue llevada a cabo en arameo.

Con frecuencia pensamos que el «mundo antiguo» era primitivo e incivilizado. No es así.

Semejantes a nosotros

Con frecuencia pensamos que el «mundo antiguo» era primitivo e incivilizado. No es así. La vida en el mundo antiguo en tiempos de Jesús era de muchas maneras semejante a la nuestra. Había sistemas legales, financieros e impositivos muy desarrollados, así como también sistemas de comunicaciones. Existían leyes y castigos por quebrantarlas. Había pueblos y ciudades, rutas comerciales, hoteles, escuelas y ciertas formas de universidad. La gente participaba de los deportes y juegos organizados, y asistía a gimnasios, clubes, bibliotecas, teatros, bares y restaurantes. Celebraban los cumpleaños, las victorias deportivas y los matrimonios, y tomaban parte en festivales y festividades religiosas. Se realizaban obras públicas sofisticadas, como puertos, caminos, canales, estadios, edificios, estatuas, sistemas sanitarios y palacios.

La gente usaba ropa interior, calzado, sombreros, maquillaje, y algunas mujeres aun utilizaban ciertas prendas deportivas parecidas a las bikinis.* Se contaba con carpinteros, marineros, abogados, músicos, funcionarios impositivos, fabricantes de telas, eruditos, artistas, médicos, chefs, gobernadores, plomeros, soldados, arquitectos, granjeros, mercaderes, importadores, sastres e ingenieros. Existían los gobiernos, los ejércitos y las armas, y se llevaban a cabo batallas y guerras. La gente se enamoraba, mantenía relaciones sexuales, formaba familias, trabajaba esforzadamente, disfrutaba de la amistad y anhelaba una buena vida, tal como nosotros. Llevaban a cabo bodas y funerales, y desarrollaban la pintura, la música y la poesía. Los niños asistían a la escuela, jugaban, trepaban a los árboles, aprendían un oficio. La gente disfrutaba del buen vino y de comidas como vegetales, huevos, fruta, queso, pollo y pescado sazonados con hierbas y especias. Las mujeres molían el grano para hacer harina, horneaban el pan e hilaban la lana. Las personas se maravillaban ante un bello atardecer y los granjeros se sentían agradecidos por las buenas lluvias. Se ganaban salarios, se guardaba el dinero en bancos y hasta se pagaban pensiones por jubilación. Y la gente se preocupaba por la vida después de la muerte. Se podría decir que el mundo antiguo no era tan antiguo.

* Con respecto a todo este asunto de las «bikinis», quiero decir, para que conste, que yo no creo que las mujeres antiguas usaran bikinis.
—Pete

Fuera de broma, ellas sí las usaron. Técnicamente, la bikini fue inventada por un tipo francés, allí por el año 1940, y le dio el nombre de un atolón de las Islas Marshall, donde se hicieron pruebas con bombas atómicas. Pero las mujeres romanas tenían conjuntos atléticos de dos piezas, que en esencia eran bikinis.
—Ben

Mmm... —Pete

Diferentes de nosotros

Obviamente, sin embargo, existían muchas diferencias. No había, por supuesto, teléfonos celulares, televisión, automóviles, aviones, MTV, transbordadores espaciales ni computadoras. Ni iPods, hornos de microondas, Xboxes, ni sitios web. Nadie había oído acerca de Albert Einstein, ni de William Shakespeare, ni de Juana de Arco, ni de Walt Disney, ni habían admirado una pintura de Miguel Ángel, ni escuchado a los Beatles, ni visto una película. Ninguno había probado una barra de chocolate Mars, palomitas de maíz o una Coca Cola. Lo que constituye material corriente de nuestra historia cotidiana (las Cruzadas, la invención de la imprenta, las guerras mundiales, el *Titanic*, la estación espacial internacional, las operaciones a corazón abierto, la caída del comunismo) eran cosas inimaginables para ellos; sería como si nosotros intentáramos contemplar la forma de vida del año 4000 d.C.

Se daba un alto nivel de superstición a través de todo el mundo antiguo. Los ritos y prácticas religiosas formaban parte del estilo de vida de casi todos. Existían numerosos cultos, mitos y filosofías, y cientos de diferentes sistemas de creencias. La religión oficial del imperio era el culto romano, que adoraba al emperador como una especie de dios. La mayoría de las religiones de ese tiempo contaban con sacerdotes y sacerdotisas que llevaban a cabo todo tipo de ceremonias y de sacrificios animales en los templos. Casi todas las religiones (excepto la de los judíos) eran politeístas (creían no solo en un dios sino en muchos). Lo que es más, subyacía la creencia de que si uno agradaba a los dioses, prosperaba materialmente, las cosechas eran buenas y salía victorioso en la guerra. En cambio, si se desagradaba a los dioses, caía una maldición sobre las cosechas, la salud, y hasta podía producirse la muerte.

Otra diferencia considerable era que se trataba de sociedades básicamente verbales y orales. A diferencia de hoy, cuando la palabra escrita (periódicos, libros, revistas, SMS, Internet, correos electrónicos) constituye una parte importante de la vida diaria y se presume que todo el mundo ha sido alfabetizado, en los días de Jesús solo una de cada cinco personas podía leer y escribir. El número de personas alfabetizadas resultaba considerablemente mayor en algunos grupos como los judíos, dado que prácticamente a todo niño varón judío se le enseñaba a leer. Pero la persona promedio que vivía durante el primer siglo era analfabeta.

También resultaba una época violenta. La esclavitud era una cuestión común de la vida cotidiana; un tercio de las personas que habitaban el Imperio Romano eran esclavos de algún tipo. No todos los esclavos lo pasaban mal. Muchos eran tratados muy bien por sus amos, y algunos hasta los trataban como si pertenecieran a la familia.

> También resultaba una época violenta.

En algunos sentidos, la vida no tenía mucho valor y la muerte era algo que ocurría con frecuencia. La medicina estaba en pañales. Las funciones intrincadas del cuerpo humano todavía seguían siendo un misterio en gran parte. No era infrecuente que tanto las mujeres como los bebés murieran durante el embarazo o el parto. Del mismo modo, las heridas, las infecciones, las enfermedades y las dolencias comunes que se tratan hoy con píldoras, inyecciones y operaciones podían con facilidad resultar fatales en aquel entonces. Así que la expectativa promedio de vida en el mundo antiguo se ubicaba en alrededor de los treinta y cinco años.

Miles de personas iban a ver a los gladiadores luchar unos con otros a muerte, una muerte violenta y espantosa, con una actitud despreocupada y superficial como cuando nosotros asistimos al teatro, a un partido de básquet o al cine. Y no se tenía conciencia con respecto al bienestar de los animales. Los romanos en particular usaban una cantidad increíble de animales en deportes en los que los enfrentaban. En la inauguración del Coliseo en Roma, durante el primer siglo, se mató hasta nueve mil animales en «juegos» en los que se enfrentaban unos con otros.[2]

2. Ronald Auguet, *Cruelty and Civilization: The Roman Games*, Routledge, Londres, 1994, p. 107.

En los días de Jesús, las ejecuciones públicas eran comunes y rápidas. Uno podía ser arrojado no solo a los leones sino a todo tipo de animales, tales como osos, tigres, perros, toros y hasta cocodrilos. O uno podía tener que luchar con alguno de los gladiadores locales, que estaría armado con todo un surtido de armas, que incluía lanzas, espadas y látigos. Agregado a eso, había lapidaciones, golpizas y latigazos. Uno podía hasta ser aserrado por la mitad. Y, por supuesto, existía la más lenta y salvaje de todas las ejecuciones: la crucifixión. Unos setenta años antes de que naciera Jesús, un visitante de Roma se acercó a la ciudad por un camino flanqueado a ambos lados por seis mil rebeldes crucificados.* El mundo antiguo a través del que caminó Jesús no era para pusilánimes.

Judaísmo

Jesús nació en una familia judía que vivía en la antigua Palestina. Vio la luz en Belén, pero creció en la ciudad de Nazaret, una pequeña aldea de granjeros al oeste del Mar de Galilea que tenía una población probablemente no mayor a unos pocos cientos de personas. Esta aldea estaba en gran parte (o tal vez en su totalidad) conformada por judíos. En las ciudades más grandes, como Jerusalén, se daba una mezcla mucho mayor de culturas, nacionalidades e idiomas, incluso de romanos y griegos. En los pueblos y aldeas de las afueras, como Nazaret, las casas y las viviendas más precarias consistían en una estructura de madera, simple y funcional, ladrillos y piedra, con pisos de tierra y techos planos. La vida comunitaria se desenvolvía en torno al mercado, las cosechas, el pozo de agua y la sinagoga.

Las tradiciones, la ley y la historia resultaban muy importantes para los judíos. Siendo gente profundamente religiosa, celebraba el día sábado, o Sabbath, todas las semanas, lo mismo que las fiestas anuales tales como la Pascua. Las reglas relacionadas con los sacrificios, los mandamientos de Dios y la pureza religiosa les eran muy importantes.

Las tradiciones, la ley y la historia resultaban muy importantes para los judíos.

Sus textos sagrados eran lo que nosotros ahora llamamos el Antiguo Testamento: los primeros treinta y nueve libros de la Biblia. Consideraban esas palabras inspiradas de Dios como un registro de la historia de su pueblo y como un testimonio sobre el lugar que ocupaban como pueblo escogido de Dios.

En espera de la llegada de un héroe: Expectativas por el Mesías

Resulta muy importante comprender el clima político y religioso en el que Jesús vivió y predicó.

La historia (y los noticieros de la noche también) está llena de situaciones en las que un país, o superpoder, invade y ocupa otro país. Es típico que haya una invasión militar seguida por el establecimiento de un gobierno y, con mucha frecuencia, la imposición o infiltración en esa sociedad de reglas, cultura, idioma, religión y moneda foráneos. (Recordemos las invasiones europeas a las Américas y Australia, la invasión china a Tibet, la de los indonesios a Timor, la de los ingleses a la India, la de los españoles a México, y hasta la ocupación norteamericana de Irak.) Y entonces se produce un equilibrio frágil entre una fuerza militar superior que ha llegado a tomar el control y una población desconforme que, la mayor parte de las veces, preferiría que las cosas siguieran siendo como solían ser: *Muchas gracias por preguntarnos.*

Estamos demasiado acostumbrados a las escenas que aparecen en las noticias de la noche, que nos muestran disturbios civiles en ciertas zonas en conflicto: imágenes de

* Cuando Marcos Lucinio Craso aplastó una rebelión de esclavos y crucificó a los rebeldes a lo largo de la Vía Appia, entre Roma y Capua.

jóvenes arrojando piedras y bombas Molotov a la policía, multitudes que gritan, arrestos, pancartas, intercambio de disparos, represión militar, calles de ciudades llenas de cuerpos y escombros humeantes.

Jesús vivió en una situación igualmente tumultuosa.

Unos setecientos años antes de que naciera Jesús, las fuerzas asirias entraron a Israel y ocuparon el país. Eso constituyó el comienzo de cientos de años de opresión por parte de una sucesión de poderes extranjeros. Las fuerzas asirias fueron derrocadas por las babilónicas. Alejandro Magno luego conquistó la región y los griegos gobernaron por cientos de años hasta que el increíblemente poderoso Imperio Romano se extendió a través de todo el mundo.

Así que para el tiempo en que Jesús nació, dentro del pueblo judío se habían sucedido generaciones que crecieron bajo gobiernos extranjeros. Los judíos habían sido quebrantados, perseguidos y humillados. Su tierra se había convertido en un campo de batalla, en una nación esclavizada por fuerzas extranjeras, tanto por parte de soldados como de gobernantes. Habían sufrido el exilio, el desmantelamiento de su propia cultura y la sobrecarga de fuertes impuestos por parte de esos extranjeros.

Por lo tanto, la mayoría de los judíos del primer siglo creían que el verdadero enemigo del pueblo de Dios era el Imperio Romano que ahora gobernaba Palestina y ocupaba la ciudad santa de Jerusalén. Y lo peor de eso no lo constituían los altos impuestos, ni las leyes extranjeras, ni la brutalidad de la opresión; lo peor de todo radicaba en que los romanos eran paganos. Enemigos de Dios. Habían erigido sus estatuas en el templo y colocado sus símbolos de poder en toda la ciudad de Jerusalén. Eso les resultaba a los judíos algo vergonzoso y ofensivo, un constante aguijón en su costado. Con desesperación deseaban que llegara alguien que los sacara de su opresión y los salvara de los invasores romanos, y lo esperaban.

Así que para el tiempo en que Jesús nació, dentro del pueblo judío se habían sucedido generaciones que crecieron bajo gobiernos extranjeros.

En la cultura moderna del entretenimiento, estamos acostumbrados a la idea de esperar la llegada de un héroe. En el popular film de Bruce Willis *El Quinto Elemento*, los líderes espirituales habían esperado por cientos de años el arribo preanunciado de un salvador que conduzca a esa civilización fuera de sus días oscuros. Temas similares emergen en la trilogía de *Matrix*, donde la gente espera la llegada de uno (Neo) que se levantará y los salvará de su esclavitud. Aun *El señor de los anillos* tiene un rey a quien todos esperan para que conduzca al pueblo a la victoria contra los poderes de la oscuridad.

Esto no es algo nuevo. Durante siglos antes de la llegada de Jesús, los líderes espirituales judíos habían anunciado que nacería uno que salvaría al pueblo y lo conduciría a una revolución que se sacaría de encima el dominio pagano de los romanos. Esperaban un acontecimiento espectacular, absolutamente visible, de un estilo militar, que derrocara a las fuerzas romanas, juzgara a los líderes corruptos, y restaurara la gloria pasada del verdadero pueblo de Dios. Declaraban que sería un tiempo en el que Dios pondría en orden un mundo que parecía fuera de control. Existía un tremendo sentido de expectativa en el pueblo judío, que se preguntaba quién sería aquel al que esperaban y cuándo tendría lugar ese acontecimiento triunfal.*

Los profetas del Antiguo Testamento habían prometido la llegada de ese héroe, capaz de producir este gran acontecimiento y que se mostraría poderoso e imponente tanto física como políticamente. Se referían a él con la palabra hebrea que indica que sería «el ungido»: dicho simplemente, el ***Mesías***. El pueblo judío de la época de Jesús anhelaba la llegada

* Esta sensación de expectativa se hace visible en los informes en los que se dice que la gente le preguntaba a Juan, el primo de Jesús, que ya tenía sus propios seguidores, si era él aquel al que estaban esperando. Se puede leer sobre esto en la primera parte de Lucas (y también en el primer capítulo de Juan).

del Mesías, y guardaba la esperanza de que él tomara su espada e inspirara y organizara a la gente para salir a las calles y derrotar a los romanos. Entonces Israel se convertiría en la nación más poderosa de la tierra, bajo el liderazgo del Mesías. Buscaban un revolucionario como William Wallace (de la película El Patriota) o un gladiador como Maximus Decimus Meridius (de Gladiador).*

Los profetas habían prometido que este Mesías sería reconocido por las grandes cosas que realizaría. Hablaban en términos de que Dios le daría a esta figura su Espíritu; y que él llevaría buenas nuevas, justicia y libertad al pueblo de Dios.

Cada tanto emergía algún hombre joven que conducía una rebelión en contra de las fuerzas romanas. Cada vez la gente se preguntaba: *¿Podría ser este aquel por el que estamos esperando? ¿El que nos fue prometido? ¿Seremos salvados? ¿Será este?*

Así que había choques en las calles, bandas de renegados que se escondían en las montañas, batallas y escaramuzas fuera de las murallas de la ciudad. Se asaltaban arsenales. La muerte resultaba algo corriente. En las décadas anteriores al nacimiento de Jesús, las revueltas eran frecuentes en Palestina y se mataban y ejecutaban hombres por cientos de miles. Así que, políticamente, se trataba de una región bastante inestable.

A pesar de una opresión continua y de rebeliones fallidas, mucha gente todavía se aferraba a la esperanza de que se levantara alguien que los salvara. Y mientras todo los ojos se dirigían, quizá, hacia las fuentes más probables de liderazgo (las familias ricas, los rabinos influyentes, los líderes de las bandas de renegados), algo sucedió en el menos probable de los lugares. Llegó un anuncio, directamente de Dios, acerca de que el Mesías, finalmente, estaba en camino.

Pero el anuncio no fue dado en un palacio ni en una sinagoga, sino a una adolescente en una pequeña aldea.

*** ¡O un Terminator como el de Arnold en T-800!**
—Pete

Seguro, Pete, lo que digas. —Ben

Segunda parte

EN ESPERA DEL REY

Capítulo 4

SOY SOLO UNA NIÑA

Presentemos a la madre de Jesús

En la escena de apertura de la novela y de la película de Douglas Adams, *The Hitchhiker's Guide to the Galaxy*, el personaje principal, Arthur Dent, recibe la visita de un viejo amigo que le trae noticias interesantes. Su amigo Ford le informa que no viene realmente de Guilford, sino que es un extraterrestre de un pequeño planeta cerca de Betelgeuze, y que en unos pocos minutos el mundo va a estallar.

Que le hayan descargado encima semejante declaración es como una trompada tan enormemente fuerte que le quita el aliento y Arthur no puede ni siquiera entender lo que Ford le habla. La noticia es demasiado grande para que su mente la pueda captar.

Dos mil años atrás, en una pequeña aldea cerca del mar Mediterráneo, a alguien se le transmitió un mensaje igualmente abrumador. Nazaret era un pueblo de poca trascendencia en las colinas de Galilea. No se lo podía considerar el centro de nada, ni tampoco un lugar en el que viviera nadie importante. No constituía un centro neurálgico de la economía ni estaba ubicado en una ruta comercial. Era, de hecho, algo así como un pueblito marginal de segunda categoría, que contaba con una pequeña población.

En una casa de ese villorrio vivía una jovencita. Estaba desposada para casarse con un comerciante de la localidad y probablemente se hallara preparando su próxima boda. La vida se deslizaba normalmente y seguía su curso. Pero aunque ella aún no lo sabía, estaba a punto de recibir a un visitante con ciertas noticias que pondrían cabeza abajo el resto de su vida (y el resto de la historia del mundo también).

Aunque ella aún no lo sabía, estaba a punto de recibir a un visitante con ciertas noticias que pondrían cabeza abajo el resto de su vida (y el resto de la historia del mundo también).

Se llamaba María.

La Internet nos proporciona toda una colección de imágenes de la madre de Jesús. María ha alcanzado un status sagrado de santa dentro de ciertos sectores de la iglesia, y eso realmente se refleja en las esculturas y retratos que se han realizado de ella a través de los años. María aparece como una mujer serena, noble, virginal y de manos muy cuidadas, vestida con togas elegantes. Parece existir perpetuamente en una de dos poses meditativas: una, como madre amorosa mirando apaciblemente hacia abajo al bebé que acuna entre sus brazos; la otra, como un personaje tipo Juana de Arco, bañada por la luz del sol, con los brazos extendidos y mirando anhelante hacia el cielo, obviamente, acompañada por coros de ángeles que cantan con júbilo. No se podría esperar nada menos de la madre del Hijo de Dios.

La realidad del embarazo de María fue quizá algo más terrenal.

En esa época, las jóvenes no disfrutaban de las mismas libertades y estilo de vida que hoy. Por ejemplo, no elegían a los compañeros con los que iban a casarse. Estaban muy protegidas, y en la mayoría de los casos ni siquiera se les permitía hablar con hombres que no pertenecieran a la familia. Si se atrevían a salir (solo en compañía de un guardián), tenían que usar un velo que les cubriera el rostro. Eran los padres de la muchacha los que elegían a su compañero y arreglaban el casamiento luego de que ella pasaba de los trece años. Se trataba más bien de un arreglo económico y no del cumplimiento de lo que ahora consideramos un amor romántico. No existían ni el noviazgo ni las salidas tal como los de hoy en día. Algunas mujeres hasta podían llegar a conocer a su pareja matrimonial en el día de la boda, momento en que lo veían por primera vez. Dado el tamaño de la aldea en la que vivía María, sin embargo, no era muy probable que este fuera su caso.

*** Existían un montón de reglas concernientes al matrimonio. ¿Sabías que, según la ley, un hombre recién casado quedaba libre del servicio militar y cualquier otra obligación durante un año, de modo que pudiera crear un hogar feliz para su esposa (Deuteronomio 24:5)? —Ben**

¡Oh! ¡Y mi licencia por paternidad apenas duró un día! —Pete

Aparentemente los padres de María habían comprometido a su hija en matrimonio con un comerciante local, un hombre bueno y justo llamado José. Es muy probable que, de acuerdo con la costumbre,* él hubiera pagado una suma de dinero a los padres de ella, a modo de compensación por la pérdida de su hija, por entregársela a él. No existe evidencia que sugiera cuál era la edad de María, aunque una especulación basada en las costumbres de entonces sugiere que ella podría haber estado en la mitad de su adolescencia en el tiempo en que se comprometió con José.

Quizá María tenía muchas expectativas con respecto a su boda. En ese día se vestiría bellamente y se engalanaría (según lo hacían las muchachas de las zonas rurales) y se dispondría a casarse con su marido. José vendría cruzando la aldea con sus compañeros para recogerla, generalmente de una manera bulliciosa. Entonces se convertirían en una procesión ruidosa que partiría de regreso hasta el dosel donde se realizaría la boda. Todo eso no tenía mucho que ver con la ceremonia y los festejos que se llevan a cabo hoy en día. Básicamente, se leía el contrato matrimonial en voz alta y se aceptaba el acuerdo.

Como hoy, se trataba de un evento muy especial al que asistían muchos invitados; el vino corría, se consumía comida, se intercambiaban votos, se otorgaba la bendición y se elevaban oraciones. Las celebraciones podían durar varios días; hasta una semana o más. En especial para una persona judía, el matrimonio constituía un vínculo sagrado de dos personas establecido ante Dios. Se lo consideraba tanto una ocasión espiritual como legal.

Y eso era todo. De allí pasaban a la cámara nupcial.

La moderna cultura occidental estipula que los primeros días de una pareja recién casada (en especial su primera noche juntos) sean un asunto privado y secreto. Pero no era así en ese entonces. En aquella cultura, la virginidad de la novia resultaba de una importancia crucial. Se esperaba que la novia y el novio consumaran su matrimonio esa primera noche, y la celebración de bodas no tenía lugar hasta que la novia y el novio se hubieran unido sexualmente.

El padrino de bodas esperaba fuera del cuarto nupcial para recibir una señal del novio, confirmando que su nueva esposa era en realidad virgen. La evidencia física de esto lo constituían las manchas de sangre sobre las sábanas nupciales, que serían guardadas por los padres de la novia como evidencia, por si el novio alguna vez decidía acusarla de inmoralidad sexual.[1]

Si la novia era virgen, entonces la celebración de la boda tenía lugar. Sin embargo, si se descubría que no era virgen, el marido podía acusarla y el matrimonio se podía anular.* Eso le producía mucha vergüenza, deshonra y humillación a toda la familia de la novia. De hecho, la mujer podía ser castigada; se la arrastraba hasta el umbral de la puerta de la casa de su padre y los hombres del pueblo la apedreaban hasta que muriera.[2] No se toleraba promiscuidad de ningún tipo.

Esto constituye un trasfondo absolutamente importante para comprender el contexto en el que María estaba a punto de encontrarse.

* En algunas sociedades hoy, la «prueba de la virginidad» todavía se practica. Las mujeres aún pueden ser apedreadas hasta morir por haber sido infieles a sus maridos.

1. Deuteronomio 22:13–19
2. Deuteronomio 22:20–21

Vemos en la Biblia que en diversas ocasiones, Dios eligió a algunas personas en particular para que realizaran alguna tarea. Por ejemplo, Moisés fue elegido para conducir a su pueblo fuera de Egipto, Noé fue elegido para construir un arca, y Jonás para predicarle a la ciudad de Nínive. Sin embargo, en esta ocasión, una joven mujer de una aldea intrascendente halló gracia delante de los ojos de Dios para realizar la tarea más importante de todas. (La Biblia detalla una cantidad de nacimientos milagrosos. Por ejemplo, Abraham y Sara [Abram y Saraí] tuvieron a Isaac cuando ambos eran muy viejos.[3]* Samuel nació de una madre estéril.[4] Y hasta la historia del nacimiento de Moisés[5] tiene un elemento milagroso en su contexto. Pero todos ellos fueron solo una preparación para el nacimiento más grande y milagroso de todos.)

* Aparentemente la mujer más vieja que ha dado a luz en esta era moderna es una profesora rumana que lo hizo a la edad de sesenta y seis años.
—Pete

Gracias por el dato. Voy a perder el sueño por eso esta noche. —Ben

María fue visitada por un mensajero de Dios que se le apareció con un saludo y un mensaje. Nos resulta fácil creer que María se sintió cómoda con esa visita, como si la repentina aparición de un ángel hubiese sido un suceso cotidiano para ella. Se trata del clásico ejemplo en el que una descripción se queda corta; leemos que «Ante estas palabras, María se perturbó».[6] ***¡Como lo hubiera hecho cualquiera!*** Pero si ella se perturbó por el saludo del ángel, debe haber quedado boquiabierta por lo que él tenía que decirle a continuación.

Imaginemos la escena: El mensajero le dijo a María que no tuviera miedo. Que ella había sido elegida por Dios para concebir y dar a luz un hijo al que llamaría Jesús, que crecería y llegaría a ser el salvador que todos estaban esperando. Su reino y su trono no tendrían fin.[7]

Silencio total.

¿Que dijo qué?

María (probablemente todavía debatiéndose en medio de la insólita declaración) rápidamente identificó el error de este anuncio. ***¡Ella era virgen!*** *¡No había estado con ningún hombre! ¿Cómo podía producirse ese nacimiento?*

El mensajero le dijo que iba a concebir por el Espíritu de Dios… Dios, el creador de toda vida, colocaría vida en su vientre.

Otra vez, silencio total.

La Biblia registra que María declaró entonces que ella era la sierva del Señor y que haría lo que él le pidiera, en lugar de salir corriendo por las calles a los gritos pelados (lo que debe haberse sentido tentada a hacer, según uno imagina). Y después de eso, el mensajero se fue. La declaración de María acredita su fortaleza de carácter y refleja su piedad y sentido de obediencia. Aunque era joven, no se percibía en ella a una muchacha frágil y frívola, sino a una mujer joven con determinación. Obviamente, Dios había elegido cuidadosamente.

Creo que no podemos llegar a imaginar los pensamientos que daban vueltas en la mente de María durante esas primeras horas, mientras luchaba por comprender las impli-

3. Génesis 17 y 21:1–7
4. 1 Samuel 1—2
5. Éxodo 1—2
6. Lucas 1:29
7. Lucas 1:30–33

El mensajero le dijo que ella iba a concebir por el Espíritu de Dios... Dios, el creador de toda vida, colocaría vida en su vientre.

cancias que se desprendían de ese mensaje. Tal vez se haya frotado los ojos y sacudido cómicamente la cabeza para comprobar si era que su mente funcionaba de manera normal.

La reacción natural hubiera sido preguntar: *¿Por qué a mí?* Con toda seguridad el Salvador debería nacer de una princesa en un palacio real, cuidada por guardias, consejeros y sacerdotes, con la visita de la gente más poderosa del mundo. ¡Y ella era apenas una campesina adolescente y soltera en un pueblito de mala muerte! ***¡Ridículo!***

Luego debe haber caído en la cuenta de la magnitud de la responsabilidad que ella, María de Nazaret, había aceptado asumir. ¡Ya era bastante difícil criar hijos, sin contar con esta expectativa extra de criar al salvador de la nación!

María probablemente haya tenido que luchar también con los pensamientos que normalmente acompañan el embarazo de cualquier mujer. Quizá alguna preocupación con respecto a los cambios que se producirían en su cuerpo, el gozo de llevar un hijo en su seno, las inquietudes naturales del embarazo y las preguntas con respecto al parto mismo. Y tal vez desde el fondo emergiera un temor creciente por estar embarazada de modo inexplicable en medio de una sociedad en la que las mujeres promiscuas eran ejecutadas públicamente. Aunque era apropiado que el mensajero apareciera con esas grandiosas declaraciones referidas a la inmaculada concepción, María debió haberse preguntado si los ancianos de la aldea se mostrarían tan comprensivos.

Luego, por supuesto, estaba la cuestión de su familia y de su futuro marido. En tanto que María sabía que su embarazo era milagroso, para todos los demás ella simplemente sería una mujer joven embarazada en una sociedad en la que esas cosas resultaban inaceptables.* José ni siquiera necesitaría esperar a la noche de bodas para acusarla de infidelidad. El bulto que crecía en su vientre se convertiría en una obvia y visible fuente de vergüenza para su familia. Y probablemente haya despertado a la realidad de que tal vez tuviera que decirle adiós a su boda. No habría procesión, ni banquete, ni celebración para ella.

Fueran las que fueren sus dudas y temores, el hecho de haberse encontrado con un ángel que le trajo un mensaje personal de parte de Dios la debe haber inspirado a confiar en que todo saldría bien.

Así que aquí tenemos a María barajando pensamientos opuestos: por un lado, el gozoso conocimiento de haber sido elegida especialmente por Dios para llevar en ella al Mesías; y por el otro, esa realidad más dura que implicaba el estar desposada y a la vez embarazada. Una retrospección y los Evangelios nos permiten conocer de qué modo se desarrolló la historia. Pero a María, la soltera embarazada, en ese día, el futuro no debió haberle parecido tan claro. Estaba sola y en aprietos.

Había, sin embargo, una persona que podía entender su situación.

En un pueblo cercano, en la región montañosa de Judea, vivía una prima de María. Una mujer mayor llamada Elisabet, que también estaba embarazada, de seis meses. Tal vez María supiera que el embarazo de Elisabet también era milagroso. De entre todas las personas que conocía, Elisabet era la que la podía comprender y constituirse en una buena aliada.

Y de este modo concluimos esta parte de su historia: encontramos a María empacando sus cosas y apresurándose a salir del pueblo para visitar a Elisabet. Allí ella recibió una cálida bienvenida. Cuando llegó María, el bebé de Elisabet pateó y se retorció en su vientre, lo que constituye una indicación extraterrena de la unión espiritual que había

* Algunas de las estrictas reglas y códigos referidos al matrimonio están explicados en detalle en un libro del Antiguo Testamento, Deuteronomio (22:13–30).

entre esos dos varones aun no nacidos: Juan y Jesús. Elisabet declara que María y su hijo son ambos benditos, y se considera ella misma favorecida al ser visitada por la madre de su Señor. «¡Dichosa tú que has creído, porque lo que el Señor te ha dicho se cumplirá!», le dice.[8] ¡Qué alivio debió ser para María escuchar semejante bendición de boca de una parienta amistosa en la que podía confiar. En lugar de encontrarse con hostilidad y acusaciones, recibió apoyo y confirmación sobre algo que ya sabía.

María permaneció con su prima durante tres meses. Pero eso fue solo el comienzo de su historia.

En tanto que María sabía que su embarazo era milagroso, para todos los demás ella simplemente sería una mujer joven embarazada en una sociedad en la que esas cosas resultaban inaceptables.

8. Lucas 1:41–45

Capítulo 5

«QUERIDO, ES MEJOR QUE TE SIENTES»

María comunica las noticias

Era un día de lluvia de marzo cuando Meredith, la esposa de Peter, lo fue a buscar al trabajo y declaró que tenía noticias. Decir que Peter no estaba preparado para escuchar su anuncio sería quedarse corto. *¡Ella estaba embarazada! ¡Iban a ser padres!* ***¡Él iba a ser papá!***

Se produjo un silencio, acentuado por las hojas que hacía rodar el viento. En algún lugar, en medio de la brisa, chillaba un grillo solitario. Luego a Pete se le doblaron las rodillas y comenzó a caminar tambaleante como un zombie, con los ojos que se le saltaban de la cara por el terror y la boca abierta. Le dio a su esposa un abrazo torpe e intentó emitir algunas palabras trascendentales con respecto al amor, la familia y el ciclo de la vida.* Luego de recuperar el aliento, empezó a sentirse bastante contento con la idea, se tranquilizó y pasó a experimentar una alegría cálida en su interior. Con gran entusiasmo comenzaron a comunicar la noticia a sus parientes y amigos, los que también se mostraron encantados. Hubo mucha celebración, palmadas en la espalda y champagne.

* Ah, sí. Solo cabe esperar que esta gran historia tomada del depósito de la vida de Pete nos lleve a algo. —Ben

Todo será revelado a su tiempo, mi joven e impaciente *Padawan*. —Pete

Quizá la escena no fuera así, tan color de rosa para María y José en aquellos años.

No sabemos exactamente cuando ocurrió, pero en algún momento (tal vez luego de los tres meses que pasó en aquel pueblo cercano) probablemente María les comunicara la noticia a sus padres. Solo podemos imaginar el horror de ellos cuando escucharon la «noticia», y su incredulidad ante la historia inverosímil de su hija en cuanto al mensajero divino y la inmaculada concepción. Entonces quizá fuera el deber de su padre, con esa carga sobre sus hombros, ir a informarle a José que su prometida estaba embarazada y que la boda sin duda se cancelaría. En lugar de flores, champagne y palmadas en la espalda, todo el asunto tendría olor a vergüenza, humillación y deshonor. En una aldea de solo unos pocos cientos de personas, la noticia se esparciría rápidamente, y sería algo muy feo.

José debió haber quedado perturbado y herido por la noticia. Su prometida estaba embarazada. Así que él tenía por delante una decisión que tomar.

José debió haber quedado perturbado y herido por la noticia. Su prometida estaba embarazada. Así que él tenía por delante una decisión que tomar.

Ciertamente, podía denunciar públicamente a María y causar un escándalo que involucrara a su familia; o hacer algo aún peor. La ley del Antiguo Testamento indicaba que si un hombre dormía con una virgen comprometida en casamiento, tanto el hombre como la mujer debían ser llevados a la puerta de la ciudad y allí apedreados hasta morir.[1]

Sin embargo, la Biblia dice que «como José, su esposo, era un hombre justo y no quería exponerla a vergüenza pública, resolvió divorciarse de ella en secreto».[2] Aquí nos encontramos con un hombre justo en cuanto a seguir las leyes de divorcio del

1. Deuteronomio 22:23–24
2. Mateo 1:19

> «Como José, su esposo, era un hombre justo y no quería exponerla a vergüenza pública, resolvió divorciarse de ella en secreto».

Antiguo Testamento, pero que a la vez es humilde y compasivo y no desea poner en evidencia a la mujer que hubiera sido su esposa.

Mientras consideraba estas cosas, José tuvo un sueño en el que un mensajero celestial le decía que no temiera tomar a María como su esposa, porque lo que había sido concebido en ella era de Dios.[3] El ángel dijo que ella daría a luz un hijo al que deberían ponerle el nombre de Jesús y que él salvaría a su pueblo de sus pecados.

Cuando José despertó, debió haber sentido algo de alivio al darse cuenta de que no solo su esposa le había sido fiel todo el tiempo, sino que los dos tenían el enorme privilegio de haber sido elegidos por Dios para esa importante tarea. ¿Qué pensamientos le cruzarían por la mente a José mientras consideraba la responsabilidad que le cabía al ser el padre terrenal del Hijo de Dios?

José se llevó a María a su casa y la tomó por esposa. Dadas las circunstancias, es muy probable que no hubiera habido la esperada procesión ni el banquete. Posiblemente José haya regresado a la casa de María y se la haya llevado a su casa para casarse con ella.

Estamos tan familiarizados con esta historia que tendemos a considerarla según nuestras circunstancias, como si José y María fueran dos individuos completamente autorealizados que se las arreglaban perfectamente con esa situación tumultuosa. Y que no los perturbaban los susurros que se emitían tapándose la boca cuando ellos pasaban. Y que no tenían ningún tipo de reparos con respecto a todo lo que tenía que ver con los mensajeros divinos que les comunicaban noticias acerca de que ellos tenían que criar a la persona más importante de la historia.

Podemos imaginarlos allí, solos, hablando sobre su entusiasmo, dudas y temores (como lo haría cualquier pareja) mientras veían expandirse el cuerpo de María y se preguntaban qué les depararía el futuro. Sin lugar a dudas, el recuerdo de los mensajeros de Dios y su mensaje ocupaba un lugar prominente en la mente de ellos mientras consideraban el hecho de que su hijo era algo especial.

Los meses fueron pasando mientras el milagro del Hijo de Dios sobre la tierra se iba desarrollando dentro de su madre. Un chispazo de vida había aparecido espontáneamente en las trompas de falopio. Ya se habían definido los cromosomas y genes únicos del Dios hombre que determinaban el crecimiento de ese niño y le imprimían sus características físicas. Los núcleos se dividían y se volvían a dividir de forma exponencial. Ese punto microscópico (técnicamente denominado *blastocisto*) pasó unos tres días moviéndose dentro del útero y buscando un buen lugar en el que arraigarse. Entonces el embrión desarrolló una columna vertebral y los esbozos de una cabeza. Luego llegó el cerebro, los nervios, los músculos, los intestinos y los vasos sanguíneos, mientras el embrión extraía continuamente su nutrición de su madre. El corazón comenzó a latir, se desarrollaron el cristalino, la córnea y el iris de los ojos. Le salieron dedos. Durante los meses siguientes el feto creció, flotando en un fluido cálido y salado, dentro de un saco gestacional, en el cuerpo de su madre. Empezó a chuparse el dedo, a patear, a estirarse, a moverse. Y luego, en un determinado día, cayó el último grano del reloj de arena y fue tiempo de que el bebé naciera. El Hijo de Dios estaba a punto de entrar en el mundo.

---

3. Mateo 1:20–21

Pero en algún momento del trayecto que conducía hacia ese evento trascendental, José recibió una noticia (noticia que llevó a ambos padres a emprender un viaje hacia un pueblito en el sur, un pueblo llamado Belén).

Los meses fueron pasando mientras el milagro del Hijo de Dios sobre la tierra se iba desarrollando dentro de su madre.

Capítulo 6

NO TIENE UNA CUNA EN LA QUE DORMIR

El nacimiento de Jesús

El nacimiento de Jesús constituye el acontecimiento global más ampliamente celebrado: es tiempo de pavo, castañas asadas al aire libre (aparentemente), abetos, buenos deseos para todos, y las canciones de Bing Crosby.

Si alguna vez han estado en un concierto de Navidad de una clase preescolar, ya conocen la rutina. La escena de la natividad se desarrolla de la siguiente manera: Entra José, conduciendo a su esposa montada en un asno. José lleva un largo bastón con el que se ayuda a caminar, en tanto que su esposa abraza un muñeco de cabellos rubios. Aparece toda una variedad de animales de granja (formada por los niños que no obtuvieron un papel principal, vestidos de ovejas, vacas y burros; y siempre se cuela un niño vestido de cebra). Se presentan los ángeles (niñas de mejillas rosadas con trajes de ballet y alas de hadas, tomados de la caja de disfraces). Entonan: «Se oye un son en alta esfera». Hacen su aparición los pastores (los muchachos más alborotados, con túnicas y largos bastones). Cantan «Pastores cerca de Belén». Entran los tres reyes magos, cada uno llevando elaborados presentes para el rey que acaba de nacer. Cantan «Tras hermoso lucero los magos viajaban».* Gran final con «Los doce días de Navidad», y luego la aparición de Santa Claus [Papá Noel] para entregar regalos; todos se dirigen a tomar café y pasteles de fruta picada.**

* ¡Oigan! Yo fui un rey mago en una representación cierta vez. Entré montado en un caballo con ruedas. —Ben

¡Pero no ahora, Ben; no ahora, por favor! —Pete

** Expresión australiana con la que se denomina a una comida tradicional de Navidad en Australia: fruta picada húmeda, preparada sobre una tarta ligera, salpicada con un glaseado de azúcar.

Años de mirar escenas navideñas y programas especiales de Navidad por televisión han desdibujado los límites de la realidad y han convertido todo en clichés. Tenemos instalada en nuestras mentes esa imagen de un viaje particularmente inoportuno, en el que José decide llevar a María en una travesía de cuatro días justo cuando ella llega al final de los nueve meses de su embarazo. Al acercarse al pueblo (José conduciendo a María montada en un asno) cae la noche y María entra en trabajo de parto; así que ella se queda parada en la calle, estremeciéndose por las contracciones, mientras José corre de aquí para allá, golpeando puertas e intentando encontrar algún lugar en el que hospedarse; pero solo encuentra puertas que se le cierran y rudos encargados de posadas que le dicen: «Tengo todo ocupado. ¡No hay lugar en la posada!» Así que en su desesperación dan la vuelta por detrás del edificio y se instalan en el establo, y **(es como que se saltean una parte, porque no hay tarjeta de Navidad o escena navideña que en realidad cubra el nacimiento en sí mismo)** de repente ya tienen un niñito radiante entre los brazos, al que colocan en un pesebre. Minutos más tarde aparece un grupo de pastores y tres reyes magos montados en camellos, trayéndole regalos, y todos se inclinan con reverencia delante del pesebre. La luz sobre la improvisada cuna resulta tan brillante que atraviesa las puertas y ventanas en haces fuertemente definidos. En algún lugar del trasfondo, los ángeles cantan. Algunas personas hasta colocan en la escena un muchacho con un tambor, que acaba haciéndolo sonar por si acaso. (¡Como si eso precisamente fuera lo que una mujer deseara oír justo después de dar a luz!)

Todo el evento produce una sensación hogareña y tranquila, una serenidad que nos deja como con un resplandor cálido adentro y el deseo de consumir pavo y pudín navi-

Años de mirar escenas navideñas y programas especiales de Navidad en televisión han desdibujado los límites de la realidad y han convertido todo en clichés.

deño. El nacimiento de Jesús, estilo tarjeta de Navidad, tiene un cierto esplendor rural y una majestad terrena. Es importante, sin embargo, separar los conocimientos que hemos adquirido de la Biblia de las cuestiones culturales que hemos incorporado a raíz de haber asistido a festividades navideñas.

En el registro de Lucas sobre el nacimiento de Jesús, se nos dice que Augusto César había decretado que se llevara a cabo un censo del mundo romano.[1] Eso requería que todos los hombres regresaran a su lugar de nacimiento para registrarse.[2] La ciudad de origen de José era Belén, un pueblo más bien pequeño, de no más de unos pocos miles de personas, a unos 120 kilómetros al sur de Nazaret.

La Biblia señala que José fue a Belén y llevó a María, y que «mientras estaban allí, se le cumplió el tiempo. Así que dio a luz a su hijo primogénito».[3] El hecho es que nadie realmente sabe si José y María estuvieron en Belén durante una semana o un mes antes de que naciera Jesús. Al ser pobres, es posible que hayan hecho a pie el viaje en lugar de montar un asno, como a veces se supone. Cualquier padre (o madre) que haya pasado por las semanas finales de un embarazo sabe que solo una pareja de tontos emprendería un viaje de varios días precisamente cuando la mujer está llegando a término.

La clásica imagen de tarjeta de Navidad en la que Jesús nace en un establo de madera en la parte de atrás de una posada en la que se ve colgado un cartel que dice «No hay lugar» puede tener su mérito. Pero esa presunción viene en gran parte por el hecho de que su primera cuna fue un pesebre, un comedero para animales. Otra posibilidad es que José y María hubieran hallado una cueva de las usadas por los pastores a las afueras del pueblo, en la cual establecieron su campamento y tuvieron a su hijo. El vivir casi al aire libre no les habrá resultado tan extraño dado que el viaje de cuatro días desde Nazaret a Belén les debió haber implicado de todos modos dormir bajo las estrellas. No existían hoteles convenientemente ubicados para los mochileros en ese entonces.

Existe un escenario mucho más probable para la «primera Navidad». Dado que Belén era el lugar de origen de José, es posible que ellos tuvieran una cantidad de parientes allí. Aunque no hubiera un alojamiento adecuado con privacidad para ellos (porque el cuarto superior de la casa estuviera lleno de otros familiares que visitaban el pueblo a causa del censo),* tal vez se hayan quedado en algún espacio improvisado en lo de algún pariente de José. Las casas en la antigua Belén con frecuencia estaban recortadas sobre la ladera de la montaña y tenían un área destinada al patio, un cuarto central en el que se cocinaba, una cisterna para el agua, y cuartos separados de ese espacio central. Las casas también contaban con una cueva subterránea anexa, en la que se cobijaban los animales que tenía la familia. Puede ser que fuera allí donde se preparó el alojamiento improvisado para que María tuviera algo de privacidad durante su parto. Debe haber sido atendida por otras mujeres de la familia, y José no debe haber estado presente.

Nuestras canciones navideñas, relativamente modernas, le han agregado romanticismo a la historia, así que se nos ha llevado a creer que la noche era silenciosa y que todo estaba en calma y lleno de luminosidad. Sin embargo, no resulta muy probable que la noche fuera silenciosa. Estarían presentes los sonidos que produce la vida de una comunidad, de un pueblo: las voces de los hombres que hablaban, los niños que jugaban, los viaje-

* No hay mención de ningún mesonero en la Biblia, y el uso más tradicional de la palabra griega que solemos traducir por «mesón» permitiría que se tradujera también como «cuarto de huéspedes» o «aposento alto».

1. Lucas 2:1
2. Lucas 2:3
3. Lucas 2:4–7

ros que circulaban por el pueblo, y quizá hasta algunos soldados romanos que marchaban por las afueras; además, los sonidos que emitían los animales en las montañas cercanas. Tiene que haber habido olor a animales, a fuego encendido, a antorchas y a comida.

En tanto que mucha gente pinta un cuadro de un Jesús sereno, tan noble en esta etapa de su vida que «ni siquiera lloraba», es importante recordar que Jesús nació como cualquier otro.* Él no hizo una aparición regia, como un atadito refulgente de expresión meditativa en el rostro, tipo Hijo de Dios. Hubo sangre, fluidos, transpiración, contracciones y dolor. Jesús nació cubierto por unto sebáceo y sangre. Las mujeres que atendían a la madre y al niño lo limpiaron y despejaron su garganta de fluidos placentarios. Ayudaron a salir la placenta, cortaron el cordón umbilical y lo colocaron sobre el pecho de María. Limpiaron a la nueva madre, quizá con un baño purificador, aunque técnicamente ella seguiría siendo ritualmente impura durante siete días.[4] Prepararon una cuna improvisada para el bebé limpiando un comedero de animales (un pesebre) y cubriéndolo de paja.**

*** Eso es porque decir que «el pequeño Señor Jesús llora un montón, como cualquier otro recién nacido» no entra tan bien en la canción. —Pete**

Oh, no sé. Me paree que es bastante pegadizo. —Ben

Dejando de lado todos los escenarios «que podrían haber sido», el punto central es que el suceso más importante de la historia aconteció dos mil años atrás y tuvo como marco un pequeño pueblo de una región insignificante del Imperio Romano. Eso resulta tan sorprendente que casi desafía cualquier comprensión. Las dimensiones de tiempo y espacio y de cielo y tierra se cruzaron y todo comenzó a girar en torno a un solo punto, bajo la mirada del mismo Dios y de ejércitos de seres espirituales desconocidos. Y en el epicentro de todo eso, se encontraban un marido, su joven esposa y un hijo recién nacido.

El Hijo de Dios estaba ya en la tierra.

** La fecha del nacimiento se celebra tradicionalmente en la mayoría de los países el 25 de diciembre. Sin embargo, la fecha exacta resulta incierta. Algunos historiadores señalan, por ejemplo, que sería más probable ubicarla en abril o en mayo.

4. Levítico 12

Capítulo 7

ÁNGELES, PASTORES Y DICTADORES MALIGNOS

La gente escucha las buenas noticias

Un nacimiento es un tiempo de gran celebración, de nuevos comienzos y de mirar hacia el futuro. Es un ***evento***. La gente lo espera y está pendiente de él. Cuando nació cada una de las hijas de Peter y Meredith, no pasó mucho sin que el teléfono sonara y los correos electrónicos comenzaran a funcionar para que la noticia se esparciera a través de las ondas expansivas del chismorreo. Las tarjetas y las flores empezaron a aparecer en abundancia y hasta hubo uno o dos globos de helio. Se publicó la información en el boletín de la iglesia. Y entonces comenzaron a llegar las visitas. Amigos y parientes aparecieron de todas partes para visitar a la madre y su hija en el hospital y ver por ellos mismos a la niña. Llegaron en manadas para presentarles sus buenos deseos, hacer preguntas obvias, traerles escarpines y baberos, hablar con ridículos balbuceos poniendo voz de bebé y, en general, prolongar demasiado las visitas. Los congratularon con apretones de manos, abrazos, palmadas en la espalda, besos y fotografías.

Aunque hubo poca pompa y ceremonia en el sencillo nacimiento de Jesús, en realidad no pasó desapercibido. En el plano espiritual, algunos ojos imperceptibles para los hombres se posaron sobre ese punto del planeta. Y en el mundo físico también hubo una cantidad de personas que se sintieron confrontadas por ese nacimiento, y cada una mostró una reacción distinta. Tanto en el campo como en el área local, varias personas escucharon la noticia: Ha nacido el Mesías.

Echémosle una mirada a cada uno de los diferentes encuentros.

Tanto en el campo como en el área local, varias personas escucharon la noticia: Ha nacido el Mesías.

Los ángeles y los pastores (Lucas 2:8–20)

A las afueras del pueblo había un puñado de pastores que protegían a su ganado de ladrones y depredadores. Estaban en vela, probablemente conversando, contando historias y haciendo bromas acerca de las ovejas* para mantenerse despiertos en torno al fuego.

De pronto se produjo una pequeña conmoción, que incluyó movimiento, sonidos y luz. «Un ángel del Señor se les apareció. La gloria del Señor los envolvió en su luz, y se llenaron de temor». Como todos los demás encuentros con ángeles que aparecen en la Biblia, se produce una reacción natural: miedo puro y sin adulteraciones. Tal vez se hayan encogido contra el piso, tal vez hayan gritado y agitado sus cayados delante del visitante, tal vez hayan salido corriendo… no lo sabemos. Pero lo que sí sabemos es que «se llenaron de temor».

El ángel les dijo que no tuvieran miedo ya que él les traía buenas nuevas. Les declaró que en ese mismo día, en Belén, había nacido el Mesías. Y no solo eso, sino que les contó que el niño estaba envuelto en pañales y acostado en un pesebre. Y ahí se produjo el gran final, un buen golpe de efecto: la Biblia dice que apareció toda una gran multitud de seres espirituales junto con el ángel y que ellos alababan a Dios diciendo: «Gloria a Dios en las alturas, y en la tierra paz a los que gozan de su buena voluntad».

* Oye, Ben, ¿qué se obtiene al cruzar una oveja con un canguro?
—Pete

¿Qué? —Ben

¡Un saltador peludo!
—Pete

¿Podemos imaginar esa escena, en medio de la oscuridad, sobre la ladera de las montañas, tantos años atrás, en la que un puñado de sencillos pastores fueron testigos de un despliegue tan alucinante?

Eso fue lo más extraordinario que les pasó en la vida a aquellos hombres. ¡El Mesías había nacido justo en su patio de atrás! Entusiasmados y ruidosos se dirigieron hacia el pueblo, donde una búsqueda frenética los condujo al lugar en que estaban los nuevos padres y su bebé. Casi no podemos imaginar lo cómico de la escena cuando José se vio confrontado por un grupo maloliente de cuidadores de ovejas que le pidieron que los dejara pasar para ver al recién nacido. Los pastores, con la boca y los ojos muy abiertos, caminaban arrastrando los pies al ir a ver al Mesías que salvaría a su nación. Luego de haberlo visto, se fueron y con gran entusiasmo esparcieron la noticia de lo que había sucedido entre la gente. Y todos estaban muy sorprendidos. Los pastores regresaron glorificando y alabando a Dios por todo lo que habían visto y oído ese día.

Los pastores, con la boca y los ojos muy abiertos, caminaban arrastrando los pies al ir a ver al Mesías que salvaría a su nación.

Sin duda, José y María habrán recordado a los mensajeros angelicales de unos meses atrás. Ahora, por primera vez, otras personas habían recibido un mensaje con respecto a su hijo. El conocimiento privado que ellos tenían de esto ahora se había hecho público. María guardaba en su corazón todo lo que los pastores les habían dicho y meditaba acerca de ello.

Simeón y Ana (Lucas 2:21–38)

En los días que siguieron al nacimiento de Jesús, José, María y el niño participaron en una cantidad de las tradicionales ceremonias judías.

Durante los siete días posteriores al nacimiento de un niño, una mujer judía era considerada ceremonialmente impura.[1] Durante ese tiempo, el bebé no tenía un nombre oficial. Pero en el día octavo, los padres participaban de una ceremonia en la que le daban formalmente un nombre a su bebé y, si era un varón, lo circuncidaban. La circuncisión constituía un símbolo significativo dentro de la sociedad judía, y se la consideraba una importante señal para marcar la identidad del niño como parte de la nación de Israel, el pueblo escogido por Dios.[2]

Así que en el octavo día Jesús recibió su nombre y fue circuncidado, probablemente por el rabino local de Belén. Según las directivas del ángel, le dieron el nombre de Jesús.

José y María permanecieron en Belén, y algo más de un mes después (una vez que María hubo esperado el tiempo que se le requería antes de concurrir al templo), fue momento de otras dos ceremonias importantes. Para ellas, José y María se dirigieron caminando unos once kilómetros hacia el norte, hasta la ciudad de Jerusalén. Allí se desplazaron por las calles y mercados abarrotados hasta llegar al templo, una estructura inmensa y majestuosa que constituía el punto central de la vida judía.

En primer lugar, María participó de una ceremonia de limpieza, como forma de purificarse ritualmente de su sangrado a causa del nacimiento, como lo requería la ley.[3] En una de las puertas del templo ella compró dos palomas para entregarlas a uno de los sacerdotes para el sacrificio.

1. Levítico 12:1–2
2. Génesis 17:1–14; Levítico 12:3
3. Levítico 12

En segundo lugar, de acuerdo con la ley, el primogénito varón de una familia israelita debía ser «entregado» ceremonialmente a Dios.[4] Guardando cierta similitud con el actual bautismo de los niños, el bebé Jesús fue puesto en las manos de un sacerdote, el que dijo algunas palabras y lo dedicó.

Y fue allí, en el atrio del templo, mientras José y María estaban en medio de estos rituales, que se les aproximaron dos extraños.

El primero fue Simeón, un natural de Jerusalén que es descrito como justo y devoto. Siendo un hombre muy afinado y atento a la voz de Dios, Simeón creía que el Mesías iba a venir durante su vida aquí, y que no iba a morir hasta que lo hubiera visto con sus propios ojos. Y luego de tanto tiempo de espera, ese día había llegado al fin.

Es posible que durante las semanas anteriores Simeón hubiera escuchado un apasionante rumor correr por allí: Apenas a unos pocos kilómetros de distancia unos pastores declaraban haber tenido una visitación angélica. No solo eso, sino que ellos verdaderamente habían visitado en persona al Mesías. Quizá Simeón sabía que la familia vendría al templo para cumplir con los rituales. Así que cuando vio a Jesús, supo que su espera había terminado. Tomó al bebé en sus brazos y alabó a Dios, declarando que sus ojos habían visto por fin la salvación y que ese niño iba a ser luz para muchos. José y María se maravillaron por las palabras de Simeón, y el momento tal vez fue más conmovedor por el hecho de que ellos estaban allí, a la sombra del templo, el edificio más importante en la vida religiosa de la nación.

> Simeón tomó al bebé en sus brazos y alabó a Dios, declarando que sus ojos habían visto por fin la salvación y que ese niño iba a ser luz para muchos.

Pero Simeón aún no había terminado. Los bendijo, y luego le dio un mensaje (de algún modo más sombrío) a la joven madre. Le dijo: «Este niño está destinado a causar la caída y el levantamiento de muchos en Israel, y a crear mucha oposición, a fin de que se manifiesten las intenciones de muchos corazones». Con esas palabras, Simeón señalaba el impacto que ese bebé tendría sobre la nación, y al hecho de que cambiaría las vidas al hacer que la gente tomara partido. María debe haber quedado helada al escuchar su conclusión: «En cuanto a ti, una espada te atravesará el alma».[5] Quizá a través de los años María habrá recordado este encuentro y se habrá preguntado qué significaría todo eso. Tendría que esperar alrededor de treinta años antes de que estas palabras volvieran a resonar con espanto en sus oídos, cuando como madre le tocó soportar la angustia de ver a su hijo burlado, ridiculizado, arrestado y ejecutado.

Pero, volviendo a aquel momento, ellos deben haberse sorprendido al encontrarse con otra persona desconocida y entusiasta. Ana, la profetisa, una anciana viuda que prácticamente vivía en el templo, donde pasaba el tiempo orando y ayunando. Se acercó a ellos en ese momento y comenzó a agradecer a Dios porque el Mesías había nacido. No solo eso sino que, al igual que los pastores, comenzó a esparcir la noticia sobre el niño entre todos los visitantes, peregrinos, viajeros y naturales que habían estado anhelando largamente la esperada salvación de su nación.

Luego de que José y María cumplieron con todos los rituales requeridos por la ley, regresaron a Nazaret. Ya habían estado lejos un buen tiempo, debido a su extensa permanencia en Belén y a la visita a Jerusalén. Era tiempo de volver a casa.*

Viajando hacia el norte durante varios días, en esa ocasión llevando a su hijo varón, quizá hayan hablado sobre los sucesos de los meses anteriores… los mensajeros angélicos,

4. Éxodo 13:1–2, 12

5. Lucas 2:34–35

* Debemos admitir que dilucidar la cronología exacta de estos sucesos es una especie de pesadilla. Los relatos de Lucas y Mateo son difíciles de interrelacionar en ocasiones, porque uno describe un viaje a Jerusalén y Nazaret, en tanto que el otro narra un huída apresurada a Egipto. Es difícil determinar el orden en el que se sucedieron algunos de estos acontecimientos, pero tenemos que convivir con ello.

el embarazo milagroso, la reacción notable de la prima Elisabet, el viaje hasta Belén, la cuna improvisada, la visita de ese puñado de pastores, y el anciano y la anciana del templo. Si antes habían tenido alguna duda, ahora eran conscientes de que algo muy grande se estaba desarrollando en torno a ellos.

Pero no todos los que escucharon esa noticia sobre el Mesías se mostraron contentos.

Los magos y Herodes (Mateo 2:1–18)

Uno de los íconos más conocidos de la imaginería utilizada en las tarjetas de Navidad es la de la silueta de los tres reyes con sus camellos, recortada contra un cielo negro retinto, mientras cruzan un vasto desierto árabe. Generalmente aparece una enorme estrella en una de las esquinas, la que titila de un modo... bueno... de una manera en la que solo las estrellas de las tarjetas pueden titilar.

Otras tarjetas muestran a los tres reyes, esplendentes en sus atuendos reales, arrodillados delante de un bebé en un pesebre, y delante de ellos tres cajas de oro con piedras preciosas incrustadas, conteniendo regalos regios.

Es una imagen muy bonita, pero no muy exacta.

Esto es lo que en realidad sabemos.

Un grupo de magos llegó del oriente para rendir tributo al Mesías.* Pueden haber sido tres, pero dada la naturaleza de su viaje y de quiénes eran ellos, es más probable que fuera un grupo mayor. No eran reyes sino magos, lo que tradicionalmente significaba sabios. Sin embargo, esos hombres sabios eran mucho más que tipos inteligentes que sabían muchas cosas e iban por ahí planteando acertijos. Los magos constituían la casta sacerdotal, suprema y muy estimada del Imperio Persa del oriente. Cumplían funciones oficiales y eran eruditos dentro de la sociedad, y desarrollaban la tarea de consejeros de los gobernantes. Interpretaban sueños y visiones, llevaban a cabo rituales y se enfocaban particularmente en las cosas celestiales. En una curiosa mezcla de astrología e incipiente astronomía, buscaban encontrarle sentido a la vida y al mundo a través de patrones y formas que tomaban de las estrellas, los cometas, el sol y la luna.

Así que aquí tenemos una secta de sacerdotes de un país distante, cuya manera de sustentarse en la vida era contemplar las estrellas e interpretar profecías. Varios cientos de años antes del nacimiento de Jesús, muchos israelitas habían ido como exiliados al Oriente. Es probable que el conocimiento de las profecías de las Escrituras relacionadas con el Mesías-rey que iba a venir hubiera sobrevivido en aquella región a través de los años y que todavía siguieran vivas y conocidas en aquella lejana tierra. Los magos sabían que iba a nacer uno que sería rey de los judíos. Y entonces, una noche, alguien detectó una estrella, un presagio de que algo estaba sucediendo. Y lo interpretaron como señal del cumplimiento de la antigua profecía, así que con prontitud despacharon una caravana para que viajara por la ruta comercial que los unía con la principal ciudad judía, Jerusalén, para ir a rendir homenaje a ese rey.

Un grupo de magos llegó del oriente para rendir tributo al Mesías.

A veces representamos a la «lejana estrella» que ellos «siguieron» como un proyectil que describe una órbita incandescente como la de Campanita, de Peter Pan, y los conduce por el camino a través de todo su viaje. En otras imágenes, la estrella aun arroja un vigoroso rayo de luz sobre el pesebre (como si se tratara del haz de luz del buscador de una nave espacial extraterrestre) para proporcionarles a los viajeros de aquel sitio distante

*Los nombres tradicionalmente dados a los tres magos son Gaspar, Melchor y Baltasar, aunque esos nombres no se citan en la Biblia. Hombres del tipo de estos magos habían andado por allí durante siglos antes de que apareciera Jesús. En los primeros cinco capítulos del libro de Daniel, por ejemplo, leemos que Daniel fue puesto a cargo de los sabios de Babilonia: los magos, encantadores, astrólogos y adivinos.

una suerte de faro que los guíe. Estas representaciones provienen de la imaginación de los que diseñan las tarjetas de Navidad, pero la realidad de los hechos quizá haya sido algo un poco más terrenal.

Así que esos magos salieron de su tierra en dirección a la capital judía. Dado su status social, junto con el hecho de que obviamente eran poseedores de ciertas riquezas, su caravana debió haber sido numerosa, incluyendo muchos hombres y camellos. Deben haber llevado siervos que los protegieran y sirvientes para cuidar de los animales, establecer el campamento, cocinar o permanecer de vigilancia en contra de las bandas del desierto.

En contraste con la imagen a menudo noble y elegante que nosotros tenemos de este grupo de viajeros que atravesaron un paisaje rústico y agradable en persecución de un propósito, el famoso poema de T. S. Eliot, «La travesía de los magos», nos plantea la imagen de un viaje largo y arduo para esos viajeros. En el poema, sus magos se encuentran con un clima áspero y frío hacia finales del invierno en el desierto. Los camellos se ven exhaustos y se muestran testarudos, mientras sus jinetes maldicen, rezongan y se quejan por la falta de mujeres y de bebidas alcohólicas. Las ciudades les son hostiles, los pueblos se muestran poco amistosos y las posadas de las aldeas resultan sucias y caras. Mientras arde el fuego nocturno y ellos luchan contra la falta de abrigo, se elevan voces dubitativas ante sus oídos y recuerdan la vida agradable de los palacios veraniegos que han dejado detrás.

Pero a su tiempo llegan a Jerusalén. Y es allí que las cosas comienzan a ponerse difíciles.

Herodes fue un político ambicioso y cruel, un gobernante marioneta que había sido colocado sobre Judea por el gobernador romano Marco Antonio, cuarenta años antes. Sin embargo, Herodes no tenía origen judío, y muchos judíos odiaban su manera de gobernar y las sacrílegas influencias griegas y romanas que intentaba imponer en su reinado. Su ejercicio del poder se caracterizaba por ser una dictadura increíblemente brutal que se ocupaba de aniquilar a cualquier persona o grupo que amenazara su poder. Había mandado a matar a varios miembros de su propia familia, incluyendo a su esposa, tío y varios parientes políticos. Ahogó al hermano de su esposa porque se estaba volviendo demasiado popular dentro del pueblo judío. Su mujer, naturalmente, se puso furiosa, lo que llevó a un distanciamiento de su relación y con el tiempo a la ejecución de ella también. Asesinó a algunos maestros y sus discípulos que intentaron quitar un símbolo romano del templo. Luego de que Herodes hizo ejecutar a dos de sus propios hijos, el emperador Augusto solía bromear diciendo que era preferible ser uno de los cerdos de Herodes que uno de sus hijos. Hasta había hecho arreglos para que muchos de los ciudadanos importantes de Jerusalén fueran ejecutados el día de su muerte, para asegurarse así de que hubiera un ambiente sombrío y triste en la ciudad. Todo eso constituía un trasfondo importante a tener en cuenta a medida que la caravana de viajeros del Oriente se acercaba a la ciudad.

Como importantes invitados internacionales, a los magos se les concedió una audiencia con Herodes, el gobernante, al que le preguntaron: «¿Dónde está el que ha nacido rey de los judíos?»

Probablemente se podía haber cortado el aire con un cuchillo. Allí estaba Herodes, el gobernante ambicioso y lleno de celos, que no toleraba ningún tipo de desafíos a su conducción, y se le preguntaba precisamente a él dónde estaba el ***nuevo rey***. El pueblo de Jerusalén también se mostró muy turbado por ese anuncio, quizá porque se daba cuenta de que a continuación vendrían purgas y asesinatos arrasadores.

Con el deseo de localizar y ejecutar inmediatamente al nuevo rey, Herodes consultó a los sacerdotes y rabinos judíos, los que le citaron las profecías[6] en las que se mencionaba que Belén sería el lugar de nacimiento del conductor de Israel. Así que Herodes envió a los visitantes por su camino, intentando engañarlos al pedirles que regresaran a verlo para informarlo acerca de la localización del nuevo rey, de modo que también él, supuestamente, pudiera ir a rendirle homenaje. Sus intenciones, por supuesto, no eran tan honorables.

Los magos encontraron al niño y a su madre María.* Le rindieron homenaje inclinándose delante de él y adorándolo. Le ofrecieron presentes de oro, incienso y mirra.** Finalmente su larga búsqueda había acabado y era tiempo de regresar a casa. Sin embargo, se sentían perturbados por los sueños que habían tenido con respecto a Herodes, y luego de semejante advertencia, decidieron no pasar de regreso a informarle sino viajar directamente a su tierra por una ruta alternativa.

* Este suceso ocurrió probablemente algo de tiempo después del nacimiento, tal vez varios meses. No fue en la misma noche, como suelen reproducirlo las escenas de las tarjetas de Navidad.

**** ¿Y qué son el incienso y la mirra? —Pete**

Me alegro que hayas preguntado. Son resinas de la savia seca de algunos árboles. Eran muy valiosas y se usaban como el ingrediente principal para los perfumes, el incienso y el ungüento para embalsamar. —Ben

José debió haberse sentido emocionado al recibir semejante delegación que venía a honrar a su hijo. Y los regalos que ellos le trajeron iban más allá de cualquier riqueza que él hubiera visto antes. Pero entonces, por segunda vez José tuvo un sueño; en esta ocasión se trataba de algo perturbador. Se le apareció un ángel y le advirtió que su hijo estaba en peligro. Herodes lo buscaba y no le iba llevar mucho tiempo a sus espías y oficiales seguir la huella de los visitantes para saber dónde habían estado. La humilde familia del carpintero se había convertido en el enemigo número uno. José se despertó e inmediatamente tomó a María, a su hijo, y algunas provisiones y salió en medio de la noche. En su carrera, por así decirlo, debían alejarse bastante del alcance de Herodes. Así que dirigieron sus pasos hacia el sur, hacia Egipto.

No le llevó mucho tiempo a Herodes darse cuenta de que los magos habían sido más rápidos que él. Su respuesta fue pronta y brutal. Si no podía localizar y matar al usurpador del trono, destruiría a *todos* los potenciales nuevos reyes. No iba a correr riesgos. Así que despachó soldados romanos a Belén, donde masacraron a todos los niños varones de menos de dos años. En tanto que esto constituye un acto horrible, en especial para nosotros hoy, no era tan inusual en un país que estaba bajo la pesada mano de un gobernante asesino.

José y María permanecieron en Egipto mientras la situación continuó siendo peligrosa para ellos en su tierra natal. No sabemos nada de su vida allí, aunque es posible que José haya encontrado trabajo para tener alguna entrada permanente. Otra alternativa es que hayan usado algo de los presentes de los magos para financiar el viaje y proveerse de comida y alojamiento en ese país extranjero.

Cuando murió Herodes, José regresó con su familia a Nazaret.

Jesús de niño (Lucas 2:41–52)

Aparte de estas primeras historias, no sabemos nada de los años de crecimiento de Jesús, salvo un suceso que ocurrió doce años después.

Según la costumbre, José y María realizaron un viaje anual a Jerusalén para celebrar la fiesta de la Pascua. (Eso constituía una parte importante de la historia y de la vida judía, y regresaremos a ello más adelante.) Viajaban hacia Jerusalén peregrinos de todo el país para celebrar esta festividad. Los caminos que entraban y salían de la ciudad estaban

6. Miqueas 5:2

llenos de caravanas, de grupos de amigos, vecinos y familiares que viajaban hacia ella, y la misma Jerusalén estaba repleta.

Luego de concluida la celebración, José y María, junto con el numeroso contingente de su familia extendida, amigos y otros naturales de Nazaret, iniciaron el largo viaje de regreso a su casa.

La pelicula *Home Alone* [Mi pobre angelito],* que se hizo tan popular, comienza con la partida de una extensa familia para pasar una vacaciones de Navidad en otro estado. Hay tíos y tías, primos, sobrinas y sobrinos, hijos e hijas por todos lados. A medida que se les va haciendo tarde, la partida se vuelve frenética cuando diversas personas se apilan al azar dentro de una flota de camionetas pequeñas para ir rápidamente hasta el aeropuerto, donde todos emprenden la carrera para llegar al avión y subir a bordo a tiempo. Es solo un tiempo después, cuando el avión ya está en pleno vuelo, que una de las madres se endereza de golpe y grita: «¡Kevin!» En medio de ese gran grupo y con las corridas, su hijito Kevin se ha quedado solo en la casa.

María y José se encontraron en un aprieto semejante en el viaje de regreso de la fiesta. Fue después de todo un día de viaje que María se sentó de golpe y gritó: «¡Jesús!» En medio de esa gran comunidad de viajeros, Jesús había quedado olvidado. José y María deben haber mantenido, sin duda, una conversación como esta: «¡Pensé que estaba contigo!» «¡No, yo pensé que estaba contigo!» Una rápida búsqueda puso de manifiesto que Jesús, el muchacho de doce años, no formaba parte del grupo. Indudablemente, se había quedado *solo en Jerusalén.*

Corrieron de regreso a la ciudad y lo buscaron por las calles, alojamientos y mercados, pero todo fue en vano. Durantes tres días siguieron buscando, y en el tercer día lo encontraron en los repletos atrios del templo, los mismos atrios en los que se habían encontrado con Simeón y Ana hacía años.

Allí estaba, sentado entre los maestros, trabado en una animada conversación, escuchándolos y haciéndoles preguntas. Y todos los que lo oían se asombraban de su entendimiento. Ese muchacho de doce años obviamente tenía una profunda sabiduría y un conocimiento que iba más allá de su edad.

La reacción de María, un tanto divertida, nos resulta familiar a los padres que hemos sentido simultáneamente alivio y enojo al encontrar a un niño que hemos perdido en un centro comercial abarrotado: «Hijo, ¿dónde has estado? ¿Cómo pudiste hacernos esto? ¡No sabes que tu padre y yo hemos estado buscándote angustiados! ¡Es un tiempo de festividades! ¿Qué crees que estás haciendo?»

La respuesta de Jesús resulta interesante. Les dijo: «¿Por qué me buscaban? ¿No sabían que tengo que estar en la casa de mi Padre?»[7]

Parecería que a esta corta edad Jesús ya tenía un fuerte sentido de identidad más allá de lo terrenal. Su hogar estaba en la casa de su Padre Dios: en el templo.

A pesar de los encuentros que ellos habían tenido con los ángeles una década atrás, y de su conocimiento acerca de la concepción y el nacimiento milagroso de su hijo, y de su misión, María y José no comprendían de qué hablaba él. Quizá estaban demasiado enojados como para recibir esa respuesta críptica. Sin duda, su conversación se debe haber vuelto interesante mientras procuraban alcanzar al grupo de sus parientes y amigos en el camino durante los siguientes dos días.

---

7. Lucas 2:49–50

Los magos encontraron al niño y a su madre María. Ellos le rindieron homenaje inclinándose delante de él y adorándolo.

* Hola, Pete, ¿sabías que según algunas fuentes poco confiables de Internet, la película *Mi pobre angelito* figura como una de las tres películas de mayor recaudación de taquilla de todos los tiempos? —Ben

Bueno, no; no lo sabía. Gracias por informarme. —Pete

Ese muchacho de doce años obviamente tenía una profunda sabiduría y un conocimiento que iba más allá de su edad.

Pero luego de esto, la Biblia cae en un silencio total con respecto a la vida de Jesús.

Él regresó a Nazaret y transcurrió su vida como un varón judío, observando los ritos y festivales sagrados y participando de la vida de la sinagoga. Creció dentro de una comunidad, siguiendo las estaciones, actividades y rituales de la vida rural de la aldea. Dada la naturaleza milagrosa de su nacimiento y la forma en que la noticia se expandió, quizá a lo largo de los años fuera observado de soslayo y se hicieran comentarios sobre él. También creció dentro de una familia con sus propias interrelaciones y rutinas domésticas. Sus padres tuvieron otros hijos: una hija y algunos hijos.* Pero no volvemos a escuchar más acerca de José, así que es posible que él haya muerto durante ese período.

Lo único con lo que contamos es el resumen de Lucas: «Jesús siguió creciendo en sabiduría y estatura, y cada vez más gozaba del favor de Dios y de toda la gente».[8] Esos fueron años formativos para Jesús, a través de los cuales él debió haber desarrollado un sentido de preparación para la misión que tenía por delante.

Pasaron como dieciocho años antes de que volviéramos a oír acerca de Jesús otra vez.

Y fue entonces que Jesús, ahora un hombre joven de alrededor de treinta años, emprendió su misión.

Y allí se desató el ~~infierno~~ cielo.

*** ¡Imagina lo que habrá sido tener por hermano al Hijo de Dios! —Pete**

¡Nunca le podrías ganar una discusión! —Ben

8. Lucas 2:52

Tercera parte

UN HOMBRE CON UNA MISIÓN

Capítulo 8

REBELDE CON CAUSA

Los comienzos del ministerio de Jesús

La nave espacial irrumpe en la atmósfera de la tierra. Atraviesa el cielo como una centella antes de arrastrarse por un campo convertido en una bola incandescente. Un matrimonio que pasa por allí detiene su automóvil y se acerca a investigar; descubre que hay un bebé entre los restos de la nave. Jonathan y Martha Kent rescatan al niño de ese infierno, y se lo llevan a su granja fuera de Smallville. Lo adoptan y le dan el nombre de Clark.

No les toma mucho tiempo darse cuenta de que, de alguna manera, su bebé es único. Clark tiene poderes especiales, increíbles. Es más rápido que una bala, más poderoso que una locomotora y capaz de ascender de un salto a un edificio alto. A medida que el niño va creciendo, ellos procuran mantener ocultos esos poderes del resto del mundo. Para todos los de afuera, Clark es un muchacho normal, simplemente el hijo de los Kent. Realiza sus tareas en la granja y asiste a la escuela secundaria de la localidad. Su sobrenombre es Specs. Solo sus padres saben que su hijo es único y especial. Se dan cuenta de que en algún momento, en el futuro, la verdadera identidad de Clark emergerá y se hará pública, y será algo que el mundo no ha visto antes. Y, por supuesto, un día sucede eso. Como una mariposa que emerge de su capullo, Supermán, el superhéroe, pronto se encuentra cara a cara con el mundo en todo su esplendor, vestido en rojo y azul.*

* La trivia de hoy es: El segundo nombre de Clark Kent es... ¡Joseph!
—Pete

Hermano, tienes demasiado tiempo libre. —Ben

Como al matrimonio Kent, debe haberles resultado extraño a José y María ver crecer a su pequeño hijo como un muchacho común dentro de la aldea, siendo conscientes al mismo tiempo de que se trataba de un ser único y especial, el Mesías. Para todos los demás, él era simplemente uno de los muchachos de José y María, integrado al grupo que formaban su hermana y sus hermanos menores** Santiago, José, Judas y Simón. Él jugaba con los otros chicos y con sus hermanos, iba a la escuela y a la sinagoga, cumplía con sus tareas, aprendía un oficio.

Mayormente (aparte de unas pocas personas de la época de su nacimiento y los que habían oído los rumores) solo sus padres y la prima de su madre parecían saber lo único y especial que era el niño. Se daban cuenta de que en algún momento del futuro la verdadera identidad de su hijo saldría al conocimiento público, y sería algo nunca visto antes en el mundo. Podemos imaginarnos sus conversaciones y expectativas mientras consideraban lo que el futuro tendría para él, y por lo tanto para ellos. Habrán recordado los extraños sucesos de los años anteriores (las visitaciones y las noticias de Dios traídas por los mensajeros): ***¿pero qué significaban?*** ¿Cuándo se «convertiría» él en el Mesías? ¿Qué sucedería entonces? Sabían que algo iba a suceder. Era solo cuestión de tiempo.

Llega un momento en la vida de todo superhéroe en el que se encuentra en una encrucijada y entonces da el paso decisivo de revelar su verdadera identidad al público.

Jesús hizo algo así cuando tenía alrededor de treinta años.***

Y el mundo nunca más sería el mismo.

En tiempos de Jesús, el rol de maestro de la religión y la ley judía (ser un rabino) era tenido en gran estima y respeto. Los rabinos constituían importantes maestros e intér-

** Algunos cristianos creen que en realidad esos no fueron hijos de María, que ella permaneció virgen durante toda su vida.

*** Resulta difícil determinar con exactitud a qué edad comenzó Jesús su ministerio, pero el consenso general es que fue alrededor de los treinta años.

En tiempos de Jesús, el rol de maestro de la religión y la ley judía (ser un rabino) era tenido en gran estima y respeto.

pretes de las escrituras judías. Si alguien deseaba ser rabino, no solo necesitaba ser muy inteligente e ilustrado sino también dedicarle muchos años de estudio.

Desde la edad de seis años, los niños recibían enseñanzas de parte de los rabinos, y memorizaban lo que nosotros conocemos como los primeros cinco libros de la Biblia: la Torá. La mayor parte de los niños varones terminaban su escolaridad en este punto y de ahí en más comenzaban a aprender un oficio. Los estudiantes más capaces y devotos, sin embargo, continuaban memorizando el resto de las escrituras, de manera que al alcanzar la edad de catorce años, ya sabían de memoria una gran parte de lo que ahora conocemos como el Antiguo Testamento. También aprendían las sólidas artes de preguntar y discutir, de analizar y batallar con lo que leían. Solo los mejores alumnos lo lograban, y en esa etapa (siendo hombres jóvenes) se convertían en aprendices de algún rabino en particular, y se hacían sus discípulos. Se dedicaban a ese rabino, lo seguían, aprendían de él e intentaban imitarlo. En tanto que todos los rabinos compartían algunas creencias fundamentales, también tenían sus propias maneras de interpretar ciertos versículos y pasajes; así que volverse un aprendiz de cierto rabino implicaba alistarse, de hecho, en una línea dada, para ser como él y enseñar la perspectiva que él tenía de las cosas. Luego de muchos años de seguimiento devoto, el aprendiz podía ser ordenado, y a la edad de treinta se podía convertir en rabino, viajar, enseñar y tener sus propios seguidores.

De esta manera, cuando Jesús llegó a los treinta años, también comenzó su obra pública viajando, enseñando y atrayendo hacia él un grupo de discípulos.

Jesús se encaminó fuera de la ciudad a visitar a su pariente Juan, que tenía la misma edad que él y vivía en el monte,** era un hombre un poco salvaje, y se había ganado cierta reputación predicando sobre el reino de Dios. Se trasladaba de un lado a otro por la región cercana al río Jordán, y mucha gente viajaba para escuchar lo que este nuevo profeta tenía que decir con respecto a Dios y a los tiempos que venían. Por supuesto, eso había producido bastante entusiasmo religioso en aquel tiempo y levantado una fervorosa expectación por la llegada del Mesías. Mucha gente pensaba que tal vez Juan fuera el Mesías que los conduciría a una revuelta en contra de sus opresores. Era bastante directo y sabemos que irritó a unos cuantos al hacer comentarios desdeñosos sobre el establishment y al emitir críticas sobre los religiosos y los líderes políticos de ese tiempo.** No se trataba de un predicador indulgente: se mostraba tajante con los recaudadores de impuestos, los soldados y las multitudes que acudían en tropel a escucharlo. Le enseñaba a la gente que debía apartarse de sus malas obras, tanto fueran palabras ásperas, corrupción, egoísmo, hipocresía, violencia o engaño. Bautizaba a la gente (sumergiéndolos en el río) como muestra de su deseo de un nuevo comienzo y de su voluntad de poner la vida en orden con Dios.

Mientras Juan estaba bautizando, Jesús apareció en medio de la multitud y fue bautizado también. Sin embargo, ese bautismo en particular fue diferente de cualquier otro debido a su componente sobrenatural. Los escritores de los Evangelios registran que el Espíritu de Dios descendió sobre Jesús de una manera física y visible (descrita como una paloma) y que Dios mismo declaró que Jesús era su Hijo.[1] Este bautismo, por lo tanto, fue como una ordenación, y a partir de ahí él emprendió un ministerio de tres años que le daría forma al mundo y cambiaría la historia de la humanidad.

1. Mateo 3:13–17; Marcos 1:9–11; Lucas 3:21–22

* Es una forma australiana de mencionar el «desierto».

** De hecho, fueron sus críticas a las prácticas matrimoniales del hijo de Herodes lo que rápidamente condujo a su encarcelamiento y ejecución.

Sin embargo, Jesús no volvió directo a su casa. Luego de ser bautizado, se dirigió a la región desértica del bajo valle del Jordán, una extensión de unos treinta kilómetros, entre la meseta de Jerusalén y el Mar Muerto. Durante ese tiempo, obviamente él estuvo considerando los días que tenía por delante. De alguna manera fue una prueba, mientras se debatía dentro de su naturaleza dual de Dios y hombre, y se resistía a la tentación de abandonarlo todo.

Cuando Jesús regresó a la ciudad, fue a la sinagoga local, del mismo modo en que lo hacía cada semana. No obstante, esa resultó ser una ocasión muy diferente para todo los presentes. Cuando llegó el momento de leer las Escrituras (el Antiguo Testamento), se le pidió a Jesús que lo hiciera. Sin duda, ya lo había hecho muchas veces antes, pero en esa oportunidad fue muy diferente.

Cuando le pasaron el rollo para realizar la lectura, eligió y leyó en voz alta un pasaje escrito seiscientos años antes por un tipo llamado Isaías. Las palabras hablaban del Mesías: una persona que tenía el Espíritu de Dios y que había sido enviado a transmitir las buenas nuevas, a liberar a la gente y a realizar milagros.

Todo bien hasta allí. Pero entonces le tocó hablar. Para sorpresa total de los presentes, muchos de los cuales probablemente habían conocido a Jesús de toda la vida, Jesús de repente declaró que *él* era aquel que se mencionaba; que *él* era el rey que Dios había designado; que *él* era el que iba a libertar a la gente y dar vista a los ciegos.

Podemos imaginar el incómodo silencio que se produjo, la rapidez con que se levantaron las cabezas, el estupor que los dejó con la boca abierta, y la «ola» que se echó a rodar en ese cuarto.

¿Y cuál fue la reacción de la muchedumbre? No le creyeron. No *podían* creerle. Conocían al padre de Jesús, conocían a su mamá, y lo habían conocido a él desde que era un niño. ¿Cómo podía ser el elegido? *¡Era el hijo del carpintero!* ***¡Resultaba ridículo!***

Retornando a nuestra analogía de Supermán, para el resto del mundo (sus amigos, parientes, vecinos, colegas) él es una persona común. Vive en una casa, tiene un trabajo, va de compras a los comercios y, con mucha frecuencia, lleva una vida rutinaria, sin mayores incidentes, y hasta aburrida. Resultaría incomprensible para cualquiera que pudiera haber otro ángulo de su vida, una identidad oculta, increíble y poderosa; que él se moviera por allí salvando gente y realizando hazañas asombrosas. Ni en sus sueños más descabellados alguien podría imaginar que Peter Parker, ese estudiante silencioso, fuera el Hombre Araña, que el desmañado Clark Kent fuera Supermán, que el afable y elegante industrial Bruce Wayne fuera Batman, o que el pequeño Jake Lamb fuera el Sr. Espárrago.* ¡La idea era ridícula! ¿Se imaginan una escena en la que Peter Parker se parara delante la asamblea de su escuela y dijera: «Escuchen todos, tengo un anuncio que hacer. Solo quiero que sepan que… yo soy… bueno… el Hombre Araña». Probablemente se produciría un momento de asombro silencioso, seguido inmediatamente por alaridos y risas, exclamaciones de burla y toda una serie de comentarios poco halagüeños. Sin duda pronto lo sacarían a patadas por la puerta.

*** Pete, nunca he escuchado del Sr. Espárrago. Y no me suena realmente a un superhéroe. —Ben**

Él fue mi propia creación en una historia que escribí cuando tenía catorce años. En realidad, nunca funcionó. —Pete

Al mirar en retrospectiva la historia de Jesús, nos resulta fácil verlo a través de la lente histórica como a «Jesucristo el Salvador», el Hijo de Dios que realizó milagros, sanó y enseñó a la gente y volvió a la vida luego de morir.

Pero sería importante que recordáramos que para sus amigos y vecinos de una pequeña comunidad rural, él representaba simplemente uno más de los muchos jóvenes judíos que crecían en la aldea y llevaban una existencia rutinaria, sin muchos altibajos y hasta aburrida: que jugaban, aprendían, realizaban tareas, iban a la escuela, crecían, trabajaban, comían, dormían, viajaban, pagaban impuestos e iban a la sinagoga.

Y entonces, de pronto, él salió con un: **«¡Yo soy el Mesías!»**

Su declaración resultó confrontadora. La multitud debía decidir qué creer acerca de esa declaración. Él era el Hijo de Dios, el Mesías, o de lo contrario era el hijo de José y María, el tipo que vivía un poco más alla.

La multitud no se volcó hacia la opción de que fuera el Hijo de Dios. No cayó sobre sus rodillas repentinamente en señal de reverencia ante el esperado rey. En lugar de eso, todo tomó forma de pera* y la multitud se volvió desagradable. La sorpresa rápidamente se convirtió en enojo ante semejante herejía, ante semejante blasfemia. Ellos se indignaron tanto que arrastraron a Jesús fuera de la ciudad e intentaron arrojarlo por un precipicio. Pero Jesús escapó, le dio la espalda a la ciudad y se dirigió a la cercana ciudad de Capernaúm.

Fue arrojado de su propia ciudad, etiquetado de blasfemo y rebelde. Difícilmente podríamos considerarlo un inicio exitoso y muy dinámico de su ministerio público.

Durante los siguientes días, semanas, meses y años iba a continuar predicando, enseñando, encontrándose con la gente y causando sensación dondequiera que fuera. Se esparció la noticia acerca de este hombre que declaraba ser el rey enviado por Dios, aquel Prometido que iba a traer los buenos tiempos del futuro reino de Dios. Jesús había hecho que los tapones saltaran. Era un rebelde con causa.

* Una forma australiana de decir para cuando «las cosas de repente se dan vuelta y comienzan a salir mal».

Capítulo 9

SÍGANME

Jesús reúne a su equipo

Uno de los problemas al leer la Biblia es que resulta difícil acercarnos a las historias familiares con una mirada nueva. Pete, por ejemplo, siempre ha lidiado con la descripción de todos los sucesos que rodean al llamado de los doce discípulos por parte de Jesús. Lo atribuye mayormente a lo que sucedió una mañana en una presentación de la Escuela Dominical, cuando él era chico, en la que los niños representaron escenificaciones de la Biblia. Se abrió el telón y apareció un grupo de niños envueltos en toallas y sábanas, y algún otro tipo de ropa de cama y mantelería de la que se usa para improvisar «ropaje de los antiguos tiempos bíblicos». Algunos sostenían una red en sus manos, mientras otro par de ellos llevaban cañas de pescar y hablaban de la pesca, de sus botes, y de cuántos peces habían recogido. Todo el tiempo realizaban la mímica de echar las líneas de sus cañas y recogerlas, pescando lo que solo podían haber sido peces aguja gigantes.

Por la izquierda entró al escenario un muchacho alto en bata, con sandalias y, por alguna inexplicable razón, acarreando material *swag** y elementos de gran tamaño de los que usan para realizar excursiones. Caminó hasta el centro del escenario, miró a la audiencia y declaró con voz aguda: «Vengan, síganme, y yo los haré pescadores de hombres».

Entonces se dio vuelta y salió del escenario por la derecha. En total silencio, la docena de los otros niños que estaban sobre el escenario arrojaron sus redes, cañas y bolsos al piso y salieron marchando tras él, en trance.

Parecía todo tan extraño, tan del tipo de una mala película de ciencia ficción en la que los zombies siguen a su creador con los brazos estirados hacia delante, mascullando «Sííí... Señor...» ¿Qué habría hecho que esos hombres, que tenían vidas, familias y negocios, abandonaran sus herramientas y repentinamente siguieran a ese extraño? Imagina cuál sería tu reacción si alguien entrara muy fresco en tu escuela o en tu oficina y dijera: «Ven, sígueme». Seguramente que tu reacción sería: «Bueno... gracias... pero estoy un poquito ocupado en este momento...»

Lo primero que tenemos que comprender es que la religión y la fe de los judíos no era una actividad suplementaria opcional. Los antiguos escritos que ellos poseían, con enseñanzas acerca de Dios, de las diferentes leyes y de su historia, constituían el mismo cimiento de su sociedad. Lo que explica por qué los rabinos eran tan estimados y por qué sus discípulos dedicaban sus vidas a ser aprendices bajo ellos. Luego de muchos años, el discípulo podía convertirse en rabino y reunir su propio grupo de discípulos. De modo que la línea de un determinado rabino, por así decirlo, pasaba a la próxima generación. (Las películas de la serie La Guerra de las Galaxias se han apropiado de todos esos conceptos, de modo que los discípulos aprenden las formas de la Fuerza siendo aprendices de un maestro.)**

Significaba un gran honor ser discípulo de un rabino. En tanto que muchos podían aspirar a convertirse en rabinos, el sendero era largo y arduo, y solo los discípulos más

* Modo de llamar en Australia a la bolsa de dormir y a la colchoneta que se llevan enrolladas sobre el hombro.

** Es cierto. Como cuando Qui-Gon Jinn le transmite su forma de hacer las cosas a Obi-Wan, quien entonces se vuelve un aprendiz del mismo Anakin Skywalker. Pero cuando Anakin se torna en aprendiz del emperador maligno, él... —Pete

Ejem... Pete, mantengámonos en la buena senda, ¿quieres? —Ben astutos, trabajadores, dedicados e inteligentes llegaban hasta el fin de su aprendizaje. Hay una escena del gran film *Men of Honour* [Hombres de honor] en la que un grupo de nuevos cadetes de la armada son reprendidos por su capitán principal. Les dice que dentro de ese gran grupo de cadetes que esperan llegar, solo tres lograrán jubilarse como buzos de la marina. Únicamente la elite va a pasar la prueba. Sucedía lo mismo con el proceso de convertirse en rabino.

El punto principal es que el hecho de que Jesús reuniera un grupo de discípulos alrededor de él no constituía una anomalía fuera de serie. Era práctica normal y aceptada en la vida cotidiana de la cultura judía. Había una gran cantidad de rabinos y muchos discípulos alrededor de ellos. Juan el Bautista, por ejemplo, tenía su propio grupo de discípulos (algunos de los cuales se convirtieron en discípulos de Jesús). En esta línea, Mateo informa que en una ocasión se envió a los discípulos de un grupo de fariseos a tenderle una trampa a Jesús, haciéndole preguntas capciosas sobre el pago de impuestos a Roma.[1] Para nosotros la idea de que haya gente que decida seguir a un maestro y dedicarle su vida nos resulta bastante extraño, pero en la época de Jesús no lo era.

*** Del mismo modo en que Anakin Skywalker también les dio la espalda...**
—Pete

Ya basta, Pete. Estás atemorizando a los lectores.
—Ben

¡Estabiliza tus desviadores de cola! ¡Observa si vienen combatientes enemigo
—Pete

Otro punto a señalar es que en tanto que la narrativa bíblica es muy abrupta en cuanto a lo que transmite, no resulta muy probable que las cosas fueran tan inexplicablemente repentinas. Pete siempre lo presenta como si Jesús hubiera aparecido de detrás de unas matas y doce hombres, que lo habían conocido por apenas cinco segundos, inmediatamente hubieran caído bajo un hechizo misterioso y lo hubieran seguido como si el fuera el flautista de Hamelin.

Los discípulos de Jesús no se limitaban al famoso grupo de los Doce, acerca de los que oímos con tanta frecuencia. Jesús tenía muchos discípulos más. Lucas señala que una mañana Jesús «llamó a sus discípulos y escogió a doce de ellos, a los que nombró apóstoles».[2] En otras palabras, los doce constituían un subgrupo específico, elegido y autorizado por Jesús, tomados de un grupo mayor de discípulos como su equipo ejecutivo (por llamarlos de alguna manera). También nos encontramos con ese cuerpo más amplio de discípulos más tarde, cuando Jesús selecciona y envía a alrededor de setenta de ellos para recorrer los pueblos de Judea predicando y sanando.[3] Pero no todo fue siempre color de rosa entre los discípulos de Jesús. Después de que él dio un mensaje en la sinagoga de Capernaúm,[4] muchos de sus discípulos comenzaron a quejarse y a cuestionar sus enseñanzas. Tan afrentados se sintieron, que Juan registra que «desde ese entonces muchos de sus discípulos le volvieron la espalda y ya no andaban con él».*** Así que vemos que el núcleo central de los doce existía dentro de un marco de seguidores mucho más amplio.

** Fue en este punto que Jesús les preguntó a sus discípulos más cercanos: «¿También ustedes quieren marcharse?» (Juan 6:67).

Y en tanto que los escritores insinúan que Jesús tenía un cierto nivel de (llámenlo como quieran) atractivo, poder y carisma, no es muy probable que él les fuera desconocido a sus discípulos cuando ellos decidieron seguirlo. El ministerio público de Jesús ya había comenzado antes de que él empezara a llamar a la gente a seguirlo. Ser bautizado por el popular profeta Juan el Bautista había constituido una suerte de puntapié inicial público para él. Lucas registra que luego de que Jesús causó un revuelo en su propia sinagoga,

1. Mateo 22:15–22
2. Lucas 6:13
3. Lucas 10
4. Juan 6:25–66

viajó a Capernaúm, donde comenzó a predicar y enseñar. Jesús sanó a un hombre en la sinagoga y «todos se asustaron».[5] Entonces continuó sanando más gente, predicando en las sinagogas y adquiriendo más popularidad; fue en ese tiempo, cuando «un día estaba Jesús a orillas del lago de Genesaret, y la gente lo apretujaba para escuchar el mensaje de Dios»,[6] que Lucas señala que llamó a sus primeros discípulos. Así que no aparecieron de la nada, como la obra de teatro de la Escuela Dominical de Pete parecería indicar. Los dos grupos de hermanos pescadores (Simón Pedro y Andrés, y Santiago y Juan) habían visto a Jesús y oído acerca de él, y cuando se les presentó la oportunidad de volverse discípulos de ese nuevo y sorprendente rabino, la tomaron al vuelo. Los otros discípulos aparecieron después. Mateo (Leví), por ejemplo, parece haberse unido a Jesús bastante más tarde, luego de que Jesús había ya establecido un cuerpo de seguidores. Y mucho más tarde, después de muchos viajes, predicaciones y sanidades, Jesús llamó al grupo más amplio de sus discípulos y de entre ellos eligió y comisionó a los Doce para ser sus compañeros más cercanos.

Los discípulos de Jesús no se limitaban al famoso grupo de los Doce, acerca de los que oímos con tanta frecuencia.

Pero queda una pregunta: Aunque haya aparecido ese nuevo rabino diciendo: «¡Síganme!», ***¿por qué lo hicieron ellos?*** No eran estudiantes en la búsqueda de un rabino para volverse aprendices de él. Pedro estaba casado. Otros tenían trabajos redituables o llevaban adelante sus propios negocios. *Entonces, ¿por qué lo siguieron?* Bueno, siendo jóvenes judíos que no habían conocido otra cosa en la vida sino el estar bajo la sombra de la ocupación romana, estaban muy conscientes de la expectativa que había en cuanto a que apareciera pronto un Mesías para salvar a la nación. La esperanza pasada, presente y futura de toda la nación descansaba sobre los hombros de este Mesías. Y aquí estaba él, delante de ellos. (La expectativa quedó bien ilustrada cuando, después de encontrarse con Jesús, «Felipe buscó a Natanael y le dijo: "Hemos encontrado a Jesús de Nazaret, el hijo de José, aquel de quien escribió Moisés en la ley, y de quien escribieron los profetas"».)[7] Resumiendo, a ellos se les ofrecía la oportunidad de asociarse con el hombre más importante de la historia de su nación. Eso constituía un honor que cualquier joven judío hubiera recibido con entusiasmo. Para ilustrar, quiero decir lo siguiente: Ben es guitarrista y un fanático de U2, así que imaginen lo que hubiera sucedido si cuando él tenía dieciocho años hubiera tenido una butaca de primera fila en un concierto de U2, y luego, al finalizar el espectáculo, el guitarrista Edge hubiera saltado del escenario y le hubiera dicho: «Hola Ben, ¿cómo estás? Mira, quiero que vengas de gira conmigo, que me sigas a donde vaya, que vivas conmigo, que improvises música con los muchachos… ya sabes, que andemos por ahí juntos durante los próximos años. Yo puedo enseñarte bastante, vamos a volar… así que, ven, sígueme». ¿Creen que siquiera por un minuto Ben hubiera dicho: «Bueno, en realidad… mejor que no; tengo tareas que realizar y un proyecto para la escuela que completar»?*

*** En realidad, Pete, yo no sé si iría. —Ben**

¡Oh, Ben, sí irías! ¡Eres tan ingenuo! —Pete

Así que de entre sus seguidores, Jesús escogió a doce hombres que se convirtieron en sus compañeros más cercanos y en su equipo de apoyo. Eran sus alumnos, sus ***discípulos***. ¡Y qué grupo variado conformaban! Había dos pares de hermanos pescadores: Simón Pedro y Andrés, antiguos seguidores de Juan el Bautista, y Santiago y Juan; luego Felipe y su amigo Natanael (Bar *-hijo de-* tolomé), Mateo (Leví) el recaudador de impuestos,

5. Lucas 4:36
6. Lucas 5:1–11
7. Juan 1:43–51

Tomás (el Dídimo), Santiago (hijo de Alfeo), Tadeo y Simón el Zelote (miembro de un grupo de revolucionarios militantes, que con toda certeza no se sentía muy feliz de contar en el grupo con Mateo, dado que este era un recaudador de impuestos simpatizante de Roma). A pesar de su diversidad, todos los hombres tenían algo en común: eran del norte, de Galilea. Todos, menos uno: Judas Iscariote. El apellido de Judas viene de una derivación de las palabras hebreas *ish Kerioth*, que significan que era un hombre de la ciudad de Kerioth, en el sur de Judea. Algunos eruditos sugieren que él era un sicario, un miembro del brazo armado de los zelotes, combatientes por la libertad, que operaban subversivamente para ocasionarles problemas a los romanos.

En un sentido, los discípulos de Jesús llevaban a cabo una función práctica. Actuaban como sus compañeros de viaje constantes y como su equipo de apoyo, encargándose de la logística de su ministerio. A menudo se los observaba actuando en una presencia inmediata a Jesús, comiendo con él y otros, protegiéndolo de las multitudes y organizando el transporte. Judas, según parece, era el tesorero del grupo, y tenía la responsabilidad de manejar los fondos. Cuando Jesús dio la orden de cruzar a la otra orilla del lago, fueron los discípulos los que se encargaron de que eso se pudiera llevar a cabo.[8] Para la entrada en Jerusalén, Jesús envió a dos de ellos a buscar el asno en el que montaría. Durante la fiesta de la Pascua, despachó a otros dos para que encontraran el aposento alto en el que compartirían su última cena juntos. Fue con sus discípulos, como grupo de protección (más bien ineficaz), que Jesús pasó las horas previas a su arresto, y por lo menos uno de esos discípulos entró en acción e intentó defenderlo de la turba que venía a arrestarlo.

Sin embargo, en un nivel más importante, los discípulos se sentaron a los pies de su maestro, escucharon sus enseñanzas y aprendieron acerca de sus caminos. Él los había elegido para que «lo acompañaran y para enviarlos a predicar y ejercer autoridad para expulsar demonios».[9] En otras palabras, los estaba entrenando para que ellos mismos se convirtieran en maestros en el arte de predicar el mensaje de Jesús. Esos hombres frecuentemente se las tuvieron que ver con sus palabras y lucharon por ser como él. A Jesús raramente se lo menciona sin que sus discípulos estuvieran presentes. Él constantemente comentaba cosas con ellos, respondía sus preguntas, desafiaba sus ideas, y hasta los reprendía y corregía por sus palabras y pensamientos erróneos. Los discípulos tenían acceso a los momentos más privados, a sus explicaciones y a conversaciones con él. Jesús les revelaba a ellos cosas acerca de quién era él y qué estaba haciendo, lo que resultaba importante, porque esos hombres serían los que se harían cargo cuando Jesús se fuera. Así que Jesús los comisionó, les dio la autoridad y les proveyó extensas instrucciones con respecto a su misión: «Dondequiera que vayan, prediquen este mensaje: "El reino de los cielos está cerca". Sanen a los enfermos, resuciten a los muertos, limpien de su enfermedad a los que tienen lepra, expulsen a los demonios».[10]

Resulta claro que durante los tres años de ministerio de Jesús, sus discípulos salieron a diversos lugares y comenzaron a predicar y a sanar según las instrucciones de su rabino. Pero lo hicieron mucho más poderosamente luego de la muerte de Jesús.[11] Esos hombres, de hecho, jugarían un papel integral en un punto clave de la historia humana en térmi-

---

8. Mateo 8:18

9. Marcos 3:14–15

10. Mateo 10:7–8; Marcos 6:6–13; Lucas 9:1–6

11. Se puede leer sobre esto en el libro de Hechos.

nos de extender las buenas nuevas (el ***evangelio***) de Jesús. Fueron los discípulos los que llevaron las nuevas acerca de su maestro a través de todo el mundo antiguo, a través de Palestina, Asia Menor, Europa, África del Norte y, más tarde, al resto del mundo.

Pero resulta aleccionador reflexionar sobre el hecho de que el ministerio de esos discípulos no fue sin costo. Todos sufrieron penalidades y prisiones, se enfrentaron con pueblos hostiles y turbas airadas; y la tradición señala que solo uno de los discípulos (Juan) murió en su ancianidad. Los otros fueron martirizados por entregar un mensaje altamente controversial como que un hombre de Nazaret, que había sido crucificado, era el Mesías prometido.* Se dice que los once discípulos (sin incluir a Judas) fueron torturados, decapitados, apedreados, crucificados, quemados vivos, crucificados cabeza abajo, alanceados, o empalados hasta morir.

Pero en términos de nuestra narración, hay aún un largo camino para esos hombres. En este punto, eran hombres jóvenes que acababan de encontrar al Mesías y se sentían entusiasmados con la posibilidad que tenían por delante de servir como discípulos a aquel hombre al que ellos llamaban su rabí: Jesús de Nazaret.

Estos eran hombres jóvenes que acababan de encontrar al Mesías y se sentían entusiasmados con la posibilidad que tenían por delante de servir como discípulos a aquel hombre al que ellos llamaban su rabí: Jesús de Nazaret.

* Excepto por Nerón, prácticamente no hay ningún tipo de evidencias de que los cristianos hayan sido martirizados por paganos antes del segundo siglo. La persecución judía da cuenta del 90 por ciento de los mártires cristianos durante el primer siglo.

Capítulo 10

SE CONVIERTE EN LA NUEVA SENSACIÓN

Jesús causa un impacto

Cuando en las noticias anunciaron que el supergrupo internacional U2 volaba hacia Australia en 1984, la reacción fue inmediata y tremenda. Fanáticos de todo el país se pusieron en acción. *¿Han escuchado? ¡Llega U2!* Hicieron planes de viaje y compraron boletos para el concierto. Llegaron por avión y automóvil, por tren y barco, a través de buses y a pie. Inundaron las salas de espera y las terrazas de observación de los aeropuertos. Los fanáticos siguieron al grupo a través de sus diversas apariciones en público. Asediaron las puertas del escenario de los lugares de concierto y acamparon fuera de los hoteles, generalmente acompañados por la cacofonía de los cantos, los chillidos y los gritos. Era un frenesí de gente arremolinándose solo para echarle una mirada a sus ídolos y ser parte de la acción y la sensación que provocaba U2.

Por supuesto, en medio de semejantes multitudes resultaba prácticamente imposible acercarse a la banda. Imposible, es decir, a menos que uno fuera un fanático a muerte con un plan ingenioso para encontrarse con ellos cara a cara de alguna manera. Un fanático furioso, digamos como... Ben.*

Una mañana Ben y unos pocos de sus compañeros se vistieron como hombres de negocios y tomaron un taxi hasta el hotel en que paraba U2. Debido a que parecían vendedores de alguna empresa más que fanáticos furiosos, se les permitió pasar a través de la multitud que aclamaba y se los acompañó hasta el vestíbulo del hotel, donde rápidamente se dirigieron al pequeño bar en el que se servía el desayuno. Su ingenuidad y perseverancia habían dado resultados. Luego de unos momentos, aparecieron Bono y los muchachos para desayunar también; y para hacer corta la historia, el resultado fue que Ben y sus compañeros lograron conversar con la banda y tomaron algunas fotos... ¡antes de que los echaran!

*** ¡Oh, por favor! ¿Tenemos que volver a oír esta historia? —Pete**

Ten cuidado, Pete, del monstruo de ojos verdes que se alimenta de la carne de los burladores. —Ben

Solemos pensar que Jesús era una especie de individuo dócil y sumiso que andaba caminando por allí, sobre un trasfondo de distintos paisajes, charlando con grupos de personas y reuniéndose con seguidores ocultos. Tendemos a creer que él se movía calladamente, bordeando las zonas sociales marginales, sin que mucha gente se percatara de su presencia antes de que, repentina e inexplicablemente, fue señalado por los romanos y ejecutado por sedición.

Pero los registros de la Biblia transmiten una historia muy diferente. Allí leemos de un Jesús que conformó un vasto grupo de seguidores y atraía a multitudes enormes dondequiera que iba. Constituía un fenómeno social difícil de pasar por alto, del tipo de la llegada de U2 a una ciudad. Él dio vuelta el país y lo puso patas para arriba.

> Allí leemos de un Jesús que conformó un vasto grupo de seguidores y atraía a multitudes enormes dondequiera que iba.

En tiempos de Jesús, se percibía una sensación notable de entusiasmo y expectativa acerca de la llegada de un libertador. Subidos al caballo de las ocupaciones militares previas de los babilonios y griegos, los romanos habían sofocado a los judíos a través de la ocupación hasta convertirlos en una población descontenta; mientras tanto, las extravagancias de Herodes, sus impuestos y purgas violentas los habían llevado a un punto límite. Había rebeliones y brotes de violencia, batallas y enfrentamientos en toda la región a causa de grupos que ocasionaban agitación para tratar de recuperar el control de su propia política, religión y país. Las noticias de un nuevo líder potencial fueron recibidas con gran entusiasmo.

Cuando se esparció la noticia de que un nuevo profeta, Juan, había comenzado a predicar en el desierto, la población se sintió energizada y entró en acción. La noticia corrió por los atrios del templo, los mercados y los senderos. Se la pasaron entre vecinos y miembros de las familias, y salió a los caminos para extenderse a otros viajeros que pasaban por las rutas comerciales, que las llevaron a otros pueblos y asentamientos. *¿Han oído acerca del nuevo profeta? ¡Vengan a ver!* «Acudía a él la gente de Jerusalén, de toda Judea y de toda la región del Jordán»[1] Pero el mensaje de Juan solo encendía más a las multitudes. Juan le decía a la gente que él *no* era aquel al que estaban esperando. Era solo el mensajero que preparaba el camino para el verdadero Mesías, que estaba a punto de llegar.

Ese verdadero Mesías era Jesús de Nazaret. Su primer compromiso de predicación en la sinagoga de su ciudad no resultó para nada exitoso. De un día para otro dejó de ser un muchacho de la localidad para convertirse socialmente en un paria. Pero se trasladó a una ciudad cercana y comenzó a hablar. Y luego fue a otro pueblo. Y a otro. Y no pasó mucho tiempo sin que las noticias acerca de este nuevo rabino que tenía una enseñanza autoritativa corrieran de un extremo a otro. Durante los siguientes meses y años, él recorrió «todos los pueblos y aldeas enseñando en las sinagogas, anunciando las buenas nuevas del reino, y sanando toda enfermedad y toda dolencia».[2] Su popularidad pronto comenzó a tomar impulso y se desparramó con rapidez de región en región. Jesús no era un predicador marginal que andaba a la deriva por zonas marginales. Se trataba de un fenómeno social, y dondequiera que iba, la gente llegaba en tropel para escucharlo.

Se trataba de un fenómeno social, y dondequiera que iba, la gente llegaba en tropel para escucharlo.

Durante los años que siguieron, Jesús viajó por los pueblos de Galilea: Corazín, Betsaida, Capernaúm, Genesaret, Tiberíades, Caná, Dalmanuta (también conocido como Magadán o Magdala), y otros lugares más distantes como los puertos mediterráneos de Tiro y Sidón, las aldeas cercanas a la ciudad de Cesarea de Filipo, los pueblos de la región de Decápolis y, hacia el sur, Sicar, Jericó, Betfagué, Betania y hasta Jerusalén. Pasó mucho de su tiempo viajando con su equipo, ya sea entre las montañas o alrededor del mar interior de Galilea.

Para ese entonces, habían crecido los rumores con respecto a esta nueva sensación, sobre este rabino de enseñanzas sorprendentes y poderosas sanidades, que aun tenía la habilidad de realizar milagros, y había llegado a todos los sectores de la sociedad. Cada vez que él realizaba un milagro, la noticia se esparcía. Luego de resucitar a una muchacha que estaba muerta, «la noticia se divulgó por toda aquella región».[3] Luego de sanar a dos ciegos, «ellos salieron para divulgar en toda aquella región la noticia acerca de Jesús».[4] En otra ocasión, luego de una sanidad espectacular, «la multitud se llenó de temor, y glorificó a Dios por haber dado tal autoridad a los mortales».[5]

Como la fama de una estrella de rock, que de pronto se ve imposibilitada de caminar por las calles sin ser abordada por la multitud, la popularidad de Jesús se extendía fuera

1. Mateo 3:5
2. Mateo 9:35
3. Mateo 9:26
4. Mateo 9:31
5. Mateo 9:8

de control. Las multitudes declaraban: «Jamás se ha visto nada igual en Israel»,[6] y dondequiera que Jesús iba, la gente aparecía masivamente, corría por los caminos, navegaba a través del lago, y se apretujaba, desesperada por estar cerca de ese rabino, de verlo, de escucharlo, de tocarlo. Las escenas debieron haberse vuelto frenéticas. En uno de los pueblos, la gente se amontonó tanto a su alrededor que se nos dice que «las multitudes lo apretujaban».[7]

Un día, mientras Jesús estaba en Capernaúm (en la costa noroccidental del Mar de Galilea), «se aglomeraron tantos que ya no quedaba sitio ni siquiera frente a la puerta».[8] Mostrando la misma ingenuidad que Ben cuando logró evadir a la multitud e introducirse en el hotel para ver a los muchachos de U2, algunos hombres, desesperados por ver a Jesús, se subieron al techo plano de la casa en la que él predicaba e hicieron un agujero a través del techo de paja y barro. Entonces bajaron a su amigo con una soga hasta el cuarto que había debajo.[9] En otro ocasión distinta, cuando Jesús entraba en Jericó, la multitud era tan numerosa que un muchacho ingenioso (un recaudador de impuestos de corta estatura llamado Zaqueo) corrió, adelantándose al recorrido, y se subió a un árbol para poder echarle un vistazo a ese hombre sorprendente. En otra ocasión, cuando Jesús estaba en la playa del lago, la concurrencia se volvió tan grande que aun tuvo que decirles a sus discípulos que tuvieran una barca lista para evitar ser aplastado por la multitud.[10]

Sucedía aun después de recibir noticias de la ejecución de su primo Juan a manos de Herodes, y entonces procuró encontrar algún lugar apartado para poder estar a solas, pero la multitud olfateó por donde andaba él merodeando y la gente salió a pie de los pueblos a buscarlo.[11] Y nos referimos a verdaderas ***multitudes***. No hablamos de un pequeño contingente de devotos, bien educados, sino de un hervidero humano masivo. Mateo señala que los que había en esa ocasión eran «unos cinco mil hombres, sin contar a las mujeres y a los niños».[12] Algún tiempo después, Jesús estaba otra vez en la ladera de una montaña cuando «se le acercaron grandes multitudes», y Mateo señala que «los que comieron eran cuatro mil hombres, sin contar a las mujeres y a los niños».[13] Sin importar donde fuera, se corría la noticia y la gente salía en tropel para verlo. Al día siguiente, Jesús cruzó el lago de Genesaret, pero de nuevo se vio confrontado con las multitudes. «Los habitantes de aquel lugar reconocieron a Jesús y divulgaron la noticia por todos los alrededores. Le llevaban todos los enfermos».[14] Tales acontecimientos no pasaban desapercibidos para los gobernantes de la tierra. Los informes acerca de Jesús hasta llegaron a los oídos de Herodes el Tetrarca,* el rey marioneta de Galilea y Perea.[15]

*** ¡Bueno, Herodes debió haber sido muy viejo en ese entonces! —Pete**

Era otro Herodes, Pete. —Ben

Lo que resulta en realidad sorprendente es la forma en que su popularidad y atractivo se extendieron a través de todos los estratos de la sociedad. Era buscado y seguido por

6. Mateo 9:33
7. Lucas 8:42
8. Marcos 2:2
9. Marcos 2:1–12
10 Marcos 3:9
11. Mateo 14:13
12. Mateo 14:21
13. Mateo 15:38–39
14. Mateo 14:34–35
15. Mateo 14:1–2

gente de todo estilo de vida y de distintos trasfondos, de todos los niveles económicos y culturales.

Jesús, por supuesto, era bien conocido por el trato que tenía con los estratos sociales bajos e indeseables. En una sociedad que se preocupaba mucho por el orden social y las reglas, Jesús fue abiertamente a contrapelo. Habló con los intocables, los tocó, comió con ellos y hasta estuvo en sus hogares: se trataba de los leprosos y de los que tenían diversos desórdenes en la piel, de mujeres de mala reputación, de los ciegos, de los cojos, de los paralíticos, de los inmundos, de los poseídos por demonios, de los socialmente descastados, y aun de los despreciables recaudadores de impuestos.

Lo que resulta en realidad sorprendente es la forma en que su popularidad y atractivo se extendieron a través de todos los estratos de la sociedad.

Nos resultaría fácil y conveniente limitar nuestra comprensión del atractivo que Jesús tenía refiriéndolo a los descastados o pertenecientes a los bajos fondos. Pero Jesús también captó la atención de los poderosos, ricos e influyentes. En cierta ocasión, un maestro de la ley declaró ante Jesús que estaba dispuesto a seguirlo.[16] Que fuera un maestro de la ley implicaba que se trataba de un hombre influyente, culto y respetado dentro de su comunidad. Era un maestro y un líder, un hombre que conocía las Escrituras y se las interpretaba al pueblo. Sin embargo, encontramos que este hombre afirmó su compromiso de *seguir* a Jesús, de no ser un líder sino un discípulo. En otra ocasión, un dirigente de la sinagoga se arrojó a los pies de Jesús, rogándole que sanara a su hija.[17] Ese hombre era un judío devoto, un ejecutivo principal dentro de la sociedad, un miembro responsable de la administración de la sinagoga. Pero encontramos otra vez aquí que él reconoció a Jesús y se sometió.

Quizá el mejor ejemplo del amplio atractivo que tenía Jesús lo encontramos en Nicodemo. Este era un miembro del consejo gobernante de los judíos, el Sanedrín. Ese poderoso grupo conservador se reunía en Jerusalén y se sentaba a juzgar sobre diferentes temas de la ley y la vida judía. Eran los principales y más poderosos ancianos y sacerdotes del país y tenían la prerrogativa de imponer castigos, incluyendo la pena de muerte, por violaciones a la ley judía. (Iba a ser el Sanedrín el que tiempo después interrogaría sin piedad a Pablo, Pedro y Juan acerca de su predicación sobre Jesús, y también el Sanedrín el que mandaría ejecutar a Esteban.)[18] Ellos no tomaban a bien los desafíos al orden establecido. Nicodemo buscó y visitó a Jesús de noche,[19] probablemente porque no quería ser visto entremezclándose con ese alborotador, y él hizo este revelador comentario: «Rabí… sabemos que eres un maestro que ha venido de parte de Dios, porque nadie podría hacer las señales que tú haces si Dios no estuviera con él». De modo que los informes acerca de Jesús habían mostrado un perfil de él que llevaba a ese grupo gobernante de la sociedad judía, muy influyente y poderoso, a investigarlo.

Otro indicador muy contundente acerca del impacto social que había logrado Jesús, y del alcance de las noticias referidas a él, lo encontramos en el hecho de que lo buscaba gente de *fuera* de la cultura judía. Pensemos en esto por un momento. No eran solo los judíos, con todo su bagaje de expectativas acerca de un Mesías, los que seguían a Jesús. Eran también personas de diferentes nacionalidades, las que a veces sostenían creencias distintas.

---

16. Mateo 8:18–22
17. Marcos 5:21–24
18. Hechos 6 y 7
19. Juan 3:1–21

En Capernaúm, un centurión romano buscó a Jesús y le pidió que sanara a su sirviente.[20] En otra ocasión, en la región costera de Tiro y Sidón, se aproximó a Jesús una mujer cananea que lo llamó Señor y le pidió que sanara a su hija.[21] Esa mujer no era judía, sino una despreciada descendiente de paganos de otra nación. Estas dos personas reconocieron en Jesús algo sorprendente y poderoso.

La magnitud de la popularidad de Jesús en ninguna otra parte se resume mejor, quizá, que en las palabras de sus enemigos, más que en las de sus amigos y seguidores. Cuando tomaron nota de la multitud entusiasmada que salía a raudales de Jerusalén para encontrarse con Jesús, ellos exclamaron: «¡Miren cómo lo sigue todo el mundo!»[22]

Sin embargo, detrás de esas multitudes desenfrenadas y de esas escenas frenéticas, se empezaban a avecinar los problemas. No todos estaban impresionados por ese maestro carismático y autoritativo y sus multitudinarios seguidores. Él constituía una amenaza al orden establecido y se lo veía como un alborotador, un rebelde y un blasfemo, un rabino pícaro que estaba sacudiendo el bote en un momento político frágil. Así que mientras las multitudes continuaban creciendo, también aumentaban los rumores, las conversaciones en voz baja y los gruñidos detrás de las puertas cerradas. Jesús muy pronto se encontró con que poderosos enemigos comenzaban a complotarse en contra de él. El problema radicaba en que Jesús no se adaptaba al molde. Tanto diferían las enseñanzas de Jesús del pensamiento estructurado de la época, que bien podríamos llamar a Jesús una estaca cuadrada dentro de una sociedad en la que los huecos eran redondos; porque él les invirtió la naturaleza de sus ideas.

Que es lo que vamos a analizar en el siguiente capítulo…

Cuando tomaron nota de la multitud entusiasmada que salía a raudales de Jerusalén para encontrarse con Jesús, ellos exclamaron: «¡Miren cómo lo sigue todo el mundo!»

20. Mateo 8:5–13
21. Mateo 15:21–28
22. Juan 12:19

Capítulo 11

ESTACA CUADRADA, AGUJERO REDONDO

La nueva manera de mirar las cosas que tiene Jesús

«Tengo un sueño: que esta nación un día se va a levantar…»

«Vamos a luchar contra ellos en las playas…»

«Ser o no ser: esa es la cuestión…»

«Bien podríamos decir: “Dios salve a la reina…”»

«Amigos, romanos, conciudadanos…»

«No preguntes qué puede hacer tu país por ti…»

«Señoras y señores, ¡les entrego a *Kong*!»

El mundo ha sido testigo de mucha oratoria y discursos verdaderamente impresionantes a través de los siglos. Los discursos y la oratoria pública tienen el poder de movilizar, inspirar, entretener, enseñar y cambiar las vidas.

Sin embargo, de entre todos los oradores, discursantes, políticos y predicadores, la figura más impresionante y con certeza la más citada de la historia tiene que ser Jesús. Él fue un orador magistral, poderoso, sensato, sin golpes de efecto. Sus palabras le han cambiado el rostro al mundo más que las de cualquier otro.

Mucha gente imagina a Jesús parado en un mercado, o en la cumbre de un monte, o en un bote, con los brazos bien abiertos, emitiendo alguna declaración compasiva, generalmente algo bello y gentil como: «Pongan la otra mejilla», o «Hagan a los demás lo que desean que ellos hagan con ustedes», o algo críptico y grandioso como «¿Qué le aprovechará a un hombre si gana todo el mundo pero se pierde?», o «Benditos sean los mansos». Pero las palabras de Jesús no fueron un blablabla azucarado y religioso ni cuentos de hadas. Sus dichos y sermones constituyen piezas maestras, hermosamente compuestas, que han seguido inspirando y planteando desafíos a millones de personas a través de todo el mundo.

Poco después de comenzar a viajar y predicar por toda Galilea, empezaron a aparecer enormes multitudes para escuchar lo que el nuevo rabí tenía que decir. Fue en una de esas ocasiones que Jesús subió a un punto elevado de la montaña para poder dirigirse al gran número de personas congregadas allí. Y fue en ese lugar, a través de ese discurso (al que ahora nosotros le hemos dado el grandioso y más bien obvio título de «El Sermón del Monte») que Jesús hizo entrega de su obra magna. Ese sermón (o más bien, esa serie de discursos) probablemente haya sido dado por partes durante varios días y se lo recuerda porque contiene algunos de los dichos más famosos de Jesús. Aun si uno nunca hubiera leído la Biblia, puede reconocer algunas de estas palabras:

«Dichosos los pobres en espíritu».

«Dichosos los humildes, porque recibirán la tierra como herencia».

«Dichosos los que trabajan por la paz, porque serán llamados hijos de Dios».

«Amen a sus enemigos».

«Ustedes deben orar así: "Padre nuestro que estás en el cielo..."»

«Pidan, y se les dará; busquen y encontrarán».

«No juzguen a nadie, para que nadie los juzgue a ustedes».

Las multitudes se sorprendían por la autoridad de sus enseñanzas. Las encontraban poderosas y significativas, y no como la retórica vacía de los otros maestros de la ley.[1] De hecho, si uno quiere llegar al corazón de lo que Jesús es y de lo que él ha venido a hacer, el mejor sitio en el que buscar son las propias palabras de sus sermones, dichos, parábolas, debates y lecciones.

Las multitudes se sorprendían por la autoridad de sus enseñanzas. Las encontraban poderosas y significativas, y no como la retórica vacía de los otros maestros de la ley.

Se hace muy claro desde el principio que el mismo Jesús consideraba sus predicaciones y enseñanzas como centrales en su ministerio, y esto, por cierto, se reflejaba en la perspectiva de la gente a su alrededor. Hacían continuas referencia a él como Rabí y como Maestro. En ese sentido, sería erróneo pensar en Jesús como un hacedor de milagros ambulante que de vez en cuando hablaba sobre algún tema dado. Más bien era ampliamente reconocido y mencionado como predicador antes que nada, alguien que además realizaba milagros.

Como ya lo hemos mencionado (en el capítulo «Rebelde con causa»), un momento muy significativo al comienzo del ministerio de Jesús fue cuando leyó parte de un rollo en la sinagoga de su pueblo natal y luego declaró que él era el cumplimiento de esa profecía. El rollo contenía una copia del libro de Isaías, y Jesús leyó una porción, que incluía estas palabras: «El Espíritu del Señor está sobre mí, por cuanto me ha ungido para *anunciar* buenas nuevas a los pobres, me ha enviado a *proclamar* libertad a los cautivos y dar vista a los ciegos, a poner en libertad a los oprimidos, a *pregonar* el año del favor del Señor».[2]

Este pasaje de Isaías funcionó como la propia declaración de misión de Jesús. Al decir eso, Jesús claramente estaba indicando que esa profecía, de una antigüedad de seiscientos años, ahora se comenzaba a cumplir y que él mismo era ese predicador y anunciador determinado divinamente. De hecho, poco después de ese momento crucial, Jesús le dijo a una multitud que intentaba evitar que se fuera de su ciudad: «Es necesario que anuncie también a los demás pueblos las buenas nuevas del reino de Dios, porque para esto fui enviado».[3]

Así que a partir de ese momento, y dondequiera que fuera, Jesús enseñaba, predicaba, debatía, daba sermones y contaba historias sobre todo tipo de temas. Encaró las grandes cuestiones, y fue claro y agudo al exponer una nueva manera de mirar las cosas. Algunos de sus mensajes resultaron bastante directos y desafiantes. No se fue por las ramas cuando habló sobre el matrimonio, el amor, el divorcio, el dar, el hacer promesas, el juzgar a otros

1. Mateo 7:28–29

2. Lucas 4:18–19, énfasis añadido (ver también Isaías 61:1–2)

3. Lucas 4:43

y el vengarse. Se mostró crítico con la hipocresía y el fingimiento religioso. Habló en contra de los pensamientos malvados, las acciones groseras, el robo, el asesinato, la avaricia, la mezquindad, el engaño, la indecencia, la envidia, los insultos, el orgullo y la insensatez.[4] Le dijo a la gente que se reconciliara en los casos en que se había roto la amistad, que apoyaran a los necesitados, que oraran con sencillez, que se mantuvieran fieles en el matrimonio, que fueran personas de palabra, que amaran a sus enemigos, que se mostraran humildes. Le mandó a la gente que no adoraran el dinero, que no estuvieran pendientes de la ropa y de la comida, que no fueran orgullosos ni arrogantes, y que no se jactaran. Que no fueran traicioneros ni practicaran la inmoralidad sexual. Se manifestó abiertamente en contra de la injusticia, y alentó a la gente a ser compasiva. Habló de Dios, del pecado, del perdón, del juicio, de la esperanza, de la tentación, del deseo, de la ansiedad y del fin del mundo, solo por nombrar algunas cosas. Planteó un desafío a la manera establecida de pensar, instó a la gente a considerar sus palabras y los inspiró a repensar acerca de Dios y de la manera en que vivían.

Así que a partir de ese momento y dondequiera que fuera, Jesús enseñaba, predicaba, debatía, daba sermones y contaba historias sobre todo tipo de temas.

En el mundo moderno nos hemos vuelto un poco displicentes con respecto a las palabras de Jesús. Algunos encuentran que tienen una agradable actitud tipo clase media, y las dejan salir de su boca con mucha facilidad. Pensamos que Jesús simplemente enseñó a todos los que se cruzaban con él a amar a los demás y a ayudar a las pobres ancianas a cruzar la calle. Sin embargo, mucho de lo que enseñó implicaba desafíos y demandas. Sus palabras a menudo eran confrontadoras, difíciles, incómodas, radicales y controversiales, y a menudo iban a contrapelo de la sabiduría cultural y religiosa de esos días. En una época en la que mucha gente se preocupaba por las reglas y los rituales* relacionados con la comida, él dijo que no era lo que una persona comía lo que la volvía impura sino lo que estaba en su corazón y salía por su boca. En un tiempo en el que aquellos que eran del estilo religioso estricto ni siquiera se rascaban en el día santo, porque lo consideraban trabajo, Jesús enseñó que estaba bien hacer buenas obras y comer en el día santo. En una era de violencia y tensiones raciales dentro de una nación ocupada, Jesús les dijo a sus seguidores que amaran a sus enemigos. Tomó leyes del Antiguo Testamento y dichos populares de esos días y los imbuyó de nuevo significado, lo que los volvió aun más duros y hasta imposibles de guardar. En el Sermón del Monte enseñó que la lujuria ya es adulterio, aun cuando no vaya más allá de una mirada de deseo, y que la ira cargada de odio es asesinato, aun si no se derrama sangre. Él dijo que si tu ojo te hace pecar, debes quitarlo y echarlo fuera. Que si tu mano hace que tropieces, debes cortártela.** Le mandó a un hombre rico que vendiera todas sus posesiones y entregara el dinero a los pobres.

Pero quizá sus dichos más fuertes fueron los referidos a lo que significaba ser su seguidor y uno de sus discípulos. Recordemos que los rabinos con sus discípulos eran una cosa corriente, y que había otros rabinos que tenían sus propios grupos de discípulos que los seguían. Pero las palabras de Jesús referidas a lo que implicaba seguirlo no resultaron para nada atractivas. Luego de llamarle la atención a Pedro delante de sus discípulos, Jesús les dijo a todos: «Si alguien quiere ser mi discípulo, que se niegue a sí mismo, lleve su cruz y me siga».[5]

* Algunas de sus motivaciones derivaban de que, en el mundo posterior al exilio, los líderes de Israel no querían cometer los mismos errores que habían cometido las generaciones anteriores, al ser negligentes en cuanto a guardar la ley. Así que, en esencia, comenzaron a errar por irse al otro extremo, al «más vale prevenir que curar».

** Por supuesto, se trata de metáforas. Jesús no intenta promover una autoamputación o una remoción del globo ocular.

4. Tal como aparece en Marcos 7:21.
5. Marcos 8:34

Pero quizá sus dichos más fuertes fueron los referidos a lo que significaba ser su seguidor y uno de sus discípulos.

En otra ocasión, les dijo: «El que quiere a su padre o a su madre más que a mí no es digno de mí; el que quiere a su hijo o a su hija más que a mí no es digno de mí; y el que no toma su cruz y me sigue no es digno de mí».[6]

No nos damos cuenta de lo radicales que eran esas palabras en esos días y en esa época. La cruz se ha convertido en un punto central de la iconografía cristiana. Hay cruces en lo alto de las iglesias, en las tapas de las Biblias, en los membretes de muchas organizaciones y colgadas del cuello de la gente. Se ha convertido en un símbolo bien establecido, que nos resulta cómodo. En los días de Jesús, sin embargo, las cruces no se utilizaban en las artes, ni en la arquitectura, ni en la joyería. La cruz en aquellos tiempos constituía un instrumento que los romanos usaban para crucificar, una forma de ejecución que reservaban solo para los peores criminales. Constituía un símbolo sangriento, horrendo y bárbaro que provocaba reacciones de horror, miedo y repulsión.

Así que cuando Jesús inicialmente llamó a sus seguidores a tomar una cruz y seguirlo, eso debió haber constituido un shock al que les habrá resultado difícil sobreponerse. Como si lo hubieran escuchado decir: «tomen la soga de ahorcar» o «tomen su silla eléctrica y síganme». A nosotros nos resulta fácil igualar la imagen de «tomar la cruz» a «tomar una mochila pesada y luego cargarla por la ladera de una montaña» al estilo de un desafío duro como los de *supervivencia* que pasan por la televisión. Pero resultaba mucho más confrontador que eso. Se trataba de una manera radical en la que Jesús les decía que seguirlo no tenía que ver con escarceos en la periferia de la vida, ni con un ejercicio intelectual. Tenía que ver con una cuestión central que tocaba la misma esencia de lo que ellos eran. Significaba rendir toda la vida.

Sí, Jesús no se fue por las ramas. Sus mensajes a menudo se volvían tajantes y directos. Pero no siempre hablaba utilizando la *sutileza* del mazazo. Tal vez se lo conoció mejor por el poderoso uso que hizo de algunas historias memorables y metáforas muy vívidas al conectarse con los que lo escuchaban. Y es en esas ***parábolas*** que concentraremos nuestra atención como próximo punto.

---

6. Mateo 10:37–38

Capítulo 12

SEMILLAS DE MOSTAZA Y MONEDAS PERDIDAS

Jesús utiliza parábolas

Allá por los años ochenta, Ben era un héroe de pelo largo y rock and roll, que tocaba rock en una banda. Y al finalizar cada presentación, la banda concluía la serie de canciones con un blues llamado «Steamboat» [Buque de vapor], una especie de himno que golpeaba fuerte. La letra decía así:

> No sé el tiempo ni sé el lugar,
> pero hay un río que corre a través de este sitio.
> No sabes, mi amigo, cuando volverá.
> ¡Mira el río!…
> Mi pasaje ya está pago, espero que sea lo mismo contigo,
> porque hay un río deslizándose a lo largo de los días…
> Hay un buque de vapor llegando… ¿Tú estarás en él también?[1]

Constituía un gran final, aunque uno podía preguntarse por qué esa banda de rock cristiana y evangelística elegiría como punto más alto de su presentación una canción referida a una persona parada en un muelle mirando un canal navegable, preguntándose acerca de los horarios de ese ferry y considerando el hecho de tener un pasaje para ese viaje en barco; y además, preguntándose si sus amigos tendrían un pasaje, y si abordarían el barco también.*

Como ya probablemente lo hayan deducido, por supuesto, la canción no es ***literal***, sino, como se dice en los círculos literarios, ***alegórica***. La historia literal en realidad implica una representación de otra cosa; una cosa se usa para enseñar acerca de otra, que está «oculta». En este caso, la canción se refiere al regreso de Jesús, y el cantante expresa su deseo de que el que escucha esté preparado y listo.**

Verdaderamente, ésta constituye una poderosa herramienta de comunicación y la han utilizado escritores, poetas, oradores y cantantes a lo largo de la historia. Cuando Pete estaba en la universidad para obtener su título docente, una de las primeras cosas que aprendió fue que un buen maestro utiliza cosas que le resultan ***conocidas*** a los alumnos para ayudarlos a comprender las ***desconocidas***. En lugar de intentar instalar el concepto de una nueva idea partiendo de la nada, un proceso como el mencionado le provee al alumno un gancho en el que colgar el nuevo concepto. Utiliza lo concreto y conocido para ayudarnos a considerar lo abstracto y desconocido. Resulta especialmente fuerte si se conecta con la imaginación o si se trata de una imagen o un cuadro muy vívido (¡como un buque de vapor!).***

*** Sí, debo admitir que con frecuencia me preguntaba qué tenía que ver esa canción sobre el barco. Me parecía un poco sin sentido, si me lo preguntan. —Pete**

Compañero, ¿hablas en serio? —Ben

**** ¡Oh, ahora lo capté! Es bueno. —Pete**

***** ¡Oh! No sabía que Jesús había contado la parábola del buque de vapor. ¡Es tan buena! —Pete**

No, Pete, él… bueno, déjalo así. —Ben

1. «Steamboat», Letra de John Dickson, 1987. Usado con permiso.

Sin contar con el beneficio del asesoramiento de un moderno profesor de literatura, Jesús elaboró sus palabras y enseñó a la gente (muchas de esas personas no tenían mayor escolaridad) sin usar jergas o sandeces intelectuales, sino historias claras y atemporales y comparaciones simples que transmitían complejas verdades universales.

Algunas personas se han hecho un cuadro de Jesús como una especie de tipo estrafalario y sabelotodo que hablaba usando acertijos y misterios todo el tiempo, y que dejaba desconcertados a los que escuchaban, los que se preguntaban de qué estaría hablando. Como alguien que cada vez que se le hacía una pregunta, en lugar de dar una respuesta, miraba distante hacia la puesta de sol y decía crípticamente: «Una vez un hombre construyó una casa…», o declaraba sabiamente: «El reino de Dios es como una semilla de mostaza…» En parte, eso es verdad. Pero aquí hay un punto importante: **Esa manera de hablar no resultaba infrecuente en ese entonces**. Constituía una parte normal y aceptada del estilo de enseñanza rabínica, y también del lenguaje de la política de ese tiempo. Los que escuchaban a Jesús no quedaban sorprendidos por su manera de hablar. Habiéndola escuchado antes (por ejemplo, de parte de otros rabinos), estaban familiarizados con ella y la aceptaban como parte de una retórica pública cotidiana. **Jesús hablaba en un idioma cotidiano**.

Sócrates, Platón y Aristóteles se contaban entre los muy reconocidos filósofos griegos que cientos de años antes habían usado parábolas para explorar las ideas. También existe una extensa utilización de alegorías (por amor a la simplicidad, usamos esta palabra para cubrir todo discurso figurativo) cubriendo las escrituras del Antiguo Testamento, las que, recordemos, eran como el pan con manteca para la sociedad israelita. Por ejemplo:

- **El libro de Daniel** utiliza la figura de una estatua gigante de oro, plata, bronce y hierro para representar los imperios de Babilonia, Medo-Persia, Grecia y Roma.
- **En el libro de los Jueces** (capítulo 9), un Jotán furioso se dirige a la multitud, contándoles la historia de una plantación de árboles que buscan ungir a un rey de los árboles. Esa historia aparentemente infantil constituye en realidad una crítica al ascenso al poder de Abimélec a través del asesinato de sus medio hermanos.
- **El Salmo 78:1–3** reconoce el método, establecido desde mucho tiempo antes, de usar las parábolas para enseñar:

> Pueblo mío, atiende a mi enseñanza;
> presta oído a las palabras de mi boca.
> Mis labios pronunciarán parábolas
> y evocarán misterios de antaño,
> cosas que hemos oído y conocido,
> y que nuestros padres nos han contado.

Una de las historias más conocidas sobre la figura más famosa de la historia israelita incluía la narración de una parábola.[2] Mil años antes de Jesús, el profeta Natán le contó

2. 2 Samuel 12

al gran rey israelita David la historia de un hombre rico que, a pesar de tener un ganado numeroso y rebaños propios, tomó la oveja solitaria de un hombre pobre para matarla y servírsela a un invitado suyo. David se puso furioso por esa injusticia, y allí fue que Natán sacó su carta ganadora: la historia no tenía que ver con un hombre rico y sus ovejas sino en realidad con el mismo David y el hecho de que él le había quitado la esposa a otro hombre.

Así que cuando Jesús hablaba en parábolas y usaba semejanzas, no se distanciaba de la gente a través de fábulas enigmáticas, historias incomprensibles y cuentos misteriosos, sino que más bien utilizaba un método de enseñanza pertinente y familiar en el que ellos se sentían cómodos.

¿Por qué las parábolas?

Algo así como un tercio de las palabras registradas de Jesús son parábolas,* lo que nos indica el lugar que ocupaban en sus apariciones en público. También muestra lo memorables y poderosas que les resultaron a los escritores de los Evangelios, ya que Mateo registró esto en medio de un gran gentío: «Jesús le dijo a la multitud todas estas cosas en parábolas. Sin emplear parábolas no les decía nada».[3]

Por supuesto, la pregunta que sigue es:

¿Por qué?

En tanto que por cierto hubo muchas ocasiones en las que Jesús habló de manera abierta y tajante sobre todo tipo de cuestiones, *¿por qué* dedicó tanto tiempo a contar historias obtusas?

Una de las razones es porque (como ya lo hemos sugerido) sencillamente resulta una herramienta de enseñanza eficaz. Al hablar ante audiencias variadas (compuestas tanto por personas ricas, educadas y poderosas como por gente simple, sin educación y descastada), Jesús iba tomando imágenes rurales y experiencias de la vida cotidiana de ese tiempo.

Otra razón quizá sea porque Jesús trataba de ser cauto. A lo largo de la historia, muchos líderes de movimientos clandestinos de todo el mundo tuvieron que cuidar lo que decían públicamente porque los espías de algunas dictaduras violentas podían estar al acecho en medio de ellos. En algunos países, el hablar algo controversial y de una naturaleza subversiva contra el régimen gobernante implica que la policía secreta visite la casa y esa persona no sea vista nunca más. Jesús verdaderamente estaba en una situación en la que sus enemigos le seguían los pasos e intentaban prenderlo. Él era un alborotador y una amenaza, y estaban esperando que saliera diciendo algo blasfemo para poder acusarlo y ponerlo preso o ejecutarlo. Así que en algunos sentidos, el utilizar «inocentes» parábolas le permitía enseñar y plantearles a los que lo escuchaban ciertos desafíos sin proveerles balas a sus enemigos al mismo tiempo.

Pero la razón más clara que tenía para la utilización de parábolas la dio Jesús mismo, en sus propias palabras. Imaginemos la escena: Jesús ha ido hasta el lago, y tanta gente sale a escucharlo hablar que él tiene que subirse a una barca y alejarla un poco de la playa para poder dirigirse a todos ellos.** Los discípulos están allí, posiblemente intentando organizar las cosas y llevar a cabo una especie de conducción de la multitud. Eso constituye para ellos la posibilidad de realizar una **gran actuación**, una buena oportunidad para

3. Mateo 13:34

* Existe un pequeño debate sobre lo que los eruditos en realidad definen como una parábola. Hay algunas definiciones más amplias y específicas de esta palabra, así como todo un número de variantes sobre un mismo tema, incluyendo alegorías, símiles, historias ejemplares, símiles extendidos, metáforas, parábolas narrativas, afirmaciones en forma de parábolas y (esperen a escuchar esto) aforismos metafóricos. Pero, con franqueza, le vamos a dejar esas discusiones a gente que cuente con más tiempo, y nosotros nos vamos a atener a la comprensión genérica de una parábola que tiene una persona de la calle.

** Se trata de un suceso importante, registrado en tres de los Evangelios: Mateo 13; Marcos 4; y Lucas 8.

Utilizar «inocentes» parábolas le permitía enseñar y plantearles a los que lo escuchaban ciertos desafíos sin proveerles balas a sus enemigos al mismo tiempo.

que su maestro vaya al grano, deje impresa su huella y se declare el Mesías. La multitud guarda silencio, Jesús respira hondo y… cuenta una historia sobre un sembrador que salió a sembrar.

Los discípulos se miraron los unos a los otros con estupor. Más tarde le preguntaron: «¿Por qué le hablas a la gente en parábolas?»[4]

Jesús les respondió: «Por eso les hablo a ellos en parábolas: "Aunque miran, no ven; aunque oyen, no escuchan ni entienden"… Pero dichosos los ojos de ustedes porque ven, y sus oídos porque oyen. Porque les aseguro que muchos profetas y otros justos anhelaron ver lo que ustedes ven, pero no lo vieron; y oír lo que ustedes oyen, pero no lo oyeron».

Jesús le estaba hablando a la gente que quería escuchar y quería ver. Le hablaba a la gente que estaba interesada en lo que él tenía que decir. Les hablaba a los que estaban en la búsqueda, que (para tomar prestadas las propias palabras de Jesús) «tenían hambre y sed» de escuchar la verdad.[5] Les hablaba a los que se iban a quedar cerca y se tomarían la molestia de considerar sus palabras y sus obras para descubrir lo que significaban. Le hablaba a la gente que tenía abierto el corazón y la mente. Eran aquellos que podían deducir la verdad de sus historias. Ellos eran los que «captarían las cosas».

Los otros, sin embargo, iban a hacer caso omiso de Jesús abiertamente. Iban a escuchar y no comprender, porque no lo deseaban. Esa gente tenía la mente cerrada y el corazón endurecido y calloso. Esa gente se aferraría a sus viejos caminos y no estaría interesada en permitir que nada nuevo penetrara en ellos. Considerarían las historias de Jesús como una tontería fantasiosa porque ni se molestarían en repensarlas. Si alguna vez has tenido un argumento con alguien que se rehúsa neciamente a entender razones y se aferra ciegamente al mantra de su opinión insustancial, te darás cuenta del tipo de persona a la que Jesús se refiere aquí. Se trata de personas que *oyen* pero no *escuchan*.

¿Qué nos enseñan las parábolas?

Algunas personas creen que las parábolas son simplemente pequeñas historias pintorescas puestas en el molde de un cuento de hadas. Imaginan a Jesús diciendo: «Permítanme contarles una parábola. Había una vez un gran castillo, rodeado por un bosque sombrío y premonitorio, una malvada bruja y tres osos… y la moraleja de esta historia es la siguiente: mastique su comida adecuadamente antes de tragarla». En su superficie, las parábolas tienen una característica algo simple y rústica. Son historias sobre semillas, perlas, trigo, novias, redes de pesca, vírgenes, sembradores, hombres ricos, monedas perdidas, ovejas perdidas, hijos perdidos.

Pero no tenemos que confundirlas con simples historias para niños.

Más bien las parábolas eran sumamente controversiales, dirigidas a algo y, en ocasiones, increíblemente divisorias. Con frecuencia tenían trasfondos crípticos y mordaces que funcionaban como una especie de reprensión dura hacia los que escuchaban. Eran mensajes con aguijón. Tanto que las parábolas de Jesús con frecuencia hacían que grupos como los fariseos desearan matarlo.

Para llegar al corazón de las parábolas, tenemos que mirar más allá de su sentido superficial y considerar las enseñanzas subyacentes. Algunas personas comparan las parábolas a encontrar oro en el suelo o la nuez dentro de su cáscara, porque en tanto que la

4. Mateo 13:10–17

5. Mateo 5:6

superficie no parece muy prometedora, algo de verdadero valor se encuentra dentro de ellas.

Entonces, ¿en qué consiste esa nuez y ese oro que encontramos en las parábolas? En ellas Jesús ilustraba y aclaraba sus perspectivas con respecto al amor de Dios, al perdón y a la gracia. Utilizaba parábolas para hablar acerca del cielo, del juicio y del reino de Dios. Pero lo que todas parecen tener en común es que nos dicen algo sobre Jesús: quién es él y qué ha venido a hacer.

Jesús a menudo utilizó parábolas en respuesta a alguna situación en particular, a una pregunta o a algún desafío que le presentaba alguien que quería entablar una disputa o quejarse por algo que él hubiera dicho o hecho. Así que las parábolas con frecuencia constituían una respuesta inteligente que obligaba a las personas quejosas a reconsiderar su opinión o las hacían retroceder hasta un rincón en el que el error de su pensamiento quedaba expuesto.

Para llegar al corazón de las parábolas, tenemos que mirar más allá de su sentido superficial y considerar las enseñanzas subyacentes.

El pastor, la mujer y el padre

En cierta ocasión Jesús estaba en una reunión social, comiendo con una cantidad de parias y gente del bajo fondo (a los que se hace referencia como recaudadores de impuestos y pecadores) cuando algunos muchachos muy religiosos y con una crianza altamente moral, conocidos como fariseos y «maestros de la ley», pasaron por allí. Quedaron espantados al ver a Jesús identificarse con gente que notoriamente era descastada y (horror de horrores) cenando con ellos. En su mente, los pecadores y los traidores como los recaudadores de impuestos deberían ser despreciados y evitados debido a su inmoralidad y falta de valor. Así que los fariseos y los maestros de la ley se quejaron y murmuraron entre ellos: «Este hombre recibe a los pecadores y come con ellos».

Jesús percibió su murmuración y les refirió tres historias que iban en línea una detrás de la otra y funcionaron como una maravillosa defensa en cuanto a lo que él estaba haciendo. Acabó contándoles la historia de un hombre que terminó organizando un banquete para un terrible pecador. ¡El paralelo no podía haber resultado más obvio!

Las tres historias en realidad forman parte de una parábola[6] y funcionan de la misma manera en que nosotros podríamos contar hoy una broma moderna. En esa broma podríamos decir: «Había un canadiense, un norteamericano y un australiano...» Los dos primeros personajes puede ser que hagan algo de un modo parecido, pero el tercero hace algo dándole un giro a la situación y eso se convierte en la frase clave. En este caso nos encontramos con tres escenarios semejantes, pero el giro (y la lección) llegan con mucha fuerza al final.

Jesús comienza por incluir a su audiencia al contar la primera historia (la parábola de la oveja perdida) y luego plantea la siguiente pregunta: Imaginemos que eres un pastor que cuida de cien ovejas, pero se te pierde una. ¿No irías a buscarla? Y luego de encontrar la oveja, ¿no te sentirías tan contento que celebrarías el hecho de que la oveja perdida se haya encontrado?

Después contó otra historia muy similar (la parábola de la moneda perdida) acerca de una mujer (posiblemente sin marido) que tenía diez monedas de plata pero perdió una y entonces buscó cuidadosamente hasta que la encontró. Entonces, del mismo modo, luego de encontrar su valiosa moneda, lo celebró con una fiesta.

6. Lucas 15:3: aparece «parábola» en singular.

Y allí Jesús presentó este simple punto: De la misma forma, hay fiesta cuando uno de estos pecadores deja de ignorar a Dios y vuelve a vivir su vida a la manera de Dios. Lo que Jesús quería decir era que él no había venido para ignorar a los perdidos sino para **encontrarlos y restaurarlos**. Estaba en una misión de búsqueda y rescate.

Y entonces, para afirmar el punto, presentó una tercera escena, similar a las anteriores, pero que en esta ocasión iba a mostrar un giro que implicaría una reprensión para los que lo criticaban. Terminó con la historia de un padre que tenía dos hijos. Uno se había rebelado y le había demandado su herencia inmediatamente, diciendo con eso, de hecho, que deseaba que su padre estuviera muerto. Esa constituye una demanda increíblemente horrenda en cualquier cultura, pero debió haber resultado particularmente atroz para la audiencia judía del primer siglo que Jesús tenía delante, y no menos para los fariseos.

Para sorpresa de ellos, el padre, amorosamente, accedió a ese pedido, a pesar de que le resultaba ofensivo. Poco después, el hijo se fue a una tierra distante para gastar el dinero como le daba la gana, sin ningún freno del padre. El hijo con el tiempo quedó en la miseria, porque gastó todo su dinero en él mismo sin sabiduría, según Jesús lo describió, «viviendo desenfrenadamente»; y del mismo modo en que lo hacen muchas personas que repentinamente reciben una gran cantidad de dinero pero no tienen la capacidad de administrarlo, pronto se encontró viviendo más allá de sus posibilidades y en una situación terrible. Para sobrevivir, acabó siendo esclavo de un criador de cerdos. Eso no solo resultaba una humillación, sino algo culturalmente deplorable. Los judíos no criaban cerdos porque esos animales eran considerados inmundos y por lo tanto no santos. Y lo que es aún peor, la condición perdida y desesperada del hijo quedaba subrayada por el hecho de que estaba tan hambriento que comenzó a desear lo que caía de lo que él les daba de comer a los cerdos. Sin embargo, en un extraño momento de lucidez, el hijo se dio cuenta de que aun los trabajadores en su hogar comían mejor que él. Ensayó un discurso de arrepentimiento y se encaminó de nuevo a su hogar, esperando que su padre al menos lo aceptara como un sirviente en la propiedad familiar.

> Lo que Jesús quería decir era que él no había venido para ignorar a los perdidos sino para encontrarlos y restaurarlos.

Muchas personas están familiarizadas con los reconfortantes momentos que siguen en esta historia. El padre, mirando hacia el horizonte, vio que su hijo perdido volvía a casa e inmediatamente dejó de lado todas las normas culturales y corrió hacia él para abrazarlo. El hijo comenzó a dar su discurso de arrepentimiento palabra por palabra, pero se vio interrumpido por su padre cuando, asombrosamente, este dio orden de que se le trajeran nuevas ropas y convocó a una gran fiesta. Como el pastor que había encontrado su oveja y la mujer que había encontrado su moneda, el padre celebró que su hijo perdido hubiera vuelto a casa.

Pero la historia no acabó allí.

El gran giro aún estaba por venir. La reprensión críptica de Jesús a los fariseos y a los maestros de la ley llegó a cuenta de la reacción del hermano mayor. Él tampoco (al igual que los fariseos) estaba para nada impresionado con la comida organizada para este pecador. Deseaba que el hermano menor fuera disciplinado y no que se le diera una bienvenida. Protestó boicoteando la fiesta y enfurruñándose afuera. Con un sutil toque de ironía, el padre fue a buscar al hijo mayor, y cuando lo encontró, este hermano mayor hizo oír su amargura. El muchacho dijo que él había sido bueno toda su vida y que nunca había hecho nada que implicara semejante falta de respeto, pero que su padre jamás le había preparado una fiesta como esa. La magnitud de la ira del hijo se percibía por la manera de describir a su hermano menor. Le dijo a su padre: «Ese hijo tuyo» (en lugar de decir «ese hermano mío») es inmoral e indigno. Pero el padre reprendió a su hijo mayor corrigiendo su descripción del hijo menor: «“Hijo mío”, le dijo su padre, “ tú siempre estás conmigo, y todo lo que tengo es tuyo. Pero teníamos que hacer fiesta y alegrarnos, porque ***este hermano tuyo*** estaba muerto, pero ahora ha vuelto a la vida; se había perdido, pero ya lo hemos encontrado.”»[7]

La parábola entera actuó como una defensa brillante, aunque no muy sutil, del ministerio de Jesús y su aceptación y amor por los parias, los pecadores y los perdidos. Estaba justificando sus acciones. De igual manera, actuó como una reprensión mordaz para los fariseos y maestros, que no debieron haber menospreciado a esas personas con las que Jesús estaba cenando, considerándolas una escoria a ser ignorada, sino que deberían haberlos aceptado como hermanos.

Mucha gente que escucha esta parábola hoy, inmediatamente se identifica con el hermano perdido que regresó a su padre. Pero la parte aguda de la parábola de Jesús fue dirigida al otro hermano, apuntando la crítica hacia los que se sienten justos y quieren hacer valer sus supuestos derechos exclusivos al reino de Dios.

El buen samaritano

Otro ejemplo de la naturaleza polémica de las parábolas de Jesús se percibe en la así llamada parábola del buen samaritano. Muchos de nosotros pasamos por alto la controversia de esta historia, pero debió haber sido bastante confrontadora y pertinente para los contemporáneos de Jesús. Parte del problema está en que en nuestras Biblias aparece el subtítulo «El buen samaritano»; así que en realidad se nos da el remate antes de comenzar. El gran giro y la sorpresa de la parábola es que el **samaritano**, entre toda la gente que aparece en ella, ¡es el **bueno**! Jesús ciertamente no comenzó la parábola diciendo: «Permítanme contarles una parábola sobre un samaritano que era bueno». Eso sería como si un cómico comenzara con la frase clave («Cinco: uno para cambiar la lámpara y cuatro para reprender al espíritu de oscuridad») antes de contar el chiste («¿Cuántos pentecostales hacen falta para cambiar una bombilla de luz?»). O si una película de misterio y asesinato comenzara mostrándonos que el que lo hizo fue el mayordomo.

La parábola en esta ocasión apareció como respuesta a una pregunta planteada por un erudito en la ley: «¿Quién es mi prójimo?» Todos sabían que los mandamientos decían que debemos «amar al prójimo»; la cuestión acaloradamente debatida entre los judíos era precisamente: ¿Cómo definimos qué es un *prójimo*? ¿Quiénes son los prójimos a los que tenemos que amar?

Jesús respondió contándoles la historia de un hombre al que le robó, lo golpeó y lo dejó por muerto una banda de matones en un camino rural. Poco después pasó un sacerdote y encontró al hombre herido, pero se cruzó al otro lado de la calle y continuó su camino sin prestarle auxilio a la víctima. Al rato, también un levita encontró al hombre, pero tampoco le ofreció ayuda y siguió adelante. Jesús eligió los personajes del sacerdote y el levita porque se pensaba que ambos estaban en una posición considerada muy alta en cuanto a autoridad y moral. Ellos tenían que ver con la administración del templo y, generalmente, se los veía como buenos ejemplos de lo que era un ciudadano destacado y un típico buen judío.

---

7. Lucas 15:31–32, énfasis añadido

Pero entonces Jesús introdujo un tercer hombre: un samaritano.* En contraste con los dos primeros judíos, este hombre se detuvo y fue amable con esa víctima medio muerta. No solo le administró los primeros auxilios sino que también realizó las previsiones del caso para dejarlo bien acomodado.

Fue el tercer hombre el que constituyó la sorpresa de la historia. No solo porque se mostró bondadoso sino porque era un samaritano. Jesús tocó aquí una veta sensible desde lo racial. Los samaritanos eran considerados como una semi casta inferior** judía porque eran descendientes de ancestros tanto judíos como asirios. Se los veía como gente que se había infectado con sangre pagana, así que el odio entre los judíos y los samaritanos tenía una larga trayectoria de conflictos, que continuaba durante los días de Jesús. La idea de que un samaritano fuera bueno y brindara un ejemplo de moralidad le debió haber resultado altamente ofensiva al abogado que planteó la pregunta. La gran ironía consistía en que los dos primeros eran los que estaban quebrantando la ley al ser malos prójimos, en tanto que el samaritano despreciado fue el único que en realidad guardó la ley. Así que la parábola no enfoca simplemente una historia referida a ser buenos con los demás. Más bien se trata de un ataque agudo al racismo, ya que Jesús redefinió de modo radical lo que verdaderamente es el prójimo y lo que significa amarlo. Jesús estaba desafiando al orden social establecido.*** Criticó a los nobles y respetados, y alabó a los despreciables. A muchos de los que escuchaban a Jesús les debió resultar chocante su ofensiva reinterpretación de la estructura de la vida judía. De hecho, lo que decía era que no importaba quién era uno, sino lo que hacía.

*** Si esto fuera una obra de teatro, aquí sería el punto en el que la multitud silva y bufa. —Ben**

Eso para no decir nada de tirar fruta podrida. —Pete

La venida del reino

Jesús también usó parábolas para enseñar sobre la venida del reino de Dios, lo que desarrollaremos en el próximo capítulo. Este era un tópico candente en los días de Jesús, y la gente estaba muy interesada en escuchar lo que tenían que decir los distintos rabinos con respecto al tan esperado reino. A continuación mencionamos algunas de las parábolas referidas a él:

La parábola del sembrador:[8] Jesús cuenta acerca de un sembrador que arroja sus semillas, algunas de las cuales caen en pedregales, otras son comidas por las aves, algunas crecen entre espinos y algunas van a parar a buena tierra. Jesús utiliza esas imágenes para explicarles a sus discípulos que la gente va a tener diferentes respuestas ante su mensaje referido al reino de Dios. Algunos no lo van a entender de entrada. Algunos responderán con entusiasmo, pero su fe superficial no resistirá la prueba del tiempo. Algunos responderán, pero luego de un tiempo, las dificultades de la vida y del trabajo los distraerán. Y algunos permitirán que el mensaje cambie su vida.

Las parábolas de la semilla de mostaza y de la levadura:[9] Jesús, de modo incongruente, comparó el reino de Dios con esas cosas tan pequeñas e insignificantes. Ambas, sin embargo, constituyen un símbolo de lo que es un crecimiento tremendo. Jesús quería decir que el reino de Dios no iba a llegar en medio de truenos devastadores. Más bien comenzaría pequeño (en realidad con un rabí de un pueblo ignoto) y crecería hasta con-

---

8. Mateo 13:1–23
9. Mateo 13:31–33

** Era un término aplicado a una persona nacida de padres de razas mixtas.
*** El abogado ni siquiera lograba articular la palabra samaritano y por eso lo llamó «el que se compadeció de él».

vertirse en algo inmenso (tal como lo vemos hoy), cuando los seguidores de ese Hijo de Dios representarían la comunidad de personas más grande del mundo, como grupo global.

La parábola del siervo despiadado:[10] Jesús narra aquí la historia de un rey que le perdonó el equivalente a una deuda de diez mil dólares a uno de sus siervos. Pero luego el siervo salió y le dio una arenga a otro hombre que le debía solo unos pocos dólares. El rey se puso furioso cuando descubrió la falta de gratitud y la mezquindad de su sirviente. Según Jesús, como siervos bajo el gobierno de Dios, todos tienen que perdonar de la misma manera en que son perdonados. Mucho se les ha dado, y la respuesta apropiada no es ser miserables, juzgadores y duros de corazón, sino abiertos, amables y generosos.

La parábola de los labradores malvados:[11] El ataque de Jesús hacia los fariseos continúa en esta parábola, en la que él declara controversialmente que la nación de Israel va a perder su lugar especial (y señala proféticamente que también va a matar al hijo del dueño) y que en lugar de caer sobre ellos la bendición de Dios, caerá sobre todos lo que busquen seguirlo. Deliberadamente, él afirma ante los principales sacerdotes y fariseos: «Les digo que el reino de Dios se les quitará a ustedes y se le entregará a un pueblo que produzca los frutos del reino».[12]

Las palabras de Jesús resultan increíblemente confrontadoras. En esencia, él le está diciendo en la cara al establishment religioso que ha perdido el derecho a ser parte del reino de Dios y que no tendrá un papel que jugar en él. En cambió este sí estará abierto a cualquiera que lo busque, inclusive las prostitutas y los recaudadores de impuestos. ¡Esa enseñanza les resultaba increíble! *¡Chocante!* ***¡Blasfema!***

Las enseñanzas de Jesús les resultaron ofensivas a los fariseos, a los principales sacerdotes y a los maestros de la ley. Y su reacción fue, lógicamente, agresiva: «Cuando los jefes de los sacerdotes y los fariseos oyeron las parábolas de Jesús, se dieron cuenta de que hablaba de ellos. Buscaban la manera de arrestarlo».[13] Sus palabras lo convirtieron en un hombre señalado por el establishment, y se volvió objeto de su ira. Se mantuvieron conversaciones y se urdieron complots para deshacerse de este rabino de Nazaret.

Pronto se hizo obvio que Jesús pensaba que el reino de Dios constituía un tópico importante y significativo. Pasaba mucho tiempo hablando sobre él. ¿Pero qué es exactamente este reino de Dios? ¿Dónde está? ¿Cómo es? ¿Y, de todos modos, qué tiene que ver con nosotros? Estas oportunas preguntas retóricas son precisamente lo que nos conduce al siguiente capítulo.

---

10. Mateo 18:21–35
11. Mateo 21:33–46
12 Mateo 21:43
13. Mateo 21:45–46

Cuarta parte

NO ES DE ESTE MUNDO

Capítulo 13

EL REGRESO DEL REY

La llegada del reino de Dios

Señores y señoras... *¡el reino de Dios!*

Esto inspira algunas visiones de ondulados paisajes celestiales, ríos majestuosos, sorprendentes montañas con castillos al estilo del de Neuschwanstein* recortados contra las nubes, e innumerables ejércitos de criaturas que rodean a Dios (completo, con cetro y corona) sentado en un trono, supervisando majestuosamente su reino debajo: la tierra. *¡Contemplen! ¡Es el reino de Dios!* ***¡Vamos a la batalla!***

Se trata de una expresión que Jesús usó una y otra vez, a menudo en momentos cruciales. A veces él dijo: «El reino de Dios se ha acercado» o «El reino de Dios ha llegado a ustedes». En otras ocasiones, comenzaba una historia o una parábola diciendo: «El reino de Dios es como...», o «El reino de Dios es semejante a...» Algunos de los escritores de los Evangelios en algunas oportunidades señalan simplemente que Jesús «hablaba sobre el reino de Dios» o que «él iba anunciando las buenas nuevas del reino».

Dado que los evangelistas citan que él hizo uso de estas expresiones alrededor de ochenta veces, enseguida se nos hace claro que la frase «el reino de Dios» (y a veces «el reino de los cielos») no fue un eslogan religioso que Jesús iba lanzando aquí y allá, sino más bien un concepto central de su mensaje y propósito. Lucas registra que al comienzo de su predicación pública, Jesús declaró ante una multitud: «Es preciso que anuncie también a los demás pueblos las buenas nuevas del reino de Dios, porque para esto fui enviado».[1]

El término ***reino*** (kingdom en inglés) en realidad es una combinación de dos palabras: *king* (rey) y *domain* (dominio). Por ejemplo, si Pete fuera rey de un cierto país y Ben un ciudadano de ese país, uno podría decir que Ben estaba en los dominios de Pete, en su king-dom (en sus dominios como rey). Estaría sujeto a las leyes del reino de Pete y bajo su influencia y dominio, así que tendría que hacer todo lo que Pete dijera, por ridículo que eso le resultara.** Pero también experimentaría los beneficios de ese reino. Así que otra manera de describir el reino de Dios es esta: «El tiempo y lugar en que los caminos de Dios son supremos». Se trata del dominio, o esfera, en el que la autoridad de Dios resulta soberana y en el que la gente vive considerando a Dios como su Señor.

A veces resulta difícil para nosotros en el Occidente del siglo veintiuno comprender este antiguo concepto de reinado. Después de todo, en nuestros países democráticos es la gente la que vota a sus líderes para que reciban el poder o lo dejen. Aun muchos de los reyes modernos son figuras decorativas de los sistemas políticos de sus países. Ellos llegan y pasan, y en tanto que contribuyen mucho con la comunidad internacional, con la vida cívica y con diversos proyectos de caridad, mucha gente percibe los modernos reinados como algo odioso o innecesario. Pero en las sociedades tradicionales el rey constituía el elemento central del orden social. El nacimiento o la coronación de un rey se recibía con gran alborozo y esperanza. La muerte o la enfermedad grave de un rey se consideraba una calamidad y producía una incertidumbre que se filtraba hacia

* Neuschwanstein es un castillo al sudoeste de Bavaria que Disney tomó de modelo para el castillo de su película La Bella Durmiente. —Pete

¡Y el que también apareció en *Chitty Chitty Bang Bang!* —Ben

Bueno, ¡alguien está familiarizado con su trivialidad arquitectónica! —Pete

** Oh, ¿sí? Bueno, yo no lo haría. —Ben

¡Que le corten la cabeza! —Pete

1. Lucas 4:43

todos los niveles de la sociedad, dejando al pueblo sumido en dudas y desesperación. El reinado en estas sociedades no era simplemente una exquisitez celebrada por las revistas de chismes que se compran en los supermercados. El reinado lo era todo. Al rey se lo consideraba el responsable del orden, la justicia, la conducción, la salud y la prosperidad de la nación.

Como ya lo hemos mencionado, los judíos del tiempo de Jesús no constituían un grupo singularmente organizado. Sin embargo, basados en las numerosas profecías y otros escritos judíos, casi todo judío practicante creía y esperaba una cosa: aquel día en el que el reinado, o gobierno, de Dios llegaría de manera espectacular y de un modo visible para arrojar fuera a los enemigos del Señor. Aquel que introduciría esa nueva era sería un líder (o Mesías) designado divinamente; un conquistador de carne y hueso, de un estilo militar, que gobernaría de parte de Dios y establecería su reino, tal como había sido en los buenos tiempos antiguos bajo los reyes Saúl, David y Salomón, mil años atrás.

Estamos familiarizados con esa idea, de la que se apropió J. R. R. Tolkien para la ficción. En *El Señor de los anillos*, acaba el período de los grandes reyes y el territorio de la Tierra Media cae en una época de desesperación. Transcurre un largo tiempo en espera del regreso del rey mientras fuerzas de la oscuridad gobiernan la tierra, hasta que finalmente emerge el joven rey-guerrero Aragorn, toma el poder, se muestra duro, congrega las tropas y aplasta al enemigo en una serie de batallas monstruosas. Es coronado rey y consigue la chica. El anillo del poder es destruido, se restablece el equilibrio del universo y todos se sienten felices. Fin de la película.

Esto no se diferencia mucho de la esperanza que tenía la nación de Israel. Y entonces, un hombre joven de Nazaret, un rabí con un grupo de seguidores que se iba incrementando, comenzó a viajar por toda la región de Galilea realizando este increíble anuncio: «Se ha cumplido el tiempo … El reino de Dios está cerca. ¡Arrepiéntanse y crean las buenas nuevas!»[2] Al hacerlo, Jesús proclamaba el amanecer de una nueva era, una era en la que se implantaría la autoridad de Dios sobre la tierra **ahora**.

Pero aquí está el elemento decisivo. Jesús desafió radicalmente la perspectiva tradicional de lo que sería la venida del reino de Dios. Él decía que la llegada del reino de Dios no era tanto un acontecimiento **físico** sino **espiritual**. Señalaba que el verdadero enemigo del pueblo de Dios no era el paganismo del Imperio Romano sino el hecho de que el pueblo hubiera interrumpido, hubiera roto, su relación con Dios. El problema no estaba en las calles ni en los palacios sino en el corazón y en la mente de las personas, y se relacionaba en primer lugar con la actitud que tenían hacia Dios. El reino de Dios no tendría que ver con grandes batallas en lo natural, ni con el poder político, ni con la reafirmación de su identidad, sino con el amor, la humildad, el servicio y el sacrificio propio. Tendría que ver con que la gente viviera bajo de la autoridad de Dios como el que gobernaba.

Estos pensamientos eran radicales, extremos, y nunca oídos antes. En lugar de instarlos a fortalecerse, tomar la espada y conquistar a sus enemigos, Jesús les

2. Marcos 1:15

enseñaba que el camino del reino de Dios era negarse a uno mismo, tomar la cruz y amar a los enemigos.

Jesús desafió radicalmente la perspectiva tradicional de lo que sería la venida del reino de Dios.

Para nosotros, que llevamos vidas cómodas y seguras en el siglo veintiuno, y que hemos venido montados durante dos mil años en la ideología de que «Jesús es el Señor y Salvador», eso nos parece fácil de aceptar. Sin embargo, era completamente diferente de lo que la mayoría de los contemporáneos judíos de Jesús creían y enseñaban. Toda esa idea les resultaba nueva, incómoda, difícil. Jesús decía que, como Mesías, él no había venido para gobernar y matar a sus enemigos, sino para amarlos y poner su vida por ellos. Él les enseñaba que no había venido para ser el más poderoso sino el más humilde. No había venido a sentarse en un trono sino a ser colgado en una cruz. Hablando de sí mismo, Jesús dijo:

«Porque ni aun el Hijo del hombre vino para que le sirvan, sino para servir y para dar su vida en rescate por muchos».[3]

«Yo soy el buen pastor. El buen pastor da su vida por las ovejas».[4]

¿Podemos imaginar lo incomprensible que esto les debe haber resultado a algunos de los que escuchaban a Jesús? Aun los que estaban más cerca de él encontrarían difícil de comprender la idea de un Mesías sufriente, lo mismo que sus enseñanzas sobre la renuncia a uno mismo y acerca del servicio. El problema era que no alcanzaban a entender que el Mesías esperado y el Siervo Sufriente de Isaías eran la misma persona.

En ningún lugar se aprecia esto más claramente que en el momento crucial en el que Jesús se volvió a sus discípulos y les preguntó: «Y ustedes, ¿quién dicen que soy yo?»[5] Pedro, en representación de los demás, dio un paso adelante y declaró con seguridad: «Tú eres el Cristo». Fue a esa altura de las cosas que Jesús les contó acerca de su misión: sufrir, morir y resucitar. Pero eso desconcertó a los discípulos. Su perplejidad no tenía que ver con una leve curiosidad intelectual; se habían quedado mudos de asombro, con la boca abierta, como expresando «¿qué dijiste?», dentro de una total falta de conexión, como si Jesús estuviera hablando del otro lado de un gran abismo con un cubo que le cubriera la cabeza.

Luego de oír esas palabras, Pedro, el amigo y compañero de Jesús, reaccionó llevándoselo aparte para corregirlo. No se nos informa qué fue exactamente lo que le dijo, pero debió haber sido algo como: «Mira Jesús… mmm… nosotros sabemos que tú eres el Mesías, el Cristo de Dios que ha venido a gobernar al mundo e introducir el reino de Dios, pero los Mesías no sufren ni mueren. Conquistan y reinan en gloria. Así que deja de hablar todas esas tonterías acerca de morir y vayamos adelante con la conquista del mundo».

Jesús respondió a las objeciones de Pedro de una manera espectacular: «¡Aléjate de mí, Satanás! … Tú no piensas en las cosas de Dios sino en las de los hombres».[6]

---

3. Marcos 10:45
4. Juan 10:11
5. Marcos 8:27–33
6. Marcos 8:33

A partir de ese momento, los discípulos empezaron a captar algo de lo que Jesús había venido a hacer. No sería hasta mucho después, sin embargo, que las piezas de ese rompecabezas encajarían en su lugar; luego de que ellos se hicieron a la idea de que su amigo y maestro realmente había regresado después de su ejecución. Sus sufrimientos y muerte cobraron sentido solo cuando ellos lograron ver todo el cuadro.

Jesús también desafió la opinión popular y el orden social establecido que señalaba que el verdadero pueblo de Dios estaba formado por los que eran moralmente honrados, los ricos, los limpios de espíritu y los buenos. Jesús dijo prácticamente lo opuesto: los que admitieran su propia vergüenza, pecado y pobreza espiritual (o sea, los que reconocieran la autoridad y el poder de Dios y se sometieran a él) serían los que formarían parte del reino de Dios. Los orgullosos y los que creían tener una justicia propia, y querían mantenerse sobre sus dos pies, eran en realidad los que quedaban excluidos del dominio de Dios.

Jesús dijo:

> «Les aseguro que el que no reciba el reino de Dios como un niño, de ninguna manera entrará en él».[7]
>
> «Si alguno quiere ser el primero, que sea el último de todos y el servidor de todos».[8]
>
> «El que encuentre su vida, la perderá, y el que la pierda por mi causa, la encontrará».[9]
>
> «Les aseguro que a menos que ustedes cambien y se vuelvan como niños, no entrarán en el reino de los cielos. Por tanto, el que se humilla como este niño será el más grande en el reino de los cielos».[10]

Jesús criticó en particular la hipocresía rigurosa y la falta de amor de algunos de los líderes religiosos.

Algunos de los comentarios más severos fueron dirigidos hacia las personas que intentaban perfeccionarse y ganar el favor de Dios haciendo cosas correctas y siguiendo complicadas listas de doctrinas y reglas ridículamente rígidas. Jesús criticó en particular la hipocresía rigurosa y la falta de amor de algunos de los líderes religiosos. (Más sobre esto más tarde.) Él señalaba que el establishment religioso estaba repleto de gente más interesada en alardear delante de los demás que en la genuina piedad. Se mostró crítico con el interés que ellos demostraban por sus propias cosas y con la manera en que se exhibían cuando oraban o donaban dinero, en tanto que interiormente tenían el corazón endurecido. En esa época una crítica de este tipo hacia los líderes resultaba escandalosa y chocante.

Como lo hemos dicho, Jesús era un rabí que viajaba a regiones distantes y enseñaba mucho. Se trasladaba de pueblo en pueblo, utilizando las sinagogas, los

7. Marcos 10:15
8. Marcos 9:35
9. Mateo 10:39
10. Mateo 18:3–4

mercados y las montañas como plataforma. Sus palabras eran poderosas y producían un gran impacto. Pero había algo distintivo de Jesús que lo diferenciaba de los otros rabinos, algo que entusiasmaba a la población y hacía que las multitudes acudieran a él en tropel. Jesús había comenzado a *hacer cosas*, cosas que la gente común no podía hacer. Empezaba a mostrar que era único y que tenía habilidades sorprendentes y un incomprensible poder a través del que podía manejar la estructura real del mundo. Jesús estaba haciendo cosas que mostraban que él no era de este mundo. Y solo se las podía resumir en una palabra: **milagros**. Era el amanecer de una nueva era. El reino de Dios había llegado.

Capítulo 14

VINO, TORMENTAS Y UN PUÑADO DE PECES

Jesús hizo cosas sorprendentes

Primera escena: Peter llega a casa después de un día de trabajo. Entra por la puerta y descubre que sus hijas han vaciado sus bolsos de la escuela y colocado sus equipos de gimnasia sucios en el cesto de lavado. Han terminado con sus tareas de la tarde y también han practicado sus lecciones de música. La mesa de la cena está lista, y ellas están sentadas, contentas, haciendo sus tareas escolares. Peter cae sobre sus rodillas, levanta las manos y exclama: «¡Esto es un milagro!»

Segunda escena: Ben llega a su casa luego de un día de trabajo. Su esposa, Karen, le sale al encuentro en la puerta y le dice: «¡Veamos un partido de rugby esta noche, y luego una película de Arnold Schwarzenegger, y comamos comida engordante juntos! He puesto algunas cervezas en el refrigerador para ti». Ben cae sobre sus rodillas, levanta las manos y exclama: «¡Esto es un milagro!»

La palabra *milagro* circula demasiado livianamente en estos días. La gente la usa todo el tiempo para hacer referencia a algún hecho que resulte ligeramente sorpresivo. Decimos que es un milagro cuando nuestro equipo favorito termina una racha perdedora al derrotar al equipo número uno. Consideramos un milagro que alguien pueda sobrevivir a un determinado accidente automovilístico. Resulta un milagro que salga el sol en un día de lluvia en el que se celebra un casamiento. Es un milagro que cierta persona haya terminado la escuela e ingresado a la universidad.* Es un milagro que aquella persona haya sido promovida. Y va a hacer falta un milagro para que lleguemos al aeropuerto en medio de este tránsito.** Hablamos del milagro del nacimiento cuando un bebé ve la luz. Y esta palabra aun se ha filtrado dentro de la cultura del entretenimiento, a través de los programas y series de televisión especiales que muestran casos de milagros y de historias sorprendentes («¡Un perro sobrevive milagrosamente al fuego!» «¡El milagro de un bebé que nació sin cuerpo!») y de infinidad de canciones que hacen referencia a milagros, interpretadas por Whitney Houston, Queen, los Foo Fighters, Bon Jovi, Celine Dion y Bruce Springsteen, por mencionar algunos.

* ¡Eh, Pete, eso es lo que tus padres dijeron sobre ti! —Ben

** Es un milagro que hayamos terminado este libro. —Pete

El efecto inmediato que eso produce es que nos volvamos displicentes con respecto al verdadero poder que conlleva esta palabra. Ha perdido mucho de su impacto. Sin embargo, cuando los hombres que escribieron los registros de la vida de Jesús dijeron que él realizaba milagros, no usaron el término livianamente ni en un sentido metafórico, como podríamos hacerlo nosotros hoy. Ellos informaron que Jesús realizó algunas hazañas notables y todo un despliegue de poderes extraterrenos reales y sorprendentes, los que dejaron a la gente con la boca abierta e hicieron que se les saltaron los ojos de las órbitas. Él hizo cosas que eran, en el real sentido de la palabra, milagrosas; cosas ante las que solo se podía responder con asombro, sobrecogimiento y a veces hasta temor. Aun Josefo (el historiador judío que vivió y escribió poco después de Jesús) dijo que había sido un hombre «que realizó hazañas sorprendentes».[1]

1. Josefo, *Antiquities of the Jews* [Antigüedades de los judíos] 18.3.3, escrito alrededor del año 93–94 d.C.

Fueron esos milagros los que hicieron que Jesús resultara verdaderamente único sobre el escenario del mundo y los que lo colocaron a distancia de cualquier otro líder religioso o gurú. Él no era simplemente un maestro y orador sorprendente (porque, asumámoslo, ha habido muchos así) sino que además hacía cosas increíbles, únicas y casi incomprensibles. Realizó cosas que rompieron las barreras entre el mundo natural y el mundo que está más allá (**el mundo sobrenatural**) y que trastocaron las leyes del universo. Al hacerlo, él mostró que **no era de este mundo**.

Pero seamos sinceros. Para muchos de nosotros el costado milagroso de Jesús puede resultarnos un poco difícil de tragar. Después de todo, en el mundo de hoy en día es muy difícil que nos encontremos con un milagro. Aun cuando presenciemos algún suceso increíble o conozcamos a alguien que se haya recuperado de manera sorprendente de una enfermedad o un accidente, es raro que podamos encontrar milagros de las proporciones de los del Nuevo Testamento. ¿Cuándo fue la última vez que estando en la playa vimos a alguien caminar sobre el agua? ¿O quién jamás ha visto que en un avión, durante una tormenta, una de las azafatas se haya levantado para ordenarle a los rayos y truenos que se detengan? ¿O quién ha estado en una fiesta en la que uno de los invitados se sirve un buen cabernet sauvignon de una jarra con agua? Nunca ha venido a nosotros alguien diciendo: «Oigan, Ben y Pete, vengan a una fiesta que hago este fin de semana. Quiero que conozcan a Fred. Él murió en un accidente automovilístico la semana pasada y realizamos su funeral, pero se levantó de la tumba cuatro días después y ya ha vuelto a su trabajo».

Durante los últimos trescientos años, más o menos, en especial desde que comenzó el auge de la ciencia moderna y desde los albores del Iluminismo, una cantidad de cínicos y críticos ha mirado con lupa los milagros de Jesús. En el siglo diecinueve el darwinismo y la teoría de la evolución comenzaron a cuestionar la credibilidad del libro de apertura de la Biblia, el Génesis. La teoría de la evolución fue considerada por muchos como el golpe fatal para la fe en la existencia de Dios. Luego apareció el filósofo alemán Friedrich Nietzsche, que asumió el papel de director de funerales, y teóricamente subió hasta donde estaba el cadáver de Dios y lo declaró muerto. No pasó mucho desde el funeral de Dios (por así decirlo) hasta que los cuchillos vinieron en busca de su Hijo y negras nubes de escepticismo comenzaron a formarse sobre los Evangelios y las afirmaciones referidas a que Jesús realizó milagros. Ahora nos encontramos con cientos de libros que se han escrito para cuestionar la confiabilidad de los Evangelios y su declaración de que Jesús realizó milagros.*

Algunos piensan que son los milagros de Jesús el punto en el que su historia se convierte en un cuento: Jesús en la tierra de las hadas. Esa gente está dispuesta a aceptar que hubo un buen hombre y gran maestro llamado Jesús, que vivió dos mil años atrás y habló acerca de Dios, el amor y el perdón, pero se retuercen de vergüenza cuando llegan al Jesús de la Biblia que realizó milagros. Así que, la mayoría de las veces se evita la discusión acerca de los milagros de Jesús diciendo que el mundo antiguo estaba lleno de personas muy simples y crédulas. Cuando Jesús caminó sobre las aguas, en realidad estaba andando sobre un banco de arena. Cuando levantó a un muerto fue porque en verdad no estaba muerto sino en un estado de catalepsia.

Otros sugieren que los discípulos estaban tan entusiasmados con él que exageraron las historias. Así que, por ejemplo, cuando Jesús alimentó a los cinco mil con dos peces y algunos panes, en realidad lo hizo a través de una pequeña panadería y dos ballenas; y hubo solo cincuenta personas, pero en algún punto se le fueron agregando ceros.

Realizó cosas que rompieron las barreras entre el mundo natural y el mundo que está más allá (el mundo sobrenatural) y que trastocaron las leyes del universo.

* Escritores como David Hume, David Strauss, Friedrich Nietzsche y, más recientemente, eruditos como John Dominic Crossan y novelistas del tipo de Dan Brown han cuestionado los registros de los Evangelios y los milagros de Jesús, y todo eso ha tenido sus efectos.

Luego hay otros que quieren señalar con el dedo directamente a Jesús y decir que él utilizaba antiguas artimañas y ciertas formas de magia para engañar a la multitud. Dicen que Jesús no ejecutaba milagros genuinos sino que era un hábil charlatán, una especie de antiguo vendedor de aceite de víbora, que engañaba a las masas con magia y astutos engaños. Después de todo, parece que había muchos otros en ese tiempo que realizaban diversos trucos y ardides. El Antiguo Testamento está lleno de referencias a adivinos y magos, que aun trabajaban en las cortes de los reyes y faraones.

Finalmente, hay también algunos que argumentan que las historias de los milagros de Jesús no habían sido escritas para ser tomadas literalmente sino que en realidad se trataba de historias codificadas que describían sucesos normales de manera simbólica. Así que, por ejemplo, algunos argumentan que cuando Jesús le restauró la vista a un ciego, en verdad no estaba sanando a una persona médicamente ciega; se trataba simplemente de una manera metafórica de decir que las enseñanzas de Jesús le transmitían a alguien una perspectiva totalmente nueva.

¿Dónde nos coloca eso a nosotros? No podemos probar que Jesús realizaba milagros, pero existe suficiente evidencia como para creer que los escritores del Evangelio decían la verdad. Ellos declararon haber escrito registros verdaderos e históricamente exactos, basados en testigos presenciales. De modo que hay algunas cosas que vale la pena considerar:

Primero que nada, es importante saber que los registros referidos a los milagros de Jesús fueron colocados dentro de un contexto en el que aparecen muchas referencias históricas precisas. No nos llegan en medio de un vacío nebuloso. El nacimiento, vida, sermones, milagros, juicio, muerte y resurrección de Jesús fueron todos cuidadosamente registrados junto con fechas específicas, referencias geográficas y nombres de líderes contemporáneos (como emperadores, gobernadores y funcionarios judíos). Eso implica que los escritores proporcionaron detalles acerca de cuándo y dónde ocurrieron muchos de los milagros de Jesús, y quiénes fueron testigos de ellos. Así que los registros de los milagros de Jesús que aparecen en los Evangelios están firmemente ubicados dentro del contexto de una historia tangible.

Segundo, no son solo los Evangelios los que nos dicen que Jesús realizaba milagros. Un par de fuentes no cristianas contemporáneas a él, aparte del Nuevo Testamento, señalan que Jesús era ampliamente conocido como un obrador de milagros de algún tipo. Como lo mencionamos antes, Josefo dice de un modo bastante natural que Jesús era «un hombre que realizaba hazañas sorprendentes». Y el Talmud* judío confirma que Jesús era conocido por realizar algún tipo de obras sobrenaturales: «En la víspera de la Pascua ellos "colgaron" [en un árbol; es decir, crucificaron] a Jesús el nazareno, porque él practicaba brujería y seducía y conducía por mal camino a Israel».[2] Lo que resulta interesante aquí es que aunque ese registro de los milagros de Jesús pueda parecer negativo, ni siquiera los oponentes de Jesús intentaron negar su lado milagroso. Aunque ellos lo registraron como brujería.

Tercero, Jesús realizó muchos distintos tipos de milagros. No es que hubiera tenido una especie de truco favorito, como lo hacen los magos itinerantes («¡Eh, muchachos, vean como saco un conejo de la galera!»), y que luego simplemente lo hubiera repetido don-

* El Talmud es el libro judío que registra las discusiones rabínicas y las interpretaciones de la ley, las historias, las costumbres y la ética.

2. *Baraitha Sanhedrin* 43a.

Jesús realizó muchos distintos tipos de milagros.

dequiera que iba. Eran milagros de todo tipo, en respuesta a las diversas circunstancias: calmó una tormenta, convirtió el agua en vino, caminó sobre las aguas, resucitó al menos a tres personas distintas. Esos milagros nos muestran que, de una manera casi demasiado difícil para que nosotros la comprendamos, Jesús podía manejar y controlar la realidad en el plano físico.

Cuarto, hubo muchos testigos presenciales de sus milagros. Tendríamos todo el derecho a ser escépticos si Jesús hubiera hecho sus milagros solo delante de unos pocos testigos selectos y detrás de puertas cerradas, pero en mucho de los casos él hizo las cosas delante de grandes multitudes. Por lo menos cinco mil personas lo vieron transformar esos pocos panes y peces en comida para todos.* Una gran cantidad de gente lo vio sanar a un leproso, levantar a Lázaro de los muertos y curar a un paralítico. Las historias con respecto a ese hombre y sus milagros se esparcieron de pueblo en pueblo, y no pasó mucho antes de que multitudes frenéticas aparecieran dondequiera que él iba. Los autores de los Evangelios utilizan frases que transmiten el entusiasmo que rodeaba a Jesús debido a sus obras milagrosas: Las multitudes «se llenaban de asombro»; «La multitud se maravillaba y decía: "Jamás se ha visto nada igual en Israel"»; «La gente se asombraba al ver a los mudos hablar, a los lisiados recobrar la salud, a los cojos andar y a los ciegos ver». Hubo muchas ocasiones en que Jesús se encontró casi aplastado en medio de la turba que quería ser testigo de sus poderes asombrosos. Más aun, el apóstol Pablo nos dice que luego de que Jesús se levantó de la tumba, se apareció a más de quinientas personas.[3] Y Jesús no solo realizó la mayoría de sus milagros en forma pública, sino que en muchas ocasiones los hizo delante de críticos escépticos. Los fariseos, los saduceos y otros enemigos de Jesús estuvieron presentes y fueron testigos de sus milagros más impresionantes y, sin embargo, no los negaron.

Quinto, vale la pena tener en mente la reacción de aquellos que fueron testigos de esos sucesos sorprendentes. En ninguna forma parecieron ellos pensar que los milagros de Jesús fueran simplemente metafóricos. En realidad resulta muy reconfortante saber que los seguidores de Jesús eran bastante escépticos. No se trataba de zombis crédulos dispuestos a creer cualquier cosa que vieran. Cuando las primeras noticias de la resurrección de Jesús les llegaron a sus seguidores, prácticamente todos (no solo Tomás) dudaron de ellas, y algunos hasta iniciaron el viaje de regreso a sus ciudades de origen. Aun sus compañeros más cercanos (los doce discípulos, que tuvieron un asiento de primera fila en casi todos sus milagros) en algunos momentos se sorprendieron, se confundieron, se asustaron y hasta dudaron de lo que estaban viendo.

En último lugar, y tal vez sea lo más impresionante, muchos de los seguidores de Jesús fueron ejecutados por su irrenunciable fe en cuanto a que Jesús había realizado milagros y se había levantado de la tumba. Admitimos que las fuentes son un poco imprecisas, pero parece que la mayoría de los apóstoles fueron martirizados por lo que creían y predicaban. Solo el apóstol Juan parece haber evitado una ejecución a causa de su fe, y haber muerto siendo muy anciano.

Así que, habiéndonos sacado todo eso de adentro, ahora podemos considerar de qué se trataban esos milagros.

* Mateo nos dice que la cifra de cinco mil tiene que ver con la cuenta de la cantidad de hombres presentes, sin incluir las mujeres y los niños (Mateo 14:21). Es posible, entonces, que hubiera unas diez mil personas en el momento de realizar ese milagro.

3. 1 Corintios 15:6.

El propósito de los milagros

¿Alguna vez nos hemos preguntado por qué Jesús no voló de pueblo en pueblo, o por qué no echaba fuego por la boca, o por qué no se presentó como más fuerte y musculoso?* Fue porque los milagros no eran simplemente trucos que Jesús realizaba al azar para mostrarse e impresionar a la gente. No se trataba de una diversión para lograr un poco de atención y arrastrar una multitud detrás de sí. Jesús no alimentó a los cinco mil porque no tenía nada mejor que hacer. No convirtió el agua en vino debido a que la fiesta se estaba volviendo aburrida. Y no caminó sobre el agua solo porque quisiera usar un atajo a través del lago.

En realidad resulta muy reconfortante saber que los seguidores de Jesús eran bastante escépticos.

Muchos de los milagros de Jesús, en especial sus actos compasivos al sanar gente, fueron reacciones espontáneas a situaciones y encuentros específicos. Los milagros eran su forma de responder a las necesidades de la gente. Al mismo tiempo, sin embargo, los milagros de Jesús fueron calculados a menudo para revelar quién era él y cuál su misión. Desde aquellos que estaban presentes y aquellos que se involucraban en el milagro, hasta el dónde, el cuándo y la forma, todo el conjunto de cosas revelaba que Jesús verdaderamente era el Hijo de Dios. Los escritores de los Evangelios han narrado los milagros de una manera tal que no nos dicen simplemente lo que sucedió sino que nos enseñan algo acerca de Jesús. En un sentido, los milagros funcionaron como su tarjeta de presentación.

* ¡Eso es lo que yo haría! —Ben

¡Sí, te hace falta! —Pete

Quizá esto se vea mejor desde la perspectiva de Juan. Él aun les llamó «señales» a los milagros, porque evidentemente quería que supiéramos que resultaban mucho más significativos que los simples y prolijos trucos que se hacen en las fiestas. Y lo que es más, cuando Jesús realizaba un milagro o una «señal», con mucha frecuencia iba seguido de una lección o de un sermón. De esa manera, sus milagros funcionaban como ilustraciones de sus palabras. De modo que Juan nos dice que poco después de que Jesús alimentara milagrosamente a los cinco mil, él les declaró a las multitudes: «Yo soy el pan de vida ... porque he bajado del cielo»,[4] indicando que no solo era el divino proveedor sino también la misma provisión. Y al levantar a Lázaro de la tumba, Jesús proclamó que él era «la resurrección y la vida».[5] Los milagros revelaron quién era Jesús y lo que había venido a hacer.

La transformación del agua en vino

Juan registra que al comienzo del ministerio de Jesús, él realizó un milagro significativo.[6] Junto con su madre y sus seguidores, Jesús fue invitado a asistir a una boda en Caná, y fue durante esa celebración que Jesús realizó su famoso milagro de transformar el agua en buen vino. Pero como lo hemos dicho, no se trató de un simple truco que Jesús sacó de la manga para salvar a los anfitriones de pasar vergüenza, ni tan solo un intento de proveer mayor diversión durante la recepción de la boda.

La clave para comprender el significado del milagro es entender algo con respecto al agua que Jesús escogió cambiar. Se nos dice que el agua no era simplemente agua para beber sino agua utilizada para la limpieza ceremonial de los invitados a la boda. Era costumbre tener grandes jarras de agua en un evento de este tipo, en particular cuando se

4. Juan 6:35–58
5. Juan 11:25
6. Juan 2:1–12

servía comida, para que la gente pudiera limpiarse y «purificarse». Jesús afirmaba que él traía un nuevo sistema bajo el cual la gente pudiera ser limpia.

En segundo lugar, había mucha agua. Juan nos dice que cada una de las tinajas de agua contenía entre setenta y cinco y ciento quince litros. Eso significaba que la capacidad combinada de las tinajas de agua era de alrededor de 567 litros. Calculando unos doscientos treinta y cinco centímetros cúbicos por copa, esas vasijas podrían haber contenido alrededor de 2.400 porciones de vino. La misma cantidad del agua convertida en vino resulta simbólica de la impresionante abundancia de provisión de esta nueva era.[7]

De modo que todo el milagro nos quiere decir algo sobre la misión de Jesús: que una nueva época de limpieza abundante ha comenzado y que se reemplazará al antiguo sistema por uno nuevo. Resulta también interesante notar el efecto inmediato sobre ese grupo de discípulos, que en esos primeros días quizá todavía intentaban descubrir alguna pista con respecto a aquello en lo que andaba su nuevo rabino. Ante ese milagro, no les habrán quedado dudas con respecto a que estaban en presencia de alguien extraordinario. Juan registra que «así reveló su gloria, y sus discípulos creyeron en él».[8]

De modo que todo el milagro nos quiere decir algo sobre la misión de Jesús: que una nueva época de limpieza abundante ha comenzado y que se reemplazará al antiguo sistema por uno nuevo.

La alimentación de los cinco mil

Aparte de la resurrección de Jesús, la alimentación de los cinco mil es el único milagro registrado por los cuatro autores de los Evangelios.[9] Se nos dice que una gran multitud había salido de los pueblos y seguía a Jesús hacia el mar interior. Venían por miles, y se señala que Jesús sintió compasión de ellos porque eran como «ovejas sin pastor». Esto establece un contexto hermoso para el milagro, con Jesús asumiendo el rol de un pastor compasivo que «alimenta a sus ovejas», por así decirlo.*

La narración del milagro propiamente dicho comienza con los discípulos, que se acercaron a Jesús con su preocupación por la falta de comida para la multitud, considerando que estaban en el desierto, muy lejos de sus ciudades y aldeas. Ellos sugirieron que Jesús los enviara para que se compraran lo que necesitaban. Sin embargo, Jesús deseaba mostrarles tanto a los discípulos como a la multitud que él era el Gran Pastor y proveedor, y que no había necesidad de que ellos se fueran. Les preguntó a los discípulos sobre la comida de que disponían. La escena resultaba casi cómica dentro del contexto de los miles de personas pululando por ahí mientras que lo mejor que ellos podían presentar eran cinco panes y dos peces.

Entonces Jesús realizó lo imposible. Convirtió la pequeña cantidad de provisiones en suficiente comida para alimentar a más de cinco mil personas. Igual que con el milagro de la conversión del agua en vino, hubo allí una provisión amplia. La comida siguió apareciendo. Se enfatizó esto a través del hecho de que no solo «comieron hasta quedar satisfechos» sino que quedó un sobrante de doce cestos llenos de comida. Hubo más que suficiente para todos.

* Este es también el papel que juega Dios en el Antiguo Testamento, a quien a menudo se lo describe como el Gran Pastor. El Salmo 23 constituye un clásico ejemplo: «El Señor es mi pastor...»

7. D. A. Carson, *The Gospel according to John,* IVP, Downers Grove, IL, 1991, p. 174.

8. Juan 2:11

9. Mateo 14:13–21; Marcos 6:30-44; Lucas 9:11–17; Juan 6:1–14

¡Qué suceso extraordinario! ¡Qué escena increíble! Miles de personas (había personas hasta donde el ojo alcanzaba a ver: sentadas, paradas, desplazándose, marchando hacia delante, conversando) estaban allí, todas con una gran curiosidad sobre el nuevo rabí. Y entonces ocurrió aquello. *¡En el mismo desierto! ¡Apareció la comida!* La multitud muy pronto debió haberse dado cuenta de que estaba en presencia de alguien muy especial. Se hallaban en la presencia del Dios en forma de hombre; del Gran Pastor y proveedor de su pueblo.

Jesús calma la tempestad

Jesús y sus seguidores más cercanos subieron a varios barcos para cruzar el Mar de Galilea.[10] Pero luego de alejarse de la costa, se levantó una furiosa tempestad, que hizo que las olas de ese lago rompieran por encima de los costados de las barcas. No se trataba de una tormenta común. Sabemos que varios de los discípulos de Jesús eran pescadores profesionales de aquel lago y estaban acostumbrados a los patrones que seguía el clima allí. Debían ser experimentados en tiempos intempestuosos y normalmente no se hubieran preocupado tanto, pero parecía que el viento y las olas se habían enfurecido y ellos sentían temor de hundirse.

En completo contraste con ellos (y resultaba una escena un poco cómica), Jesús dormía en la popa de la barca. Sorprendidos por la displicencia de Jesús, y mostrando completa desesperación, los hombres lo despertaron y le preguntaron: «¿No te importa que nos ahoguemos?» «¡Sálvanos, que nos vamos a ahogar!»[11] A partir de eso, Jesús llevó a cabo una de las cosas más extraordinarias que hayan quedado registradas en la historia. Simplemente dijo: «¡Silencio! ¡Cálmate!, y la tormenta se detuvo. No hubo ninguna fórmula mágica que funcionara como un «abracadabra», ni ningún encantamiento prolongado; tampoco ningún truco de magia o la rápida ejecución de un ritual. Jesús ni siquiera oró. Solo sus palabras, simples y directas, resultaron suficientes para calmar la tormenta.

La multitud muy pronto debió haberse dado cuenta de que estaba en presencia de alguien muy especial. Se hallaban en la presencia del Dios en forma de hombre; del Gran Pastor y proveedor de su pueblo.

De nuevo, imaginemos por un momento que en realidad lo vimos suceder. Nos pellizcamos o nos frotamos los ojos para asegurarnos de estar viendo las cosas adecuadamente. Ese fue un milagro extraordinario, imposible de falsificar. Nos hubiéramos dado cuenta inmediatamente de que estábamos en presencia de un hombre diferente de otros hombres y que, de alguna manera misteriosa, ese hombre tenía un poder sobre la creación que nadie más tenía. Esa persona podía controlar el agua, el aire, las olas, la lluvia, las nubes, los truenos, las mareas, el viento. Obviamente tenía alguna suerte de conexión *sobrenatural*.

La magnitud del milagro se percibía por la reacción de los discípulos. Tengamos en cuenta que ellos ya habían sido testigos de algunas sanidades y exorcismos muy impresionantes que Jesús había llevado a cabo, pero ninguno de los discípulos había reaccionado ante esos sucesos de la manera en que lo hacían ahora. Se miraban unos a otros intimidados y temerosos y decían: «¿Quién es éste, que hasta el viento y el mar le obedecen?»[12]

Jesús estaba llevando las cosas a otro nivel. Y la razón de la reacción de ellos era esta: en varios pasajes del Antiguo Testamento se nos dice que solo Dios es el amo de los

---

10. Marcos 4:35–41; Mateo 8:23–27
11. Marcos 4:38; Mateo 8:25
12. Marcos 4:41

elementos y que él controla el viento y las olas.[13] Y agregado a eso, estaba el hecho de que quizá el milagro más famoso de la historia de Israel hubiera sido la división de las aguas del Mar Rojo durante el éxodo. Los compañeros más cercanos de Jesús debieron mirarlo con nuevos ojos a partir de ese día.

Los discípulos se miraban unos a otros intimidados y temerosos y decían: «¿Quién es éste, que hasta el viento y el mar le obedecen?»

Estos grandes milagros (transformar el agua en vino, calmar la tempestad, alimentar a miles de personas) fueron espectaculares y en verdad milagrosos. Sin embargo, tal vez el mayor impacto que Jesús causó sobre la gente de la región no fue a debido a los milagros colosales. Lo que se notaba que producía en realidad el mayor entusiasmo con respecto a Jesús era la multitud de milagros más pequeños y personales, en los que él trataba con la gente en una relación de uno a uno. Producía un entusiasmo tal que llevaba a que la gente buscara a Jesús dondequiera que él fuera, arrastrando a sus amigos enfermos y a los miembros de su familia: atravesaban lagos, se desplazaban a lo largo de los caminos, y se metían dentro de las casas.

Y son esos milagros los que vamos a considerar a continuación.

13. Job 9:8–10; Salmo 107:25–29

Capítulo 15

SÉ SANO

El poder de Jesús sobre la vida

Algunos años atrás, Pete se lastimó la espalda. En un perfecto rapto de estupidez mezclado con ingenuidad y con una mal orientada sensación de indestructibilidad, levantó una bolsa de cemento mientras estaba inclinado y giró hacia el costado. Como consecuencia, se le produjo un pinzamiento del músculo entre dos vértebras de la columna. Él describió luego el incidente como haber sido atropellado por un camión y al mismo tiempo ser alcanzado por un rayo. Cayó al suelo, con los ojos abiertos, aturdido, boquiabierto, y quedó con la cara contra el piso; allí pudo reflexionar sobre su nueva comprensión de frases como «dolor atroz», «sufrimientos sin fin», «palidecer de dolor» y «estúpido idiota».

Apenas se podía mover, y cada vez que respiraba lo invadía una sensación dolorosa como si le hubiera partido la espalda en dos un leñador usando una tremenda hacha. Tan implacable y completamente envolvente era el dolor que Pete lo hubiera *dado todo* y *hecho cualquier cosa* con tal de que se le pasara. ***Cualquier cosa***. Estaba desesperado. Ese día acabó en la camilla de un fisioterapeuta que realizó una serie de estiramientos, golpes, retorcimientos, masajes y crujidos en la espalda de Pete.* Aunque todavía continuaba la inflamación, existía el daño, y aún sentía mucho dolor, se le produjo un tremendo alivio parcial de inmediato, tanto que Pete se conmovió hasta las lágrimas. Había allí una persona que podía solucionar su problema, alguien que tenía la habilidad, la capacidad y los conocimientos como para proporcionarle alivio y hacer que el dolor y el problema desaparecieran. Durante las siguientes semanas, Pete esperaba con entusiasmo que volviera a hacerle su visita, y cada vez se sentía un poco mejor. Tenía un tremendo sentimiento de gratitud y admiración hacia ese fisioterapeuta que podía proporcionarle semejante alivio, confort y sanidad.

> * Yo hubiera hecho lo mismo por ti por la mitad del precio. —Ben
>
> Sí, ¡pero con el doble de dolor! —Pete

¡En que era sorprendente vivimos! Cuando nos enfermamos o nos lastimamos, generalmente tenemos el alivio a poco más de un llamado telefónico de distancia. Un médico o un farmacéutico nos pueden proveer una tableta, un gel, una crema, un spray, una loción, o algo en polvo, y antes aun de mencionar al «seguro médico», ya estamos de nuevo sobre nuestros pies, en acción y silbando *Dixie*. Aun cuando uno se encuentre seriamente enfermo o malherido, existen cantidad de doctores aptos, también contamos con dentistas, pedicuros, fisioterapeutas, ortodoncistas, cirujanos, enfermeras, obstetras, neurocirujanos y muchos otros especialistas con certificados impresionantes colgados de la pared y cantidad de títulos, que pueden realizar el milagro. De hecho, no existe nada (desde uñas encarnadas hasta tumores cerebrales) que no se pueda solucionar con antibióticos, paracetamol, anestésicos, vacunas, antídotos, penicilina, antisépticos o sesiones de cirugía en un hospital lleno de aparatos que suenan *bip, bip, bip*, o *ping, ping, pìng*. Así que, intrínsecamente interrelacionadas, las enfermedades y la sanidad se han convertido en lo que podríamos considerar un solo paquete. Son inseparables. Uno se enferma. Luego se mejora. *Hecho consumado.*

Pero imaginemos que no fuera así. ¿Cómo sería nuestra vida si hubiéramos existido en una época en la que en lugar de píldoras, doctores y cirugías para aliviar el dolor y calmar los malestares, no hubiera… nada? Imaginemos si la única respuesta a la enfermedad o a las lesiones fuera sonreír, soportar y cruzar los dedos esperando mejorar. Aun las cosas más insignificantes, como un dolor de cabeza o de muelas, podrían continuar su curso y transformarse en catastróficamente dolorosas, en tanto que el asma o la diarrea podrían llevarnos a la muerte. Aunque no nos maten, las enfermedades, infecciones y fiebre, aún podrían dejarnos permanentemente incapacitados o con cicatrices… Sin mencionar ciertas muertes provocadas por cosas como la diabetes, una apendicitis, o complicaciones en el parto, y sin entrar en el área de los tumores, un cáncer o los ataques cardíacos.

* Yo no hubiera vivido más de seis años, edad en la que fui hospitalizado con mis amígdalas infectadas. —Pete

Y yo hubiera quedado fuera de carrera cuando tenía dieciséis años y me fracturé la espalda. —Ben

Así era la vida hace dos mil años, en la época de Jesús. En ese tiempo, la enfermedad, las heridas y las dolencias tomaban un aspecto mucho más siniestro que simplemente ocasionar inconvenientes menores. Se trataba de una época en la que si uno llegaba a los treinta años era considerado todo un logro.*

El mundo antiguo no estaba totalmente a oscuras en lo referido a la medicina. Civilizaciones tempranas como las de la Mesopotamia, Roma, Grecia y Egipto tuvieron una comprensión previa de los órganos y la anatomía del cuerpo humano. Había médicos y parteras y herramientas básicas de cirugía como bisturís, sondas, forceps y ganchos. Podían tratar huesos quebrados, extremidades amputadas, heridas suturadas y curar dolencias menores con medicinas a base de hierbas. Pero también existían conceptos equivocados y remedios populares que no ayudaban para nada. Por ejemplo, en diversos momentos se pensó que el corazón constituía la fuente de la inteligencia y que las arterias conducían el aire a través del cuerpo. Las mujeres hoy en día tienen una buena cantidad de opciones para el parto en lo que se refiere a aliviar el dolor al dar a luz y ayudar en el proceso de trabajo de parto. Durante una cierta etapa en el mundo antiguo, sin embargo, lo mejor con lo que se contaba eran algunas opciones como inhalar el humo de la grasa quemada de algún animal, beber orina, ingerir estiércol desecado en forma de polvo, o colocar encima de uno distintas partes de cuerpos de animales. La tasa de mortalidad de los recién nacidos era muy alta en esa época.

En ese tiempo, la enfermedad, las heridas y las dolencias tomaban un aspecto mucho más siniestro que simplemente ocasionar inconvenientes menores.

El estar enfermo o herido tenía muchas implicancias. Si uno no moría era muy probable que la enfermedad o la lesión permaneciera por mucho tiempo, o de por vida. Una vez que uno caía enfermo, por ejemplo, eso era todo. Ya estaba. Así que la gente hacía cualquier cosa para mantenerse alejada de otras personas enfermas por temor al contagio. Además, la enfermedad muchas veces se asociaba con la posesión de demonios. Se rehuía a la gente enferma, en especial si la enfermedad o la infección resultaba muy visible, tal como un desorden en la piel. Esas personas eran ceremonialmente impuras según la ley judía y, como tales, no podían participar de los ritos y prácticas religiosas. Pero además, se los consideraba como una amenaza y un peligro visible para la población. Si uno contraía la lepra (que es muy contagiosa y extenuante), se convertía de inmediato en un paria, y era literalmente «echado afuera» de la propia ciudad y alejado de una vida social normal y del contacto con otros seres humanos. La ley[1] judía señalaba que una persona con una enfermedad de infección cutánea debía vivir sola «fuera del campamento» y gritar «¡Inmundo! ¡Inmundo!» cuando pasaba cerca de otros. Existía una aprensión considerable hacia esas

1. Levítico 13:45–46

personas cuando se las veía pasar; entonces los padres sostenían firmemente a sus hijos en los brazos. Tal era el temor por el daño que se asociaban con esta enfermedad.

Resulta importante recordar también que no había hospitales, ni refugios, ni departamentos de servicios comunitarios tal como nosotros los conocemos ahora. (¡Y, por supuesto, ninguna organización cristiana de caridad!) Cuando alguien nacía con una discapacidad o resultaba lesionado de forma permanente por un accidente, o si una fiebre desembocaba en daño cerebral o en la pérdida de la visión, entonces esa persona quedaba a merced de que otros se ocuparan de ella. Si tenía suerte, podría ser por parte de la familia. Pero con demasiada frecuencia los autores de los Evangelios describen a muchas personas cuya única opción en la vida era, lamentablemente, instalarse en un lugar público y mendigar para que la gente les diera algo de comida, de ayuda o de dinero.

Se rehuía a la gente enferma, en especial si la enfermedad o infección resultaba muy visible, tal como un desorden en la piel.

Ahora bien, hasta aquí el capítulo se ha enfocado en una especie de estrafalaria lección de historia. Pero ha sido para establecer el contexto y poder elaborar un punto muy importante. Imaginemos ser una persona enferma que vivía en tiempos de Jesús. Imaginemos ser rengos o ciegos o tener una enfermedad que nos hubiera dejado paralíticos. Imaginemos que el dolor, las incomodidades, el rechazo social y la amenaza siempre presente de la muerte constituyeran realidades de todos los días para nosotros y que continuara de ese modo por el resto de la vida.

Entonces imaginemos que escuchamos un rumor.

La noticia llega a nuestro pueblo. Toda la gente habla de ella. Hay un rabí viajando por allí que ha realizado algunas cosas sorprendentes. Parece tener poderes que otros no tienen. En dos palabras: ***puede sanar***. Puede hacer que la gente enferma se ponga bien. Aparentemente, ha logrado que las enfermedades de la piel desaparezcan. Alguno ha mencionado que escuchó decir que un hombre paralítico ahora anda caminando. Otro señala que se ha encontrado con un hombre que era ciego y ahora puede ver. ¡Y resulta que ese hombre que anda por ahí declara ser el Mesías y perdona los pecados!* Es la mejor noticia que hemos escuchado en nuestra vida. Esa noticia es maravillosa, impresionante, sorprendente, increíble… en realidad, milagrosa.

No nos asombra, entonces, que los escritores de los Evangelios señalen que la gente que presenció esas sanidades increíbles resultara sorprendida, sacudida, atemorizada, se quedara sin palabras, y se mostrara desbordada de gozo y asustada. Se trataba de acontecimientos asombrosos que llevaban a muchos a alabar a Dios y que dejaban desconcertados a los más fuertes críticos de Jesús. Parecen ser los milagros de sanidad los que causaron mayor impacto sobre las multitudes, ¿y por qué no? Como Pete cuando tuvo la lesión en su espalda, cualquiera debería sentirse muy emocionado, agradecido y lleno de esperanzas al pensar que había alguien que podía arreglar su situación. Si nos encontráramos con alguien que pudiera sanar a un amigo ciego o con una enfermedad terminal, ¿no querríamos arrastrar a esa persona hasta él para ver si puede sanarla? ¿No haríamos cualquier cosa por tratar de verlo? Ese era exactamente el caso en los días de Jesús. Los escritores del Evangelio nos dicen que tan pronto como Jesús comenzó a sanar a la gente, pueblos enteros salieron a verlo y le trajeron a los que estaban enfermos o heridos. Las escenas resultaban frenéticas, desesperadas, salvajes.

Marcos describe una ocasión en la que una gran multitud seguía a Jesús y lo apretujaba.[2] Él escribió: «Había entre la gente una mujer que hacía doce años padecía de

* En el mundo antiguo, la enfermedad y el pecado con frecuencia se asociaban. Cuando se encontraba con una persona enferma, Jesús a menudo le decía en primer lugar: «¡Tus pecados te son perdonados!» Semejante afirmación constituía una blasfemia para los judíos, así que la reacción natural de los enfermos podía ser: «Sí, bien, ¡eso era justo lo que necesitaba ahora!» Jesús entonces apoyaba su afirmación sanando a la persona.

2. Marcos 5:21–34

Tan pronto como Jesús comenzó a sanar a la gente, pueblos enteros salieron a verlo y le trajeron a los que estaban enfermos o heridos.

hemorragias. Había sufrido mucho a manos de varios médicos, y se había gastado todo lo que tenía sin que le hubiera servido de nada, pues en vez de mejorar, iba de mal en peor. Cuando oyó hablar de Jesús, se le acercó por detrás entre la gente y le tocó el manto. Pensaba: "Si logro tocar siquiera su ropa, quedaré sana". Al instante cesó su hemorragia, y se dio cuenta de que su cuerpo había quedado libre de esa aflicción». Ese era el tipo de entusiasmo y expectativa que se despertaba alrededor de Jesús.

En otra ocasión (que mencionamos anteriormente), Jesús estaba enseñando en una casa en Capernaúm.[3] La gente había salido de las aldeas de toda Galilea y Judea y hasta de Jerusalén para acudir allí, y solo había sitio como para que estuvieran parados. Es más, había multitudes fuera que no podían entrar. Lucas escribe que «entonces llegaron unos hombres que llevaban en una camilla a un paralítico. Procuraron entrar para ponerlo delante de Jesús, pero no pudieron a causa de la multitud. Así que subieron a la azotea y, separando las tejas, lo bajaron en la camilla hasta ponerlo en medio de la gente, frente a Jesús».

¿Podemos imaginarnos esto? Esos muchachos estaban tan determinados a lograr que su amigo se sanara, y creían de tal manera que Jesús realmente podía curarlo, que no permitieron que nada los detuviera. Eran hombres de acción que encontrarían una forma de entrar, sin importar cómo. Casi podemos imaginar a la gente que estaba adentro cuando sintió que se cubrían de restos de material y basuritas que caían al abrirse un hueco en el techo sobre sus cabezas, y darse cuenta, de pronto, que un rayo de sol entraba por él. Podemos imaginar la conmoción de la gente al apretujarse intentando dejar espacio para el cuerpo que era bajado por encima de sus cabezas hasta ese cuarto ya abarrotado.* Y luego esto: Jesús sana al hombre. Allí mismo, frente a todos, que sin duda contemplaban lo que sucedía con los ojos muy abiertos y conteniendo la respiración, el hombre paralítico *se puso de pie.* Lucas dice que el hombre «se fue a su casa alabando a Dios. Todos quedaron asombrados y ellos también alababan a Dios. Estaban llenos de temor y decían: "Hoy hemos visto maravillas"».[4]

*** ¡También podemos imaginarnos al dueño de casa mirando la nueva claraboya que había en su techo y pensando que tal vez las cosas se le estaban yendo de las manos! —Pete**

Si era una casa alquilada, creo que también habrá perdido el contrato. —Ben

Esta es solo una de las muchas historias acerca de Jesús cuando sanaba a la gente. Y verdaderamente nos da una perspectiva de la razón por la que enormes multitudes comenzaron a buscar a Jesús dondequiera que él fuera. Los Evangelios nos dicen que Jesús sanaba milagrosamente de toda una gama de enfermedades y lesiones. Y no se trataba precisamente de enfermedades comunes y corrientes. No solo sanó a gente con dolor de cabeza, con un resfrío, o con algún problema ambiguo de lumbago. Sanó a personas ciegas, sordas, mudas, epilépticas y con todo tipo de enfermedades de la piel.** Sanó a una mujer que tenía una grave curvatura en su columna, a un hombre con una mano seca y a otros que estaban paralíticos. Las sanidades que él realizaba aun llegaron al extremo de tratar con la postrer enfermedad: la muerte misma. En tres ocasiones Jesús demostró su poder al volver a traer a la vida a una persona muerta. Sí, Jesús realizaba algunos milagros espectaculares con los enfermos y los heridos, que dejaban a la gente con la boca abierta. Así que no debería sorprendernos que algunas de las escenas más emotivas y conmovedoras de los Evangelios se encuentren dentro del contexto de las sanidades.

** La palabra traducida como «lepra» en el Nuevo Testamento era utilizada más ampliamente que hoy para describir toda una serie de enfermedades de la piel.

3. Lucas 5:17–26
4. Lucas 5:25–26
5. Juan 11:35

Jesús sanaba a la gente por una cantidad de razones. Resulta claro que Jesús sanaba a la gente porque la amaba y se preocupaba por su bienestar. Uno de los versículos más famosos de la Biblia (y, como dato interesante, el más corto) dice solo: «Jesús lloró».[5] Esa fue su respuesta inmediata ante la muerte de un amigo (Lázaro) y las lágrimas de su familia. Entre otras razones, fueron su sufrimiento y compasión los que lo trajeron de nuevo a la vida. Del mismo modo, Mateo nos dice que cuando Jesús bajó de la barca en la playa del Mar de Galilea y vio a una multitud esperándolo, simplemente «tuvo compasión de ellos y sanó a los que estaban enfermos».[6]

Otro propósito de los milagros de sanidad era demostrar la llegada del reino de Dios de una manera muy tangible ante los que estaban presentes. Como lo hemos dicho, Jesús enseñaba que su presencia en la tierra marcaba el comienzo de una nueva era y la llegada parcial del reino, o gobierno de Dios. En ese sentido, era como saborear las cosas que iban a venir. La Biblia nos dice que para el creyente la vida más allá de la tumba estará libre de sufrimientos, dolores y enfermedades. Jesús les demostró maravillosamente a todos cómo sería aquella vida.

Con certeza los milagros también mostraban su poder y autoridad. Allí estaba un hombre ***como ningún otro***. Allí estaba un hombre que tenía poder sobre la enfermedad, el dolor, el sufrimiento y hasta la muerte. Allí había un hombre que tenía una conexión casi incomprensible con la misma estructura de nuestro mundo físico. Solo por el toque de su mano o por una simple orden, Jesús podía sanar a las personas o restaurar la vida donde había muerte. No precisaba de medicinas, ni de encantamientos, ni tenia que dedicar varios días para lograr sanar a la gente. Era tan poderoso que simplemente a través de una orden o de un suave toque las personas resultaban sanadas al instante.

> Otro propósito de los milagros de sanidad era demostrar la llegada del reino de Dios de una manera muy tangible ante los que estaban presentes.

Las sanidades constituían la tarjeta de presentación de Jesús, y mostraban quién era él y qué había venido a hacer. Los milagros de sanidad demostraban sin lugar a dudas que Jesús era el gran sanador y restaurador enviado por Dios. Jesús había venido a sanar a los de corazón quebrantado, a limpiarnos de la enfermedad del pecado y a liberarnos de la dolencia de una relación rota con Dios. Había venido para darnos vida y abrir nuestros ojos a la verdad.

La sanidad de un leproso

Uno de los milagros favoritos de Ben era también uno de los favoritos entre los primeros seguidores de Jesús. Los escritores de tres de los cuatro Evangelios eligieron registrar este suceso.[7] Mientras a Jesús lo seguía una gran multitud, un hombre leproso se acercó y se arrodilló delante de él para que todos lo vieran y dijo: «Señor, si quieres, puedes limpiarme».

Esa fue una movida audaz. Recordemos que los leprosos eran mantenidos lejos de la sociedad y se los obligaba a vivir como parias a causa de lo contagioso de su enfermedad. La mayoría no podía tener un empleo, así que se dibujaban una vida mendigando y escarbando en busca de comida. También, debido a su enfermedad contagiosa, la gente se mantenía a distancia para no contaminarse. Imaginémonos la humillación y soledad que acompañaría a ese estilo de vida. Sin embargo, a pesar de todas esas vallas que se erigían

6. Mateo 14:14
7. Mateo 8:1–4; Marcos 1:40–45; Lucas 5:12–16

ante él, este hombre tuvo la fe suficiente en Jesús como para arrodillarse delante de él y pedirle que lo sanara ante una multitud que sin duda se mantenía a distancia.

Lo que es más: el hecho de arrodillarse en público podría haber pasado como un aspecto secundario de la historia, pero habla muy fuerte acerca de la manera en que este hombre visualizaba a Jesús. No se paró erguido delante de Jesús, como para poder dirigirse a él de igual a igual, ni lo buscó en una situación en la que hubiera menos público. Él veía a Jesús como muy superior y estaba dispuesto a reconocer públicamente su fe en la capacidad de Jesús para sanarlo.

Jesús fue movido a misericordia, extendió su mano y lo tocó.

Esta constituye una escena increíble. Allí estaba ese hombre solitario, que según todas las probabilidades no habría sido tocado por nadie en años, ahora sintiendo la calidez de la mano de otro ser humano. Y allí estaba Jesús con ese pobre tipo delante de él, y los dos circundados por una enorme multitud de gente parada atónita al ver algo que jamás se veía. Alguien estaba… tocando… ¡a un leproso!

Con su mano sobre el hombre, Jesús dijo: «Sí, quiero … ¡Queda limpio!» Y allí, frente a la multitud, para que todos lo vieran, el hombre fue sanado. En lugar de que el leproso infectara a Jesús, sucedió exactamente lo opuesto: Jesús infectó al hombre.

Este milagro ilustra maravillosamente el propósito mayor que guiaba a Jesús y la respuesta correcta que le dio al hombre. Cada uno de nosotros sufrimos de alguna forma de lepra, una enfermedad que nos vuelve inmundos y sucios delante de Dios. En un sentido, todos somos inmundos. Sin embargo, Jesús quiere y puede limpiarnos. Así que cuando nos acercamos a él con humildad y le pedimos, como lo hizo el leproso, que nos sane y nos haga limpios, de hecho él dice: «Sí, quiero», y lo hace. Esto incluye la simplicidad y la belleza de lo que implica seguir a Jesús.

La resurrección de Lázaro

La resurrección de Lázaro de entre los muertos constituye uno de los milagros más memorables y conmovedores.[8] Exhibe maravillosamente el poder que tiene Jesús sobre la muerte.

En lugar de que el leproso infectara a Jesús, sucedió exactamente lo opuesto: Jesús infectó al hombre.

Lázaro, el hermano de María y Marta, era un buen amigo de Jesús. Juan nos dice que Lázaro (como muchos en esos días) enfermó de gravedad. Cualquiera haya sido la enfermedad, era lo bastante grave como para que sus hermanas mandaran llamar a Jesús (probablemente a través de un mensajero) para que viniera y sanara a su hermano de inmediato. La gran sorpresa en esta historia, sin embargo, es que Jesús no respondió con celeridad al llamado, y en lugar de eso decidió quedarse donde estaba por algunos días más.

Para cualquier observador de la época, eso debió haber resultado algo muy extraño. Evidentemente, Jesús tenía el poder para sanar a los enfermos, pero aunque su amigo se estaba muriendo, él no se apresuraba a ir. Luego de un par de días, Jesús y sus discípulos finalmente llegaron a la casa de Lázaro en Betania. Y de camino, Jesús les dio a sus amigos una noticia perturbadora: «Lázaro ha muerto». De hecho, cuando llegaron ya había sido colocado en la tumba y su familia y amigos se habían reunido en la casa para hacer duelo por su muerte.*

* Los judíos de la antigüedad enterraban a sus muertos lo más pronto posible, a veces el mismo día de la muerte.

8. Juan 11

Cuando Jesús vio a Marta, tuvo palabras de consuelo para ella. Le dijo que Lázaro iba a resucitar. Ella lo admitió y dijo que sabía que él volvería a vivir en el día final. Pero parece que lo que Jesús le quiso decir fue algo completamente distinto. Así que Jesús declaró: «Yo soy la resurrección y la vida. El que cree en mí vivirá, aunque muera». El milagro iba a demostrar lo que él había señalado. Sin embargo, no comprendió lo que él le dijo.

La muerte de un ser amado no es un tema fácil. Nosotros dos (Ben y Pete) hemos perdido a uno de nuestros padres, y una cantidad de nuestros amigos más cercanos han muerto a temprana edad. Cualquiera que haya experimentado una pérdida de este tipo comprende por lo que estaba pasando la familia de Lázaro. No resulta difícil imaginar los rostros tristes, las lágrimas, el sufrimiento, la gravedad de la pérdida y todos los bajones emocionales que la familia sentía en ese momento.

Lamentablemente, con frecuencia a Jesús se lo ha descrito como una figura fría, indiferente, de expresión imperturbable, como un hombre que nunca se reía, ni sonreía, ni lloraba, ni demostraba emoción. Con mucha frecuencia, en las pinturas y esculturas aparece apesadumbrado y enfermizo. Juan desea que nosotros sepamos que eso no puede estar más alejado de la verdad. Cuando el resto de la familia salió a ver a Jesús, él no se quedó parado ahí diciéndoles fríamente que debían tener más fe. No los miró sin mostrar emoción o con una sonrisa en el rostro, sabiendo que todo sería diferente en muy poco tiempo. Juan nos dice que cuando Jesús vio a la familia llorando y sufriendo, se conmovió profundamente y se turbó ante la escena.

Pero hay más en la descripción de Juan de lo que se percibe a primera vista. Las palabras que utiliza Juan en griego para describir las emociones de Jesús no son simplemente términos que indican tristeza sino que también contienen elementos de enojo. Pero si ese es el caso, ¿por qué está enojado? Es difícil decirlo. Podría ser que Jesús se hubiera molestado por la falta de fe de ellos. O podría ser que estuviera airado con el pecado y sus consecuencias de sufrimiento y muerte. Quizá fuera una combinación de ambos. Con certeza, a Jesús le desagradaba la muerte, y eso no debería sorprendernos. Una y otra vez los escritores de los Evangelios nos dicen de diversas maneras que Jesús ama a la gente y se preocupa por toda la humanidad. Y si la muerte es nuestro mayor enemigo, no debería llamarnos la atención que Jesús no estuviera solo triste sino también airado contra ella.

Luego de esa emotiva escena, Jesús pidió ser llevado a la tumba en la que se había enterrado a Lázaro. Quizá todos supusieron que Jesús iba allí simplemente a decirle su último adiós. Nadie hubiera esperado lo que sucedió a continuación.

Cuando todos llegaron, Jesús dijo algo chocante y ofensivo: les mandó quitar la piedra que había frente al sepulcro. La tumba era una caverna usada para entierros y había una gran piedra que se utilizaba como puerta para cubrir la entrada; se trataba de un lugar semejante a aquel en el que Jesús sería luego enterrado. Ese mandato resultó muy inusual. Lázaro había estado enterrado allí por cuatro días y (en especial en un clima cálido como ese) su cuerpo debería haber comenzado a descomponerse. No iba a ser una escena agradable. Marta lo objetó, diciendo que el cadáver ya hedía.

Pero cuando la piedra fue removida, Jesús oró. Y luego ordenó a Lázaro que saliera de la tumba.

¿Pueden imaginarse a la familia y a los amigos de Lázaro en ese momento? Cada uno de ellos paralizado ante la abertura de ese sepulcro, esperando ver alguna señal de movimiento, y luego contemplando atónitos y con descreimiento la forma en que Lázaro se encaminaba hacia la entrada de la tumba, hacia los brazos de los más cercanos a él. La sensación de gozo y sorpresa debe haber sido desbordante. Juan nos dice que como resultado de aquello, muchos de los judíos que estaban visitando a María pusieron su fe en Jesús.

El milagro no solo había funcionado como una brillante ilustración de la misión de Jesús al venir a dar nueva vida. ¡La había probado! Él fue y es el Señor dador de la vida que gobierna por encima de la enfermedad y la muerte.

Existen muchos otros milagros en los Evangelios sobre los que nos encantaría contarles, pero, ¿por qué no los leen por ustedes mismos? Recuerden al leer que cuando Jesús sanaba a la gente, él les mostraba quién era y les revelaba sin rodeos y de la manera más clara cuál era su misión. Esos milagros de sanidad mostraban su compasión; y nos muestran a nosotros cómo es la vida en el reino de Dios; son una demostración de su poder y autoridad sobre la enfermedad y la muerte. Al verlos dentro del contexto, los milagros de Jesús hacen que nos resulte más fácil comprender hasta qué punto impactaban a la gente que lo rodeaba. Podemos comprender por qué salían ellos de sus hogares y aldeas, caminaban a través de diversos paisajes y lo seguían en tropel dondequiera que él fuera, en un desesperado intento de simplemente estar cerca de él, tocarlo y seguirlo.

El milagro no solo había funcionado como una brillante ilustración de la misión de Jesús al venir a dar nueva vida. ¡La había probado! Él fue y es el Señor dador de la vida que gobierna por encima de la enfermedad y la muerte.

Pero lo que Jesús quería curar no eran solamente las enfermedades físicas. Había gente que estaba enferma espiritualmente. Había personas aprisionadas por fuerzas espirituales que iban más allá de su comprensión. Y esto sirve perfectamente para conducirnos a nuestro próximo capítulo.

Capítulo 16

SE PONE DURO CON EL MAL

El poder de Jesús sobre el lado oscuro

Tú tienes un boleto en el bolsillo, una bebida en una mano y suficientes palomitas de maíz como para alimentar a un pequeño país en la otra mano. Te sientas confortablemente en un asiento del cine, se corre el telón y comienza la película: *The Creatures from the Black Lagoon 3* [Las criaturas de la Laguna Negra 3]. Está llena de monstruos viscosos de dos cabezas, ojos verdes y seis brazos. Todos tienen caras horribles, dientes largos, orejas puntiagudas, piel amarilla y, desde ya, mal aliento. Su aspecto es horroroso y hablan con voces que causan escalofríos. Desde el momento en que entra, la audiencia da alaridos, grita, exclama y se retuerce, pero disfrutándolo todo el tiempo. La película acaba y se encienden las luces. Algunos permanecen sentados, todavía aturdidos, en tanto que otros se colocan la mano sobre el corazón, que aún les late con fuerza, y los demás salen, sonriéndose por esa baratija de película.

Pero este es el punto: no nos vamos pensando que lo que acabamos de ver es real. Aun si nos ponemos un poco histéricos luego, más tarde en la noche, cuando al apagar la luz del baño hacemos una carrera loca hasta la cama, esperando que las criaturas de la Laguna Negra no hayan aparecido de alguna manera inexplicable y por azar en los pasillos, en el fondo sabemos que todo eso no es real. Hemos visto en el DVD el reparto, mencionando a los que han realizado el maquillaje y los efectos especiales. Sabemos que simplemente es una de las mejores (o peores) fantasías de Hollywood.

Hollywood no nos ha hecho ningún favor en lo que hace a la comprensión de los demonios y espíritus malignos y a la gente que tiene que enfrentarse con ellos. Además de los clásicos *El exorcista* y *La profecía*, existe toda una variedad de películas por ahí con títulos seductores como: *Isla del demonio, Noche de los demonios, Caballero del demonio, Director de demonios, Doctor demonio, El aula del demonio, El planeta de los demonios, La catedral de los demonios, Asesino de demonios, Luchador contra los demonios, Destructor de demonios, Policía endemoniada, Amante de los demonios, Barbero del demonio, Muñecas demoníacas*, y nuestra película favorita, en lo personal, el film mudo de 1915, *Dicky's Demon Dachsund* [El perro salchicha endemoniado de Dicky] que explotan el género del horror y juegan con la idea de las fuerzas de la oscuridad en el mundo.

Además de estas, hay miles de películas que tienen las palabras *diablo* o *maligno* en su título (incluyendo el film curiosamente denominado *Noche del día del amanecer del hijo de la novia del regreso de la venganza del terror del ataque del mal, de los mutantes, de los extraterrestres, de los carnívoros, de los que van camino al infierno, de los muertos vivos convertidos en zombis, Parte 2: en espeluznante 2-D*), y, por supuesto, dónde estaríamos sin las películas referidas a zombis, como *Fui un adolescente zombi, Carnicero sicótico amante de los zombis, Luna de miel zombi, Fiesta playera zombi, Granja zombi, Zombis vegetarianos y Pelea de Kung Fu entre mujeres zombis y punk rock*. Nuestra era tecnológica aun ha promocionado un ramillete de juegos electrónicos que incluyen zombis, demonios, y muertos malignos, inclusive uno en el que se puede poseer cuerpos, comer gente, usar la propia cabeza como una granada y jugar con la función denominada «comerse el cerebro». La totalidad de estas películas y juegos han degradado nuestro concepto del mal y de las fuerzas espirituales y lo han trasladado a la esfera de las películas cómicas de monstruos de clase B, envasadas simplemente como entretenimiento.

Parte del problema es que en el mundo occidental nos hemos vuelto displicentes, inmunes e insensibles a las cosas que van más allá de la esfera que podemos ver, tocar y oír. En algunos sentidos, nuestro estilo de vida frenético y nuestra inmersión en la ciencia y la tecnología actúan como las anteojeras en un caballo, no permitiéndonos ver ni contemplar un mundo, o plano espiritual, que está más allá de la inmediatez de nuestra vida. No ayuda tampoco el hecho de que mucha gente nunca ha salido de las imágenes infantiles que tienen en la cabeza sobre el mayor maligno del mundo (el diablo) al que consideran un personaje simpático con una cola bifurcada y un tridente, que se nos sienta en el hombro y nos insta a ser malos y traviesos, y que constituye una especie de primo pícaro. El mal ha sido reducido a una suerte de travesura atractiva, en la que se promocionan helados y chocolates como «deliciosamente malignos» y aparecen personajes de películas, como el tan imitado Dr. Satánico, retratados como pillos adorables. Así que la idea del mal y sus diversas manifestaciones ha sido tratada despreocupadamente, con humor e indiferencia en nuestra cultura. En ninguna parte se nota tanto esto como en el hecho de que el mayor fabricante de juguetes del mundo (la misma compañía que fabrica el Scrabble y el Monopolio) hace «tablas ouija» (ahora con «brillo en el tablero oscuro») de manera que toda la familia pueda disfrutar junta de un poco de diversión paranormal.

La gente de la Biblia tomaba el mal y los demonios con mucha más seriedad.

El Nuevo Testamento afirma que existe un mundo espiritual activo que incluye al diablo, a los demonios, a los espíritus malignos y a los ángeles, y que estos interactúan activamente con el mundo físico en el que vivimos. Jesús enseñó que los ángeles y demonios no solo existen sino que están activos de muchas formas dentro de las cuestiones humanas.

Cuando leemos con respecto a los demonios en el Nuevo Testamento, nos encontramos con historias de espíritus malignos arrasando a la gente, hablando desde adentro de ellos y llevándolos a realizar actos descontrolados.* Y también leemos acerca de que Jesús libraba a la gente, obligando a los demonios a salir. El término técnico para eso es *exorcismo*, una palabra que tiene sus raíces en *atar a los demonios con conjuro*. Pero apenas usamos la palabra *exorcista* nos sentimos tentados a caer en la trampa de pensar en escenas de horror con zombis y ver a Jesús blandiendo con optimismo un crucifijo delante de ellos mientras vuelan objetos por todo el cuarto y la gente mueve la cabeza vomitando bilis. Fácilmente empaquetamos todo dentro de una ficción fantástica.

Jesús enseñó que los ángeles y demonios no solo existen sino que están activos de muchas formas dentro de las cuestiones humanas.

Sin embargo, los cuatro hombres que escribieron los registros referidos a Jesús no estaban bajo esa falsa ilusión. Como los otros milagros de Jesús, sus exorcismos han sido registrados como historia, acompañados de referencias geográficas y de los nombres de los individuos, dado que los escritores trataban de transmitir que esto no tenía que ver con ficción sino con hechos. Y ya hemos dicho anteriormente que no solo eran sus seguidores los que afirmaban que Jesús llevaba a cabo milagros y exorcismos, sino que también lo señalaban sus enemigos escépticos. La pregunta en labios de sus oponentes no era: «¿Realmente realiza exorcismos?», sino «¿Por qué poder los realiza?»

* De paso, el Nuevo Testamento en muchas ocasiones hace una distinción entre los que estaban enfermos (incluyendo los que tenían ataques) y los que tenían demonios. Ver Mateo 4:24 y Marcos 1:34.

Jesús no toleraba el mal

En muchas ocasiones se nos dice que Jesús trataba directamente con los espíritus malignos que se manifestaban en las personas. Sin embargo, solo se registran seis encuentros en detalle. En tanto que cada caso es único, todos ellos indican claramente que Jesús controlaba a los demonios y a la persona poseída. Se percibe una sensación coherente en cuanto a que él dominaba sobre el mundo espiritual y que los demonios, como seres espirituales, se sujetaban a él. Semejante a lo que sucedía con su poder sobre la naturaleza, el poder de Jesús sobre el mundo espiritual otra vez da testimonio acerca de que Jesús no era una persona común, sino alguien que se había parado en la brecha entre el mundo cotidiano de los sentidos y el mundo espiritual, más misterioso y difícil de captar. Él trataba con los espíritus y les ordenaba salir, tal como lo hizo con las diferentes enfermedades. Esos exorcismos constituyeron un maravilloso despliegue de su autoridad en y sobre el mundo espiritual, y eso se puede percibir de distintas maneras:

> El poder de Jesús sobre el mundo espiritual otra vez da testimonio acerca de que Jesús no era una persona común, sino alguien que se había parado en la brecha entre el mundo cotidiano de los sentidos y el mundo espiritual, más misterioso y difícil de captar.

Primero: Él no toleraba el mal. Cuando se veía confrontado con una persona que estaba (para usar un término moderno) poseída, él no la esquivaba. Tampoco encontraba de repente otras cosas que hacer, ni intentaba desviar la atención hacia otra cosa. No se alejaba arrastrando los pies, no se sentía confundido, ni incómodo, ni ninguna cosa por el estilo. En lugar de eso, iba hacia ellos directamente. Consideraba a los espíritus malignos como una aberración dentro del orden de las cosas, y trataba con ellos. Se enfrentaba a los espíritus malignos y les daba órdenes de un modo autoritativo y sensato.

Segundo: Sus exorcismos no eran prolongados. No era como si se desarrollara una extensa lucha de varios días entre Jesús y los espíritus. No tenía que orar durante horas o luchar con ese tema en una tremenda batalla física que durara largos períodos. Más bien lo que generalmente se percibía era una sola orden de Jesús, y luego que los demonios salían. Se decía que si Jesús hubiera actuado en *El exorcista*, la película hubiera sido muy corta porque hubiera aparecido y dicho: «Sal fuera», y allí hubiera terminado todo. Fin de la película.

Tercero: Él no necesitaba utilizar fórmulas ni encantamientos para arrojar fuera a los demonios. En ningún lugar encontramos que Jesús dijera «abracadabra», ni que entonara largos encantamientos, ni que utilizara agua bendita, amuletos o incienso, ni que blandiera un crucifijo como un sable de luz, o invocara fórmulas mágicas, o sacrificara animales y pintara figuras geométricas con su sangre. No necesitaba hacer nada de eso. Simplemente ordenaba a los demonios lo que él quería en sus propias palabras.

Finalmente, los demonios se sujetaban a sus órdenes y le temían. Se encogían de miedo, clamaban y rogaban a Jesús que no les hiciera daño. En todos los casos, Jesús estaba en completo control de la situación, y los demonios quedaban sujetos a cada palabra que les daba. Tan dominante resultaba Jesús sobre los demonios, que los fariseos pensaron que debía trabajar conjuntamente con ellos. Cuando Jesús liberó a un determinado hombre de un demonio, los fariseos dijeron: «Este no expulsa a los demonios sino por medio de Beelzebú, príncipe de los demonios».[1]

---

1. Mateo 12:24

Jesús contra el diablo

Una clave para comprender el impacto de los exorcismos de Jesús y su batalla contra el diablo es percibir lo simbólicamente que se relacionan con el rey David y la historia de Israel.

David, que vivió alrededor de mil años antes que Jesús, quizá haya sido el rey más famoso y popular de Israel. A pesar de algunos de sus errores morales, era considerado un gran líder y un héroe por los israelitas. Poco después de que David recibiera su divino nombramiento como el nuevo «ungido de Dios» (Mesías), realizó dos grandes señales que mostraron que el favor especial de Dios estaba sobre él como rey de todo Israel.

Lo primero que David hizo como el ungido fue exorcizar un espíritu que había comenzado a acosar al rey Saúl. En ese tiempo David era músico (una especie de antiguo guitarrista) y fue convocado por Saúl para tocar su instrumento y aplacar al espíritu maligno.* El poder de David como ungido se demostraba en que cada vez que él ejecutaba la música, el espíritu se alejaba.

* Como guitarrista me puedo identificar con eso.
—Ben

Sí, ¡pero cuando él tocaba resultaba relajador!
—Pete

Lo segundo fue que, inmediatamente después de esto, David realizó su más famoso «milagro». Luchó contra el gran soldado filisteo Goliat. Ese conocido suceso parece una escena de la película *Corazón valiente*.[2] Los ejércitos de los israelitas y los filisteos se encontraban frente a frente en un extenso valle, listos para la batalla. Goliat, famoso por su fuerza y tamaño, se adelantó hasta la línea de batalla y desafió a los israelitas a que se presentaran y lucharan con él. Se nos dice que eso sucedió durante cuarenta días y noches.

El joven David apareció en medio de esa escena sin haber tenido experiencia en batallas; sin embargo, él decidió aceptar el reto. No colocó su confianza en su fuerza ni en su habilidad como luchador. En lugar de eso, David simplemente confió en la protección de Dios. Así que enfrentó a Goliat y lo mató, como ya sabemos, con su honda de pastor. Entonces se convirtió en un héroe nacional e inició su camino de ascenso hacia el trono.

Como David, Jesús fue ungido por Dios. Su unción tuvo lugar en el bautismo, y lo primero que hizo él, al igual que el rey recién nombrado, fue luchar contra el gran enemigo del pueblo de Dios (el diablo) y luego echar fuera demonios (aunque en distinto orden).

Como Goliat, el diablo desafió a Jesús durante cuarenta días y cuarenta noches y, como David, Jesús luchó contra él y venció, no con una honda y una piedra sino con la palabra de Dios. Y según Marcos, uno de los primeros milagros que Jesús realizó luego de su duelo con el diablo fue el exorcismo de un espíritu maligno de un hombre en Capernaúm. El paralelo resulta llamativo. Las luchas de Jesús con el diablo y los demonios demostraron que él era el nuevo rey, aquel gran Ungido de Dios (el Mesías o Cristo).

El exorcismo de Gádara

El exorcismo realizado a aquel hombre de Gádara (de la región de los gerasenos) es quizá el más conocido y controversial de los exorcismos de Jesús. Se ha registrado incluyendo una buena cantidad de detalles en tres de los Evangelios.[3]

Poco después de que Jesús calmó una tempestad en el Mar de Galilea, él y sus discípulos fueron a la región de Gádara** en la zona sudoeste del lago. Cuando llegaron a tierra y Jesús descendió de la barca, se enfrentó con un hombre poseído por un demonio.

** La ciudad de Jerash en el día de hoy.

1. Mateo 12:24
2. 1 Samuel 17
3. Mateo 8:28–34; Marcos 5:1–20; Lucas 8:26–39

Según Marcos, este demonio, o «espíritu inmundo», había producido tal efecto sobre el hombre, que este se había vuelto sobrenaturalmente fuerte y constituía un peligro tanto para él mismo como para otros. De hecho, Marcos nos dice que nadie, ni siquiera con el auxilio de cadenas y grilletes, podía controlarlo. Como resultado de eso, él vivía como un paria en el cementerio, entre las tumbas abandonadas.

Marcos no nos proporciona toda esa información porque desee hacer la historia terrorífica, sino más bien porque quiere destacar el poder y la autoridad de Jesús. Luego de contarnos que Jesús había calmado la tempestad y era alguien que podía controlar el mundo físico con tremenda facilidad, Marcos va más allá, informándonos que él también controlaba el mundo espiritual. Así que aquel hombre incontrolable se encontró con el hombre que tenía pleno control.

Las luchas de Jesús con el diablo y los demonios demostraron que él era el nuevo rey, aquel gran Ungido de Dios (el Mesías o Cristo).

Del mismo modo que los otros exorcismos, en este también se manifestó maravillosamente la facilidad con la que Jesús controló al hombre y a los demonios. Desde una cierta distancia Jesús se dirigió al demonio y simplemente le dijo: «¡Sal de este hombre, espíritu maligno!»* Y con esas palabras, el hombre corrió hacia él, lo adoró y exclamó, sumiso y con temor: «¿Por qué te entrometes, Jesús, Hijo del Dios Altísimo? ¡Te ruego que no me atormentes!» Con una sola frase, el hombre incontrolable estaba ahora bajo el control de Dios.

Entonces se nos da un vistazo de la razón por la que el hombre era tan incontrolable y destructivo. Marcos nos dice que Jesús le preguntó al demonio: «¿Cómo te llamas?», y él le respondió: «Me llamo Legión … porque somos muchos». Una legión del ejército romano contaba con alrededor de seis mil hombres.** Resulta muy improbable que ese hombre estuviese poseído por seis mil demonios, pero el punto era que ese hombre tenía muchos demonios.

* «Impuro» viene del griego.

** La cifra variaba entre cuatro y seis mil, pero en los días de Jesús una legión del ejército romano normalmente era de seis mil hombres.

A esta altura, el demonio le hizo un curioso pedido. Le pidió a Jesús ser enviado a un hato de cerdos de los alrededores.

Para comprender lo que sucedió después, necesitamos conocer algunas pocas cosas. Los escritores del Nuevo Testamento a menudo describían a los demonios como espíritus inmundos que causaban la impureza. Ese era precisamente el caso de este hombre. Vivía en las sucias tumbas de un cementerio y también se lastimaba con piedras, de manera que su piel quedaba impura. Era impuro para sí mismo, para otros y para Dios. El cerdo era un animal prohibido que resultaba un símbolo de impureza entre los judíos.[4] A los israelitas se les prohibía comer cerdo, y muchos todavía se abstienen de él hoy.***

*** **Bueno, ¿y qué comen de desayuno entonces?**
—Pete

¿Alguna vez has oído hablar de los cereales?
—Ben

Esa extraordinaria solicitud le fue otorgada por Jesús. Inmediatamente después de que los demonios entraron en los cerdos, todos ellos corrieron por la colina cuesta abajo y se arrojan al lago, donde se ahogaron.

Todo el suceso resultaba tan extraño que algunos de los que lo presenciaron corrieron a contarles a sus amigos sobre el sorprendente acontecimiento que acababan de presenciar. La gente salía de sus hogares para ver por ellos mismos lo que había sucedido. Imaginemos la escena con la que se encontraron: un paria social que anteriormente resultaba aterrador y que ahora se comportaba normalmente, un rabí, y la faja costera colmada de cadáveres de cerdos. En lugar de mostrarse felices por el hombre y contentos porque los demonios se habían ido, y de sentir curiosidad por todo lo que había rodeado al exorcismo, los pen-

4. Levítico 11:7–8

samientos de ellos se volvieron más banales. Allí estaba el rabí del que todos hablaban y que había hecho algo que demostraba que era diferente. Trabajaba en un plano totalmente nuevo, un plano que ellos no podían comprender. Así que su reacción era de temor. A todos los asustaba tremendamente Jesús y le pidieron que se fuera.

Este exorcismo no solo constituye una historia de Jesús limpiando a un hombre de su impureza, sino también limpiando la tierra de todas las cosas impuras. La historia entonces no solo presenta a Jesús como alguien que tiene autoridad sobre los espíritus malignos sino como aquel que puede hacer limpias ***todas las cosas***. Según Marcos, inmediatamente después de eso, Jesús procedió a limpiar a dos personas impuras, pues sanó a una mujer que había estado con hemorragias durante doce años, y resucitó a una niña muerta. En ambos casos, Jesús los tocó, pero él no se volvió impuro. Más bien, su toque los volvió limpios a ellos.

Sucesos como estos no acontecen todos los días. Y continuó esparciéndose la noticia acerca de este rabí que no solo podía enseñar e interpretar la ley sino que podía hacer cosas que iban más allá de este mundo, cosas que nadie más podía hacer. La gente salía de sus hogares, de sus aldeas, de sus granjas. Arrastraban a sus amigos y parientes con ellos. Se volcaban a los caminos y atravesaban las montañas para buscar a ese hombre que podía sanar las enfermedades de la piel, que podía resucitar a los muertos, controlar a los espíritus malignos y hasta manejar el clima. Ese hombre era un fenómeno social. Era Jesús.

Y continuó esparciéndose la noticia acerca de este rabí que no solo podía enseñar e interpretar la ley sino que podía hacer cosas que iban más allá de este mundo, cosas que nadie más podía hacer.

Quinta parte

PARA EL ACTO FINAL

Capítulo 17

EL ENEMIGO PÚBLICO NÚMERO UNO

Los enemigos de Jesús se juntan

En los libros ilustrados para niños, a Jesús con frecuencia se lo representa como una versión masculina de Blanca Nieves. Y allí vemos a Jesús, manso y apacible, sentado sobre una roca en medio de una pradera florida, rodeado de chicos y simpáticos animales, y tal vez algunas mariposas volando. Jesús parece estar diciendo: «Sean buenos, porque es bueno ser bueno. Coman sus vegetales, y cuando crezcan, no engañen al pagar sus impuestos». La escena muestra una cierta serenidad majestuosa y un estado saludable y satisfactorio. Se trata de un cuadro que presenta a Jesús como un buen tipo y a todo lo que lo rodea como tranquilo, alegre y color de rosa.

Así que a algunas personas les resulta sorprendente descubrir que Jesús tenía enemigos que se oponían fieramente a lo que él enseñaba y declaraba. Cuando comenzó a viajar y su popularidad creció, hubo mucha gente y bastantes grupos que se pusieron muy molestos. Para sus oponentes, Jesús era un alborotador que implicaba una amenaza para el orden religioso. Él planteaba desafíos a mucho de lo que la corriente principal del judaísmo enseñaba, y socavaba la autoridad de la elite religiosa. Eso puso nerviosa a mucha gente del poder. Y no solo eso, sino que ellos consideraban que las enseñanzas de Jesús (muchas de las cuales atacaban abiertamente los cimientos de la vida y la fe judías) resultaban blasfemas y equivocadas, y descarriaban a la gente. Algunos hasta llegaron a pensar que sus enseñanzas eran ***criminales***. Así que no pasó mucho tiempo antes de que ese predicador itinerante se convirtiera en el enemigo público número uno y sus enemigos comenzaran a complotarse para hacerlo ejecutar.

Para sus oponentes, Jesús era un alborotador que implicaba una amenaza para el orden religioso.

Así que comencemos a disipar un mito. Sí, es cierto que en algunas ocasiones Jesús atrajo a los niños. Y que arrastró tras sí grandes multitudes. Era una persona ***popular***. Algunas de sus enseñanzas se pueden considerar como los dichos más pacíficos, inspiradores y reconfortantes de la historia y de la literatura. Sin embargo, mucho de lo que Jesús hacía y decía resultaba controversial y confrontador. Más que ser siempre una persona que traía consuelo, era alguien «difícil» que causaba divisiones, desacuerdos y debates dentro de la comunidad.

Uno de los problemas que enfrentamos en el siglo veintiuno al mirar hacia atrás a Jesús a través de la lente de la historia es que nuestra visión de alguna manera se ha vuelto borrosa por los dos mil años de religión que hemos tenido. En nuestra cultura occidental, la iglesia se ha convertido en «el establishment». Es considerada por algunos como un perro guardián antiguo y conservador, con Jesús como la figura piadosa, el gran hermano, que salvaguarda la moral y mantiene el orden social.

La ironía es que en la sociedad conservadora de los tiempos de Jesús, sus enseñanzas eran radicales y desafiantes. Jesús fue *a contrapelo* del orden establecido y causó revuelo por su «nueva manera» de ver las cosas, una nueva manera, podríamos decir, que quizá haya constituido el factor más influyente en cuanto a la conformación de la sociedad y cultura en la que vivimos hoy. Más que tratarse de un conservador reconfortante, Jesús

> Los enemigos de Jesús no conformaban un cuerpo unificado, aunque con el tiempo algunos grupos llegaron a trabajar juntos para lograr el arresto de Jesús, su juicio y su ejecución.

fue un intruso, un agitador, una molestia ruidosa, como una espina clavada en el costado del establishment.

Es importante tomar en cuenta que los enemigos de Jesús no conformaban un cuerpo unificado, aunque con el tiempo algunos grupos llegaron a trabajar juntos para lograr el arresto de Jesús, su juicio y su ejecución. Ese grupo en realidad estuvo compuesto por una cantidad de grupos menores que diferían los unos de los otros en la forma de interpretar el Antiguo Testamento.

Los fariseos

El grupo más prominente de enemigos, y quizá el más famoso, que tuvo Jesús fue el de los fariseos. Se trataba de una secta judía política y religiosa, con prestigio e influencia, que en tiempos de Jesús llegaba a unos seis mil integrantes. Estrictamente hablando, había dos escuelas de fariseos, pero ambas estaban notablemente preocupadas por guardar con precisión las leyes de purificación del Antiguo Testamento, en especial las que tenían que ver con la preparación e ingesta de alimentos, y con guardar el sábado. Estaban fuertemente vinculados con numerosas reglas referidas a la purificación y con restricciones sobre lo que la gente podía hacer o no hacer. Estaban tan preocupados por esas leyes, que hasta habían agregado algunas reglas propias, solo para asegurarlas.* Buscaban hasta el fastidio separarse de los demás para poder mantenerse distantes de una sociedad impura y «pecaminosa».

En algunos sentidos, los fariseos se consideraban como la elite espiritual de su pueblo. Creían que solo ellos eran los maestros de Israel, porque solo ellos tenían una comprensión correcta de las leyes del Antiguo Testamento. A la vez, muchos parecían enorgullecerse de su propio status y supuesta santidad. La misma palabra *fariseo* se puede rastrear hasta la palabra hebrea que significa «separatista». Así que con toda seguridad no compartirían una comida con los pecadores o los no judíos.

Era lo opuesto a lo que hacía Jesús, que se salía de su propio camino para mezclarse con los intocables y los humildes. Por lo tanto, fueron los fariseos los que se sintieron más ofendidos de que Jesús se sentara y comiera con gente a la que consideraban impura, como a las prostitutas. Para ellos, él era un blasfemo que andaba en unión con el «príncipe de los demonios» y que estaba «poseído por Beelzebú».[1]

Jesús criticaba abiertamente a esa elite judía y desafiaba radicalmente las tradiciones sobre la manera de interpretar algunas de las leyes del Antiguo Testamento. Eso era lo que más enfurecía a los fariseos, que se indignaban por las acciones blasfemas de Jesús y por sus enseñanzas radicales. Por ejemplo, los fariseos habían llevado el cuarto de los mandamientos de Dios** a un ridículo extremo, al no permitir que se hiciera prácticamente *nada* ese día. Así que ellos criticaban a Jesús por permitirles a sus discípulos recoger granos de trigo el día sábado cuando sintieron hambre.[2] Lo criticaron por sanar la mano de un hombre[3] y por curar a un inválido en sábado.[4] En

1. Mateo 9:1–8, 34; Marcos 3:22
2. Mateo 12:1–8
3. Mateo 12:9–13
4. Juan 5:1–10

* Como ya dijimos, se habían vuelto paranoicos ante la posibilidad de «perder su religión» como ya lo habían hecho anteriormente sus ancestros, lo que condujo a la desastrosa época del exilio.

** «Acuérdate del sábado, para consagrarlo. Trabaja seis días, y haz en ellos todo lo que tengas que hacer, pero el día séptimo será un día de reposo para honrar al Señor tu Dios. No hagas en ese día ningún trabajo».

flagrante oposición a sus enseñanzas, Jesús declaró que era válido hacer bien en día sábado y que él en realidad era el Señor del Sábado.[5]

> Jesús criticaba abiertamente a esa elite judía, y desafiaba radicalmente las tradiciones sobre la manera de interpretar algunas de las leyes del Antiguo Testamento.

Los saduceos

El otro grupo mayoritario de enemigos de Jesús eran los saduceos. Al igual que los fariseos, los saduceos constituían un movimiento judío religioso y un partido político activo en Judea. No eran tan numerosos ni populares como los fariseos, pero eran más poderosos porque dominaban el Sanedrín (el consejo judicial más importante de los judíos). Y como los fariseos, eran sumamente nacionalistas y se consideraban la elite de los maestros religiosos de ese tiempo.

Los saduceos no estaban muy de acuerdo con otros grupos como los fariseos. Por ejemplo, ellos consideraban como Escrituras solamente a los primeros cinco libros del Antiguo Testamento, y rechazaban el concepto de ángeles y demonios. Y lo más llamativo era que, según nos informan los escritores del Nuevo Testamento, no creían en la resurrección de los muertos.

Otros grupos

Había otros grupos dentro de la administración y la jerarquía de los judíos que también comenzaron a oponerse a lo que Jesús hacía: algunos individuos entre los principales sacerdotes y entre los ancianos judíos y los escribas. A veces en los Evangelios se los llamaba colectivamente «los maestros de la ley». Al igual que los fariseos y saduceos, constituían distintos grupos judíos que enseñaban y conducían al pueblo tanto en las cuestiones religiosas como en las políticas. En ocasiones parecían actuar con independencia los unos de los otros pero, con certeza, acercándose al fin de la vida de Jesús, se hizo claro que algunos de ellos habían unido fuerzas para complotarse y lograr que Jesús fuera arrestado y ejecutado.

Una y otra vez, mientras Jesús viajaba a través de la antigua Palestina y enseñaba a las masas, sus oponentes aparecían para tratar de atraparlo con preguntas capciosas o para entrar en debates con él. Continuamente lo ponían a prueba y «tramaron cómo tenderle a Jesús una trampa con sus mismas palabras».[6] Lo desafiaban en cuanto a su autoridad y derecho a hablar[7] y le arengaban con respecto a sus perspectivas en cuestiones de la ley, tales como el divorcio,[8] el lavado de manos ceremonial,[9] el pago de impuestos al César,[10] su interpretación de las antiguas escrituras,[11] o acerca de los ayunos y las comidas.[12] Lo criticaban por andar en compañía de los parias de la sociedad (por comer con recaudadores de impuestos y otros pecadores[13]) e intentaban

---

5. Mateo 12:8, 12
6. Mateo 22:15–22
7. Marcos 11:27–33
8. Marcos 10:1–12
9. Marcos 7:1–8
10. Mateo 22:15–22
11. Mateo 22:34–46
12. Lucas 5:33–39
13. Lucas 5:27–32

probarlo pidiéndole que hiciera señales.[14] Sin embargo, con mucha frecuencia Jesús disipaba sus argumentos y sus trampas con solo una frase, y hacía que sus enemigos se fueran con la cola entre las patas. En otras ocasiones Jesús les respondía con alguna parábola críptica enfocada directamente hacia esos oponentes. Pero eso solo parecía enfurecerlos aun más.

Así que Jesús daba y recibía. No soportaba a los necios de buen grado y, por cierto, nunca retrocedió ante una pelea. No solo no tenía miedo de ponerles patas para arriba el carrito de manzanas, sino que le encantaba recoger las manzanas y lanzárselas a sus enemigos. Algunas veces sus palabras y acciones resultaban agresivas y antagónicas. Así que en algunos sentidos, no constituía una sorpresa que Jesús se hubiera ganado muchos enemigos. Consideremos algunas de sus declaraciones confrontadoras:

Jesús daba y recibía. No soportaba a los necios de buen grado y, por cierto, nunca retrocedió ante una pelea.

> «Ésta es una generación malvada. Pide una señal milagrosa, pero no se le dará más señal que la de Jonás».[15]

> «No crean que he venido a traer paz a la tierra. No vine a traer paz sino espada».[16]

> «He venido a traer fuego a la tierra, y ¡cómo quisiera que ya estuviera ardiendo!».[17]

Como pueden ver, Jesús no era uno que anduviera con rodeos, y no tenía miedo de llamar al pan, pan, y al vino, vino. Continuamente marcaba una línea de definición sobre la arena y, en muchas ocasiones, sus críticas a los fariseos y al establishment religioso fueron hostiles y antagónicas. Les dijo:

> *A los fariseos y maestros de la ley*: «Ustedes han desechado los mandamientos divinos y se aferran a las tradiciones humanas ... ¡Qué buena manera tienen ustedes de dejar a un lado los mandamientos de Dios para mantener sus propias tradiciones!»[18]

> *A la multitud, refiriéndose a los maestros de la ley y a los fariseos*: «Todo lo hacen para que la gente los vea: Usan filacterias grandes* y adornan sus ropas con borlas vistosas; se mueren por el lugar de honor en los banquetes y los primeros asientos en las sinagogas, y porque la gente los salude en las plazas y los llame "Rabí"».[19]

* Las filacterias eran... a ver... cintas largas y chatas de pan dulce que se servían en ciertas ocasiones ceremoniales.
—Pete

No, Pete. Eran pequeñas cajas de cuero que usaban los judíos devotos, que contenían pasajes de la ley. Lee Deuteronomio 6:4–9.
—Ben

> «Cuídense de la levadura de los fariseos, o sea, de la hipocresía».[20]

---

14. Marcos 8:11–13
15. Lucas 11:29
16. Mateo 10:34
17. Lucas 12:49
18. Marcos 7:8–9
19. Mateo 23:5–7
20. Lucas 12:1

«Tengan cuidado de los maestros de la ley ... Se apoderan de los bienes de las viudas y a la vez hacen largas plegarias para impresionar a los demás. Éstos recibirán peor castigo».[21]

«¡Ay de ustedes, maestros de la ley y fariseos, hipócritas!» (repetido seis veces en una extensa denuncia del establishment,[22] en la que también los llamó «guías ciegos», «ciegos insensatos», «ciegos», «sepulcros blanqueados» y «¡Serpientes! ¡Camada de víboras!»).

Las palabras de Jesús eran ofensivas. Básicamente, lo que él les estaba diciendo era que los poderosos y educados líderes religiosos de ese momento estaban equivocados, que no estaban en orden y que habían perdido el rumbo y no servían a Dios de la manera en que debían. Los acusaba de ser unos hipócritas autojustificados y centrados en ellos mismos que «atan cargas pesadas y las ponen sobre la espalda de los demás, pero ellos mismos no están dispuestos a mover ni un dedo para levantarlas».[23] Al hacer semejantes declaraciones en público, ¿nos puede sorprender que Jesús desarrollara enemigos con rapidez?

Sin embargo, quizá la cosa más significativa que ocasionó que Jesús se convirtiera en el enemigo público número uno fue su afirmación de que era divino. Cuando Jesús perdonaba pecados o declaraba que había sido enviado por Dios, o afirmaba que él y Dios eran uno, eso se consideraba absolutamente blasfemo. En general, los líderes judíos del primer siglo eran indulgentes con las personas que fueran ocasionalmente blasfemas. Sin embargo, las declaraciones hechas por Jesús acerca de su divinidad, tanto en acciones como en palabras, eran tan frecuentes, extremas y públicas, que el establishment no las podía tolerar.

Las cosas que Jesús decía con respecto a sí mismo provocaban un alto nivel de enojo. Consideremos las siguientes expresiones controversiales de Jesús referidas a sí mismo.

Las cosas que Jesús decía con respecto a sí mismo provocaban un alto nivel de enojo.

Hablando metafóricamente con respecto a sí mismo: «Destruyan este templo ... y lo levantaré de nuevo en tres días».[24]

«Se me ha dado toda la autoridad en el cielo y en la tierra».[25]

Jesús «le dijo al paralítico: "¡Ánimo, hijo; tus pecados quedan perdonados!"»[26]

«Yo soy el pan de vida ... El que a mí viene nunca pasará hambre, y el que en mí cree nunca más volverá a tener sed».[27]

---

21. Marcos 12:38–40
22. Mateo 23:13–36
23. Mateo 23:4
24. Juan 2:19
25. Mateo 28:18
26. Mateo 9:2
27. Juan 6:35

«Yo soy el camino, la verdad y la vida ... Nadie llega al Padre sino por mí. Si ustedes realmente me conocieran, conocerían también a mi Padre. Y ya desde este momento lo conocen y lo han visto».[28]

Luego de leer una antigua profecía sobre el Mesías: «Hoy se cumple esta Escritura en presencia de ustedes».[29]

A pesar de eso, Jesús seguía teniendo enemigos que no creían que él fuera quien afirmaba ser.

Vale la pena señalar que estas no constituían declaraciones insustanciales. Jesús apoyaba lo que decía una y otra vez con toda una diversidad de milagros. A pesar de eso, Jesús seguía teniendo enemigos que no creían que él fuera quien afirmaba ser. Lo encontraban tan detestable e imposible de aceptar que deseaban silenciarlo.

Se percibe una tremenda ironía en todo esto: los enemigos de Jesús deberían haber sido sus amigos. Se cuenta una antigua historia con respecto a un barco que traficaba esclavos y navegaba a través del océano Atlántico alrededor de la época del 1800, cuando la esclavitud comenzaba a ser abolida internacionalmente. Ese barco en particular era perseguido por un buque de guerra real que procuraba liberar a los cautivos que estuvieran a bordo y capturar a los traficantes de esclavos para llevarlos a juicio. Cuando los mercaderes de esclavos vieron al buque navegar hacia ellos y se dieron cuenta de que iba a atraparlos, concibieron un astuto plan. Sabiendo que no podían igualarlos en velocidad ni en cantidad de hombres, los mercaderes de esclavos convencieron a todos los cautivos de que el buque que los perseguía no era un barco que viniera a rescatarlos sino que se trataba de una nave pirata llena de bandidos que subirían a bordo para matar a los hombres y llevarse a las mujeres. Cuando el buque británico finalmente los alcanzó, los esclavos en realidad pelearon contra la misma gente que había venido a rescatarlos.*

*** Quiero desligarme de esta historia (propuesta por Ben) que suena a mito urbano o a algo inventado por él. —Pete**

Hombre de poca fe. Un amigo me lo contó. —Ben

Lo sorprendente con respecto a los enemigos de Jesús era que ellos deberían haber sabido quién era él, y que se trataba del Mesías prometido que había venido a rescatarlos. Lamentablemente, ese no fue el caso.

Pero tenemos que aclarar un punto acerca de los enemigos de Jesús antes de seguir adelante.

Cuando miramos las películas de acción modernas, en general no percibimos ninguna gama de grises en cuanto al grupo de los «muchachos malos». Debido a que la misma existencia de los malos está en oposición al héroe de la película, por definición ellos son simplemente malos y por lo tanto dignos de nuestra cólera y escarnio. El equilibrio del guión, y la tradición dentro de este género, requiere que el «muchacho bueno» tenga su contraparte en un «muchacho malo» que es totalmente malvado y cruel y que no tiene rasgos redentores. Las películas se hacen de esa manera, de modo que cuando los muchachos malos obtienen lo que merecen (a menudo a través de violencia elaborada y sin justificación) nos sentimos satisfechos porque el universo ha recuperado su orden. Ellos son *malos*, por lo tanto se merecen lo que han recibido.

Nos resulta fácil visualizar a los fariseos (y a los otros maestros de la ley asociados con ellos) a través de la misma lente. Debido a que Jesús era el héroe y el muchacho bueno de la Biblia, fácilmente etiquetamos a cualquier persona o grupo que no estuviera «con él» como malvado, cruel y falto de rasgos redentores.

28. Juan 14:6–7

29. Lucas 4:21

En parte, esto es justo. Después de todo, algunas de esas personas eran corruptas, y Jesús criticó muchas de sus prácticas. Algunos de ellos desafiaron continuamente a Jesús, provocaron oposición contra él y complotaron con éxito para lograr que fuera ejecutado. Bien, los hemos descubierto.

Pero debemos ser cuidadosos de no arrojar al bebé junto con el agua del baño, por así decirlo. Consideremos esta situación de un modo distinto.

Muchos de los que integraban ese cuerpo de gobierno buscaban (a su manera) servir a Dios, y a través de una observancia disciplinada de reglas y regulaciones, intentaban mantener a su nación en la senda recta y angosta en medio de una ocupación extranjera pagana y opresiva. Consideremos la observancia del sábado, por ejemplo. Ya hemos mencionado la manera en que algunos fariseos se habían vuelto críticos con respecto a Jesús y sus discípulos por hacer alguna cosa en el día sagrado de los judíos, como sanar o recoger espigas.[30] Desde nuestra perspectiva postmoderna, nos resulta fácil (algunos hasta dirían natural) considerar a los fariseos como imbéciles pretenciosos, por considerar que tenían una superioridad moral, y ser de mente estrecha. Pero deberíamos recordar que, según su punto de vista, simplemente estaban guardando la ley sobre la que se había construido su sociedad. Todos ellos seguramente conocían esta escena tomada de su historia: luego del mandato dado por Dios a Moisés, un israelita fue ejecutado por… esperen a oírlo… juntar leña el día sábado.[31]

En otra ocasión, luego de que Jesús le había devuelto la vista a un ciego milagrosamente, los fariseos investigaron el milagro. Juan registra que algunos de ellos concluyeron que Jesús no venía de Dios porque había realizado la sanidad en sábado; pero otros no compartieron ese punto de vista y desafiaron la opinión de los primeros. Lo significativo aquí es que Juan señala que «había desacuerdo entre ellos» sobre este asunto. No todos estaban en contra de Jesús.[32]

En otra ocasión Jesús aceptó la invitación de un fariseo para comer en su casa.[33] Lo que siguió luego fue una acalorada discusión (lo que era común según el tipo de interacción aceptada entre los rabinos de aquel tiempo cuando interpretaban la ley), pero la cuestión es que Jesús fue a la casa del fariseo y comió con él y sus pares.

Así que, en tanto que muchos judíos y líderes judíos se mostraban hostiles a Jesús, eso no constituía por cierto algo universal. Juan registra que «muchos de ellos, incluso de entre los jefes, creyeron en él, pero no lo confesaban porque temían que los fariseos los expulsaran de la sinagoga».[34] Recordemos que Jesús entabló un diálogo saludable con el fariseo Nicodemo, que fue a visitarlo una noche buscando respuestas a la cuestión de Jesús mismo.[35] Nicodemo aparece como un tipo genuino y serio. Más adelante, notamos que él fue uno de los hombres que se ocupó de hacer los arreglos para que el cuerpo de Jesús se bajara de la cruz y se colocara en una tumba, preparando él mismo el cuerpo para el entierro. Y además de eso, Pablo, que escribió una parte significativa de los documentos del Nuevo Testamento, también se declaró fariseo e hijo de fariseos.[36]

---

30. Lucas 6
31. Números 15:32–36
32. Juan 9:13–16
33. Lucas 11:37–54
34. Juan 12:42
35. Juan 3:1–21
36. Hechos 23:6

* Pete, esta sería una buena ocasión para aplicar la enseñanza de Jesús acerca de que quitemos primero la viga de nuestro ojo antes de que nos pongamos a sacar la paja del ojo de otras personas. —Ben

Buena observación, compañero. —Pete

Además, a veces nos resulta fácil imaginarnos que toda Jerusalén levantó unánime la voz en contra de Jesús durante su juicio, gritando: «¡Crucifícalo! ¡Crucifícalo!» De nuevo, debemos tener cuidado de no caer en una simplificación excesiva de la situación. Había cientos de miles de peregrinos judíos en Jerusalén en el momento del arresto, juicio y ejecución de Jesús. Su arresto tuvo lugar de noche, y ese juicio apresurado de la mañana siguiente, temprano, involucró (obviamente) a una turba organizada y molesta, pero no estaba toda Jerusalén parada allí, frente al pretorio de Pilato. Resulta muy improbable que la mayoría de la gente siquiera estuviera enterada de lo que sucedía.

Y una cosa final, tenemos que ser cuidadosos de que al condenar a esos «tipos malos» que aparecen en el Nuevo Testamento, no estemos adoptando nosotros mismos las mismas actitudes de superioridad moral por las que los condenamos.*

Hasta podríamos decir que hay un elemento farisaico en todos nosotros. Cada uno de nosotros en algún punto de la vida hemos tenido la tendencia a pensar que éramos demasiado buenos para Dios, y quizá mejores que otros. Todos tendemos a suponer que la manera en que vemos y hacemos las cosas es «la forma correcta» (y a veces la *única*) y a muchos de nosotros nos resulta fácil juzgar a los demás. ¿Quién entre nosotros no ha experimentado el deseo de ser reconocido y notado? ¿Y quién no ha disfrutado del orgullo de tener un puesto de poder o de influencia? O tal vez de ese asiento especial en la mesa principal del banquete (precisamente aquello sobre lo que Jesús se mostró tan crítico).

Para usar una frase cliché: Si Jesús hubiera venido hoy, ¿cuál hubiera sido nuestra respuesta a él?

Para usar una frase cliché: Si Jesús hubiera venido hoy, ¿cuál hubiera sido nuestra respuesta a él? Por supuesto, nuestra primera respuesta está en pensar que seríamos los pescadores que dejaron sus redes para ser sus discípulos y convertirse en parte del círculo íntimo del Equipo A.

Pero al sentarnos dentro de nuestras iglesias, cómodas y bien establecidas, con ventanas con vitreaux, libros de oraciones y corales alegres, ¿que pensaríamos realmente de una persona que anduviera por los salones de tatuajes y por los bares con prostitutas, drogadictos y gente de la calle, sin hogar? ¿Qué pensaríamos de esa persona que abiertamente critica con dureza algunas de las prácticas de la iglesia moderna por superficiales, mal encaminadas y sin sentido? ¿Cómo nos sentiríamos si nos dijera que dejáramos de perder el tiempo pasando noches triviales en la iglesia y nos preguntara qué es lo que hemos estado haciendo en cuanto a alimentar a los pobres y en defensa de la justicia para los refugiados? ¿Qué pensaríamos de esa persona si apareciera en la catedral de nuestra ciudad y volcara los puestos de libros y arrojara afuera a esa gente, llamándolos una banda de víboras negras con vientre rojo? ¿Qué opinaríamos de esa persona si criticara a los líderes, a los grupos, y a las comisiones de nuestra iglesia y los regañara por ser complacientes y por haberse desviado? ¿Qué le responderíamos si hubiésemos guardado los mandamientos por mucho tiempo y todos los principios de nuestra iglesia y, sin embargo, él nos mirara a los ojos y nos dijera: «Anda, vende lo que tienes y dáselo a los pobres, y tendrás tesoro en el cielo».[37]

Bueno, mejor dejémoslo así. No estamos intentando subirnos al carro de ningún detractor de la iglesia. Ambos estamos profundamente comprometidos con nuestras iglesias.** Y para esquivar cualquier correo lleno de odio que deseen enviarnos, ¿podríamos decir que conocemos cantidad de iglesias y líderes de iglesias que están haciendo cosas tremendas tanto dentro de la iglesia como afuera, en la comunidad; cosas que sin duda

** ¡Y yo trabajo en una de ellas! —Ben

37. Mateo 19:21

Jesús considera muy buenas? Pero es importante que nosotros a veces demos un paso atrás para ponernos en contexto.

¿Correcto?... Bueno, ¿dónde estábamos?

Recapitulando: Jesús comenzó a predicar, enseñar y sanar cuando tenía alrededor de treinta años, desplazándose por las regiones y pueblos de la localidad, con un grupo cercano de amigos y un grupo mayor de seguidores. A través de los meses y de los años, él fue alcanzando renombre y un alto nivel de popularidad. Pero la oposición a su estilo de vida y enseñanzas también crecía, y había diversos grupos e individuos complotando para librarse de este problemático rabí.

Y entonces, un año, al acercarse la festividad anual de la Pascua y volcarse la atención de la nación hacia la ciudad capital, Jesús y su grupo aparecieron y se unieron a los miles de otros peregrinos que se encaminaban hacia Jerusalén.

Jesús estaba a punto de penetrar en el ojo del huracán.

Capítulo 18

EN EL OJO DE LA TORMENTA

Jesús llega a Jerusalén

A unas pocas horas de viaje al oeste de Sydney, Australia, está emplazada la agradable ciudad universitaria de Bathurst. Se trata de una típica ciudad australiana, de calles anchas, amplios parques, estatuas de exploradores locales de renombre y excelentes negocios de comida (sin franquicias), atendidos por las familias propietarias, las que todavía le ponen remolacha a las hamburguesas.*

Dominando la escena por encima de la ciudad hay un accidente geográfico muy evidente, conocido como el Monte Panorama. Durante gran parte del año, la franja de asfalto de seis kilómetros que conforma el camino que rodea el monte permanece tranquila. Es un camino público salpicado de granjas familiares y animales pastando, y solo rompe el silencio el característico sonido de los *galahs*** por encima de nuestras cabezas. Pero una vez al año, es la sede de la carrera en pista más grande e importante del país: la Bathurst 1000.

Los equipos de carrera, los conductores y el personal de las televisión brotan a raudales en Bathurst. Pisándose los talones, desde todos los puntos cardinales, aparecen los amantes de los autos, los devotos, los fanáticos, los pisteros, y hasta grupos de familias, todos dirigiéndose a Bathurst por millares para adorar en el santuario de las máquinas V8, para respirar el humo y para sentir el rugido de todas esas toneladas de motores alrededor de la pista. Las rutas hacia Bathurst se atascan. Los lugares de camping y los hoteles se abarrotan, y las calles desbordan de gente con camisetas que expresan con orgullo su afinidad con Ford o con Holden.*** El Monte Panorama desaparece sumido en medio de una niebla de neumáticos humeantes y gases de combustibles.

Cuando tal cantidad de visitantes se concentran en una ciudad campesina pequeña, especialmente cuando se sobrecargan de gasolina y cerveza, es probable que aparezcan los problemas.**** Y aparecen. Varios sitios del monte se asemejan a zonas de guerra, y solo los más valientes (e imprudentes) se atreven a ir allí. Incapaz de manejar a tan tremenda población ambulante, la ciudad requiere policías adicionales de todo el estado para mantener la paz. Perros de buen olfato rastrean explosivos y armas de fuego, en tanto que la policía intenta controlar las travesuras y payasadas de la turba y sus juergas, que en general involucran bebidas, el incendio de automóviles y la voladura de cosas. Se produce una especie de equilibrio precario en tensión con esas turbas, y la policía sabe que la multitud se halla (según sus propias palabras) «al borde del desenfreno».

Dos mil años atrás, los gobernantes de Jerusalén se encontraban en una situación igualmente tensa. Por supuesto, no contaban con los superautomóviles V8, y no intentamos sugerir que la profundamente sagrada festividad de la Pascua fuera una pariente cercana del frenesí de bebidas de Bathurst, pero una vez al año, afluían sobre Jerusalén judíos de todas partes para celebrar la Pascua. (Ustedes recordarán que los padres de Jesús lo hicieron cuando el niño tenía doce años.) La población de la ciudad explotaba***** de peregrinos, irónicamente celebrando un suceso de la historia de su nación en el que Dios los había librado de la opresión de un país extranjero (el éxodo de Egipto). Allí, a

* Para la gente de otras latitudes, esto es algo muy australiano.

** Nombre australiano para un ave parecida al loro que vive en las matas australianas y es conocida por su penetrante sonido.

*** Holden es una industria automovilística australiana. Se produce una competencia apasionada pero respetuosa entre los fanáticos de Holden y los de Ford.

**** «Olvidémonos de los automóviles; lo explosivo en Bathurst es la multitud» (Joshua Dowling, 11 de octubre de 2004).

* Los estimativos sobre la población de peregrinos varían notablemente. Algunas fuentes hablan de entre 40.000 y 400.000, en tanto que otras sugieran de 30.000 a 130.000. Todos están de acuerdo, sin embargo, en que la Pascua constituía un gran evento, y que había decenas de miles de visitantes en la ciudad en ese momento.

la sombra del templo, estaba ese mar de campesinos descontentos, alimentados por su nacionalismo y las ansias de libertad… bueno, si había un tiempo difícil de manejar para los romanos, era este.

Aquí vamos a hacer una rápida recapitulación histórica,* pero no nos abandonen. Es importante. Como la mayoría de las ciudades y regiones cercanas al norte de África y Europa, la Jerusalén de los días de Jesús había caído bajo el dominio romano. Alrededor de sesenta años antes del nacimiento de Jesús, las torres de asalto romanas fueron colocadas junto a las fuertes murallas del templo de Jerusalén, y bajo el comando del general y estadista Pompeyo, el templo fue capturado y Judea se convirtió en parte del Imperio Romano. Roma desalojó a la dinastía de los sumos sacerdotes que habían gobernado hasta allí y comenzó a nombrar los suyos propios. Alrededor de treinta años después, instaló a un extranjero, a Herodes (conocido como «el Grande»)** de Idumea como rey de los judíos.

*** ¡Pero, vamos! Me encanta escuchar una buena recapitulación.**
—Pete

Cálmate, Pete, antes de que le saques un ojo a alguien. —Ben

Pero, como muchos ejércitos involucrados en los modernos teatros de operaciones de distintas guerras lo han descubierto, una cosa es invadir y conquistar otro país, importar infraestructura y asignar diferentes puestos de poder, y otra muy distinta ocupar el mismo territorio y mantenerlo funcionando en paz. (Consideremos las dificultades relacionadas con la actividad de los Estados Unidos en Irak, o la ocupación alemana de Francia durante la Segunda Guerra Mundial.)

Judea nunca se acomodó a la ocupación romana. En el mismo centro de la identidad nacional judía existía el concepto de que esa tierra les había sido dada por Dios y que el templo era el santuario de Dios en la tierra. Descontentos por la ocupación de una nación extranjera y pagana (y alimentados por las profecías bíblicas acerca de que un Mesías iba a emerger y levantarse para conducir a los judíos a una victoria sobre sus opresores), se percibía una tensión creciente entre los romanos y los judíos. La situación era frágil, y nunca hizo falta mucho para que los problemas levantaran su horrenda cabeza. En la época en la que Jesús apareció en escena, Judea ya era conocida como una región caliente. Había habido décadas de disturbios civiles, revueltas, actividad subversiva y levantamientos. Y habían pasado por décadas de mano dura de parte de Roma, en respuesta a todo eso.

En el tiempo en que Jesús se dirigía hacia Jerusalén para el encuentro anual de toda la nación a fin de celebrar la Pascua, el gobernador de Judea era un oficial del Imperio Romano (un ***prefecto***) de nombre Poncio Pilato. Vivía en la ciudad costera de Cesarea, a unos cien kilómetros, más o menos, al norte de Jerusalén, y supervisaba los asuntos financieros y judiciales de la provincia. Estaba a cargo de la ley, el orden y el área militar romana, y supervisaba los temas administrativos tales como el desarrollo de obras públicas y la recaudación de impuestos. Parte de su área de competencia era mantener la paz, acallar disturbios, y mantener la mirada atenta sobre los alborotadores.

Pilato, indudablemente, estaba al tanto de las muchas ocasiones (tanto en años recientes como en épocas más distantes) en que se habían dado enfrentamientos y revueltas en Judea. Él había asumido su cargo sabiendo que unas pocas décadas atrás miles de judíos se habían levantado en un intento por expulsar a los romanos. Luego de una rápida y brutal respuesta militar, como resultado hubo dos mil judíos crucificados en castigo. Dada su larga relación de trabajo con el sumo sacerdote Caifás, es muy probable que Pilato también supiera de la ejecución (bajo Herodes Antipas) del conocido líder y alborotador judío Juan, conocido como el Bautista.

Pilato era un oficial del Imperio en un puesto de avanzada de Roma distante y problemático, que intentaba mantener en línea a una población exaltada y hostil. La situación

** Iba a ser el hijo de Herodes, Herodes Antipas, el que gobernara en Judea en la época de la adultez de Jesús, de su ministerio y de su ejecución.

se percibía perpetuamente explosiva. Pero una vez al año, durante la Pascua, las tensiones alcanzaban su punto de ebullición en Jerusalén. Como consecuencia de ello, Pilato se trasladaba (junto con su esposa, toda su casa y algunas tropas extras) a Jerusalén, donde establecía una base próxima al templo, en el pretorio, donde pudiera estar cerca de la acción.

Mientras tanto, a unos veinte kilómetros de distancia, en la ciudad de Jericó, en el valle del Jordán, Jesús y sus amigos se dedicaban a enseñar y sanar. Entonces iniciaron su viaje a Jerusalén, probablemente arrastrando detrás de ellos a un grupo de otros peregrinos (como Bartimeo, que siendo ciego había recibido la vista).[1] Al llegar a Betania, en el Monte de los Olivos (nombre más bien obvio), apenas a las afueras de Jerusalén, Jesús envió a dos de sus discípulos a conseguir un asno para él, en el que realizar la última etapa de su viaje. Eso constituía una audaz declaración política. Todos sabían por las Escrituras,[2] que unos quinientos años antes el profeta y sacerdote Zacarías había señalado que Jerusalén vería llegar a su rey humildemente montado en un asno. Ya había una fuerte sensación de expectativa en torno a Jesús. Juan señala que mucha gente que había llegado para la Pascua estaba esperando en los atrios del templo, y buscándolo. Se preguntaban unos a otros: «¿Qué les parece? ¿Acaso no vendrá a la fiesta?»[3] Así que cuando llegó la noticia de que Jesús y su grupo de seguidores marchaban por el camino que conducía a Jerusalén (¡y con Jesús montado en un asno!), se produjo en la ciudad una reacción en cadena.

Pero una vez al año, durante la Pascua, las tensiones alcanzaban su punto de ebullición en Jerusalén.

La respuesta fue inmediata y sin precedentes. Mateo señala: «Había mucha gente que tendía sus mantos sobre el camino; otros cortaban ramas de los árboles y las esparcían en el camino».[4] La masa de gente que se extendía delante y detrás de él gritaba alabanzas mientras aumentaba el número de los que a través de todas las calles de la ciudad se dirigían al templo. Tan importante era la entrada de Jesús que Mateo lo registra así: «Cuando Jesús entró en Jerusalén, toda la ciudad se conmovió. —¿Quién es éste? —preguntaban. —Éste es el profeta Jesús, de Nazaret de Galilea —contestaba la gente».[5]

La presencia de cientos de miles de peregrinos, todos encendidos de fervor nacionalista, ya constituía de por sí una situación tensa en la ciudad. Los soldados y los administradores romanos estaban atentos a cualquier señal de problemas. Así que la sospecha debe haber crecido cuando percibieron el alboroto y escucharon el clamor de la turba que se aproximaba a la muralla de la ciudad. Tienen que haberse preocupado al escuchar que se trataba de un popular maestro judío al que el pueblo saludaba como a un héroe y como a un salvador; y mucho más al descubrir que era de Galilea. Ese era un reconocido centro de rebeldes y allí tenían su base los zelotes, un grupo de resistencia armado que se apegaba a las tradiciones judías y se oponía ferozmente al pago de impuestos al César.

La entrada de Jesús en la ciudad fue con certeza toda una declaración. Pero en algunos sentidos, eso empalideció en comparación con lo que él hizo a continuación. Si había un epicentro de potenciales disturbios en la región, ese era el templo. El templo y sus alrededores (una enorme estructura amurallada que dominaba el paisaje de Jerusalén) estaban muy unidos a la identidad y al nacionalismo judíos. Se trataba de un recordatorio

1. Marcos 10:46–52
2. Zacarías 9:9
3. Juan 11:55–56
4. Mateo 21:8
5. Mateo 21:10–11

La presencia de cientos de miles de peregrinos, todos encendidos de fervor nacionalista, ya constituía de por sí una situación tensa en la ciudad.

franco, físicamente enorme e imposible de ser pasado por alto, de lo que eran ellos como pueblo. No solo simbolizaba a Israel, sino que en realidad constituía la piedra angular de la religión, sociedad, autonomía de gobierno, economía y vida de Israel.

Los sucesos en el templo y en sus alrededores con frecuencia provocaban revueltas y derramamiento de sangre. Para los judíos, el colmo había sido en el año 167, cuando Antíoco Epifanes erigió un altar a Zeus sobre el altar del templo y sacrificó un cerdo allí. Él entonces intentó obligar a algunos hombres judíos a comer la carne quemada, y cuando ellos se rehusaron, fueron desmembrados y muertos. Como resultado se produjo una guerra implacable de tres años, hasta que finalmente los judíos recuperaron el templo. En otra ocasión, solo algunas décadas antes de que Pilato asumiera su labor, se erigió un símbolo romano en el techo del templo. En respuesta a ese increíble insulto, un grupo de estudiantes judíos trepó hasta allí, procurando quitar ese estandarte romano, y ellos fueron rápidamente capturados y quemados vivos. El templo constituía un área sensible.

Era hacia allí que se dirigía Jesús.

Si alguna vez han visto alguna de esas antiguas reinterpretaciones de «Jesús y los cambistas» filmadas para algún documental de televisión, habrán notado que la escena generalmente se desarrolla en un pequeño patio con una o dos mesas con caballetes y un par de maliciosos mercaderes detrás de ellas, nada distinto de una kermés de iglesia.* Jesús aparece de repente, y arroja al piso una o dos mesas, mientras los mercaderes gritan y gesticulan hasta que él se marcha enfadado. Sin embargo, las cosas representadas a esta escala son más bien el resultado de un presupuesto de filmación magro que la descripción de la escala épica del área del templo.

El templo había formado parte de un programa de desarrollo de construcciones encarado por Herodes. Representaba alrededor del 15 por ciento del área total de la ciudad; constituía el punto culminante y la característica dominante dentro de ese paisaje. El templo en sí mismo (de unos quince pisos de alto) estaba rodeado por una cantidad de amplios patios bordeados por inmensas columnas y enormes paredes, columnatas y torres. La guarnición romana se alojaba en el pretorio, ubicado detrás de las paredes del atrio exterior.

El atrio de los gentiles era una inmensa área pública que podía albergar la visita de miles de gentiles (no judíos) convertidos al judaísmo. Era allí que los cambistas cambiaban el dinero de los visitantes romanos y griegos (dinero considerado impuro y por lo tanto inaceptable en el templo) a la moneda judía del templo, con la que podían pagar el impuesto del templo. También era allí que los visitantes podían comprar diferentes animales para el sacrificio, que constituía una de las características centrales de la festividad. No hablamos de uno o dos pájaros en pequeñas jaulas, como aparecen en las películas, sino de cantidades enormes de ganado, suficientes como para cubrir el flujo de visitantes. Había vacas y ovejas (para los ricos), pero la mayoría de los habitantes de las zonas rurales, a lo máximo a lo que podían aspirar era a comprar alguna ave (como había sucedido con los padres de Jesús muchos años antes).

Ese comercio constituía la atracción principal para los mercaderes astutos que deseaban hacer dinero rápidamente, y que extorsionaban al público con tarifas de cambio exorbitantes. Los comerciantes que vendían palomas hacían un gran negocio, aprovechándose de los pobres que no podían afrontar el gasto de un animal más grande. Para participar de las ceremonias de la festividad, los pobres no tenían elección y debían pagar esas tarifas escandalosas.

* ¡No es que queramos decir que la gente de la iglesia sea maliciosa!
—Pete

Así que «Jesús entró en el templo y echó de allí a todos los que compraban y vendían. Volcó las mesas de los que cambiaban dinero y los puestos de los que vendían palomas».[6] De hecho, estaba limpiando el templo de la avaricia y de la opresión. Él declaró que ese debería ser un lugar de oración, y no un lugar para ladrones. Al hacerlo, Jesús hizo público su sentir por los pobres y oprimidos, juntamente con una condenación hacia los principales sacerdotes y hacia la jerarquía religiosa.

A esa altura, Jesús no solo constituía una preocupación creciente para los romanos, sino que también había cruzado el límite en lo que concernía a su trato con las autoridades judías. Durante años ellos lo habían considerado una figura controversial, pues se mostraba como un maestro y líder que no encajaba en el molde. En torno a él se habían producido discusiones y debates. Pero ahora, en esta época de gran importancia para el calendario judío, que contaba con la presencia de miles de personas bajo la misma sombra del templo, él había ido demasiado lejos. Al interrumpir el comercio que se realizaba en el templo y evitar el intercambio que se producía usualmente, lo que hacía era declarar con audacia que la era del templo había llegado a su fin.

Para empeorar las cosas, comenzó a sanar a los ciegos y cojos justamente en los atrios del templo,[7] y con ello daba a entender que el templo y el sistema de sacrificios ya no era necesario ni pertinente para acceder a Dios. Les dijo a sus discípulos que el edificio del templo, con toda su importancia, gloria y majestad, sería destruido y no quedaría piedra sobre piedra.* Se estaba estableciendo a sí mismo como el nuevo templo, como el camino a Dios.

* Eso aconteció unos cuarenta años después, cuando los romanos, bajo el comando de Tito, destruyeron el templo.

Durante los próximos días, él continuó visitando los atrios del templo para enseñarle a la gente y debatir con sus oponentes. Les dijo a los maestros y principales sacerdotes judíos que los recaudadores de impuestos y las prostitutas, que ellos tanto despreciaban, estaban más en línea con el reino de los cielos que ellos mismos. Contó parábolas sobre cómo los fariseos y los maestros de la ley se iban a perder el reino de Dios. Criticó a los líderes judíos por su orgullo e hipocresía, e instruyó a la gente a que no siguieran su ejemplo. Los llamó guías ciegos, necios, hipócritas, hijos del infierno y víboras. Criticó su sistema religioso corrupto, que colocaba cargas pesadas sobre el pueblo común.

«Jesús entró en el templo y echó de allí a todos los que compraban y vendían».

El complot en contra de Jesús fue incrementándose durante algún tiempo. Juan registra que antes de la Pascua los fariseos y los sacerdotes principales habían llamado a una reunión del Sanedrín para discutir el caso.[8] Una de sus preocupaciones era que si el Sanedrín (o Consejo) le permitía a Jesús seguir haciendo lo que hacía, su popularidad continuaría aumentando y todos lo seguirían. Si eso sucedía, los romanos reaccionarían fuertemente, quitándoles tanto el templo como la nación de las manos. Por lo tanto, veían a Jesús como una amenaza dentro del delicado equilibrio de poderes de la región. Caifás (el sumo sacerdote) tuvo una simple respuesta. Era mejor sacrificar a una persona que dejar que toda la nación fuera aplastada. «Así que desde ese día convinieron en quitarle la vida».[9]

Y de ese modo la entrada de Jesús en la ciudad y su crítica de los ancianos solo logró poner aun más furiosos a los líderes. Los principales sacerdotes y maestros de la ley estaban

6. Mateo 21:12
7. Mateo 21:14–15
8. Juan 11:45–53
9. Juan 11:53

indignados. Desafiaban sus conceptos y «buscaban la manera de arrestarlo, pero temían a la gente porque ésta lo consideraba un profeta».[10] Se oponían a sus ideas e intentaban atraparlo en sus propias palabras con preguntas capciosas sobre los impuestos y la teología de la resurrección. Pero finalmente consideraron que ya era suficiente. «Se reunieron entonces los jefes de los sacerdotes y los ancianos del pueblo en el palacio de Caifás, el sumo sacerdote, y con artimañas buscaban cómo arrestar a Jesús para matarlo. "Pero no durante la fiesta —decían—, no sea que se amotine el pueblo"».[11]

Por el momento, Jesús continuaba enseñando y considerando los tiempos que tenía por delante. Pero durante los días que siguieron ocurrieron algunas cosas que cambiaron el curso de la vida del planeta.

«Así que desde ese día convinieron en quitarle la vida».

10. Mateo 21:46
11. Mateo 26:3–5

Capítulo 19

HASTA PRONTO. ADIÓS. AMÉN

La última noche de Jesús con sus amigos

Para la mayoría de nosotros la Navidad constituye un gran acontecimiento. Velas, árboles, regalos, compras, villancicos, representaciones navideñas, castañas tostadas en el fuego, las entradas de las casas engalanadas con ramas de acebo y el sueño de una Navidad blanca. Pete es padre de tres hijas, así que a lo largo de los años la Navidad ha sido considerada por ellos como una gran ocasión; por la mañana temprano se notan las evidencias trucadas de la aparición de renos, hay gritos agudos, juguetes, papel de envolver y reuniones tempranas en la iglesia antes de colocar un pavo en el asador para el almuerzo. Aun Ben, que no tiene hijos sino una pequeña familia, marca la Navidad en el calendario como un gran acontecimiento. Todos los años se consigue un árbol, fielmente lo decora con guirnaldas y estrellas, y luego, sin falta, coloca las lamparitas de colores y las enchufa incorrectamente y saca de funcionamiento toda una red de suministro.

Es tradicional celebrar la Navidad con un almuerzo familiar. Por lo general, esa comida incluye lo suficiente como para alimentar a la tripulación de una fragata naval, y consiste en una ridículamente enorme pata de jamón o un pavo del tamaño de un *emu*;* además, se colocan en algún lugar al alcance de la mano varios recipientes con nueces, queso, galletas, ensaladas y vegetales cocidos, pan y vinos finos servidos en vasos del tamaño de una pecera. Con gran placer, los invitados luego comerán bombones y pasarán el resto del almuerzo mostrando un aspecto ridículo con sus sombreros de papel, mientras leen un surtido de bromas *naff.***

A la comida principal la sigue el postre, que tradicionalmente es el más relleno y abundante conocido por la humanidad: un budín humeante de Navidad, con natilla hirviente. Entonces, para terminar, se presenta todo un surtido de chocolates, pasteles y dulces, tal vez acompañados por licor o café, solo para comprobar hasta dónde se puede estirar el estómago humano antes de que sufra un daño permanente. Con frecuencia acompañan a esta comida los suaves y dulces sonidos de la voz de Bing Crosby entonando canciones acerca de que la Navidad es blanca, lo que resulta más bien irónico, en verdad, cuando se considera el calor abrasador del verano en el que nosotros los australianos disfrutamos de nuestra Navidad. Independientemente de las cuestiones específicas, la Navidad es un acontecimiento muy ritual que a menudo constituye la única ocasión en el año en la que todos los miembros de la familia se reúnen, llegando desde todos los puntos cardinales.

Toda esa sensación no es muy distinta del acontecimiento anual más importante del calendario judío, que se ha venido realizando durante los últimos tres mil años. La Pascua, celebrada tradicionalmente con una comida, todavía hoy es esa ocasión en el año en la que los judíos de todo el mundo se reúnen alrededor de la mesa familiar*** para recordar un suceso importante de su historia: la noche en la que sus antepasados fueron salvados.

Jesús llegó a la gran ciudad de Jerusalén para la Pascua. Muchos judíos de todo el imperio realizaban su peregrinación a la ciudad santa en esa época, y hacían sus

* Es el ave australiana de mayor tamaño, un pájaro esmirriado que no vuela y que puede llegar al 1.90 metros cuando está completamente erecto.

** Expresión australiana (originaria del Reino Unido) que significa «cursi, estereotipado o fuera de moda».

***** ¡Vaya! ¡Esa sí que es una gran mesa! —Ben**

¡No, en la misma mesa no, ganso! —Pete

> La Pascua, celebrada tradicionalmente con una comida, todavía hoy es esa ocasión en el año en la que los judíos de todo el mundo se reúnen alrededor de la mesa familiar para recordar un suceso importante de su historia: la noche en la que sus antepasados fueron salvados.

preparativos para celebrar la Pascua con la comida tradicional. Habiendo tanta gente en la ciudad, debió haber sido necesario reservar lugar. Así que Jesús envió a algunos de sus discípulos a la ciudad para organizar el lugar del encuentro y preparar la comida de Pascua. Cuando llegó la noche, él y sus amigos se encontraron en ese gran aposento alto de una casa de Jerusalén,[1] y fue allí que comieron, bebieron, conversaron y cantaron un himno tradicional juntos. Es muy posible que ustedes ya tengan una imagen en la cabeza sobre cómo habrá sido esa comida, mayormente gracias al famoso cuadro de Da Vinci, *La última cena*. Sin embargo, probablemente no haya sido así. No era muy factible que todos los invitados se colocaran de un solo lado de la mesa y que pasaran la noche en una pose teatral. De hecho, ni siquiera era costumbre en esos días sentarse en sillas. Más bien, los discípulos deben haber estado tendidos (o reclinados) en el piso, alrededor de una mesa baja, apoyados en uno de sus codos.

Vayámonos un poco por las ramas por un momento y recordemos lo que ellos celebraban. La historia original de la Pascua aparece en todos sus detalles en el libro de Éxodo.[2] Resumiéndola, los israelitas habían sido esclavizados y usados masivamente para realizar trabajos forzados en Egipto. Dios había respondido a esa situación levantando un líder, Moisés, que salvara al pueblo y lo condujera fuera de Egipto a una nueva tierra propia. Sin embargo, el Faraón de esos días se rehusó a permitir que los israelitas se marcharan. Su terquedad ocasionó un juicio de Dios, que se produjo a través de una serie de plagas que devastaron Egipto. La plaga final fue una maldición de muerte sobre todos los hijos varones primogénitos de esa tierra. Pero a los israelitas se los libraría de esa plaga si ellos seguían algunas simples instrucciones: cada familia israelita debía pintar el dintel de la puerta de su casa con la sangre de un cordero sacrificado, y a causa de esa sangre inocente, el juicio de Dios «pasaría de largo» sobre todos los que hubieran puesto la señal.

Así que, según el libro de Éxodo, el espíritu de muerte llegó esa noche y los israelitas no quedaron expuestos a la plaga, en tanto que muchos egipcios jóvenes murieron. Eso resultó ser lo que le faltaba a Faraón para finalmente permitirles a los israelitas irse.* Lo importante es que a los israelitas se les instruyó que recordaran ese tremendo acontecimiento a través de la celebración de una cena anual. Así que cada año, hasta el día de hoy, las familias judías se reúnen en sus hogares a comer y recordar la noche en que la ira de Dios pasó de largo sobre sus antepasados y fueron liberados de la esclavitud.

Sin embargo, a diferencia de la comida tradicional de Navidad, la tradicional comida de Pascua consiste en alimentos intencionalmente simbólicos, que se utilizan como ayuda memoria para contar la historia de la primera Pascua. A través de los siglos, se han ido agregando algunos elementos y tradiciones, pero en esencia la comida consiste de ***un cordero***, para recordarles el cordero que se mató para aplacar la ira de Dios; ***panes sin levadura***, porque durante la Pascua original, ellos salieron de Egipto apresuradamente y no tuvieron tiempo de hornear pan; ***hierbas amargas***, tal como perejil o rabanitos, para que les trajera a la memoria la amargura de la esclavitud en Egipto; ***un recipiente con agua salada*** para recordarles sus sufrimientos y lágrimas durante el cautiverio; ***una pasta hecha con frutas*** de la misma consistencia de la

* De paso, la palabra éxodo significa «salida».

---

1. Mateo 26:17–30; Marcos 14:12–16; Lucas 22:7–13
2. Éxodo 11—13

arcilla con la que hacían los ladrillos; ***cuatro copas de vino***, cada uno con un nombre especial, para recordarles las promesas de Dios.

No fue una coincidencia que Jesús determinara su visita a Jerusalén durante la Pascua. Resulta altamente significativo que durante este, el momento más sagrado del calendario judío, Jesús instituyera una nueva comida «sagrada» con sus discípulos, utilizándola para establecer vínculos con un acontecimiento histórico que tendría que ver con la salvación de Dios, esto es, su propia muerte.

En tanto que nosotros, echando una mirada retrospectiva, hemos denominado a ese acontecimiento con el título altisonante de «La última cena», para los discípulos era simplemente otra comida de Pascua, tal como la habían celebrado todos los años de sus vidas. No subieron las escaleras esa noche diciéndose unos a otros: «Oh, yo realmente tengo expectativas en cuanto a esta última cena». Del mismo modo, aun cuando Jesús hubiera usado un plato y una copa, no hubo un Santo Grial sobre la mesa. La idea del Santo Grial fue adquiriendo impulso a través de la literatura romántica europea del siglo doce y luego se convirtió en el pan de cada día para ciertas películas, desde Monty Python a Indiana Jones.

Así que este acontecimiento tenía cierto aire de cosa común. Pero, aunque los discípulos no lo sabían en ese momento, esa noche iba a resultar diferente.

Pero, aunque los discípulos no lo sabían en ese momento, esa noche iba a resultar diferente.

En medio de la comida, Jesús lanzó la bomba. Teniendo a los doce apóstoles reclinados alrededor de la mesa, él predijo que uno de ellos estaba a punto de traicionarlo. Deberíamos detenernos a considerar lo aterradora que debió haberles sonado a ellos esa simple declaración. En tanto que no eran proscriptos, esos hombres tenían plena conciencia de la situación precaria en la que estaban. Eran los discípulos cercanos de un predicador itinerante y controversial, que participaban de una gran festividad pública en una ciudad bajo control extranjero. Ya sentían que su cabeza se había convertido en un blanco. Y la idea de traición debía ser al menos desconcertante.

Resulta curioso que los discípulos reaccionaron preguntando por turno: «¿Acaso seré yo, Señor?» Su expresión retórica de duda parece implicar que quizá ellos no habían captado la naturaleza deliberada de esa traición de la que Jesús hablaba. Tal vez pensaban más en una línea de traición referida a «abandonar» a su maestro, como otros discípulos ya lo habían hecho antes. Sin embargo, uno de ellos sabía exactamente de qué hablaba Jesús. Luego de llegar a la ciudad, Judas se había acercado a los principales sacerdotes y había hecho los arreglos para conducirlos a Jesús en el momento adecuado.

Al promediar la comida, Jesús tomó un poco de pan de la mesa, dio gracias, lo rompió en trozos y lo repartió a sus discípulos, diciendo: «Tomen y coman; esto es mi cuerpo». Luego tomó una copa, dio gracias y la hizo circular, diciendo: «Beban de ella todos ustedes.* Esto es mi sangre del pacto, que es derramada por muchos para el perdón de pecados».[3] Aquí Jesús tomó los elementos tradicionales de la Pascua y los temas de la «sangre» y el «perdón» ya utilizados en esta comida y les infundió un significado completamente nuevo. Solo más tarde se les hizo claro a ellos que *él* estaba a punto de convertirse en el Cordero Pascual cuyo cuerpo y sangre iban a ser entregados para que el juicio de Dios pasara de largo sobre el pueblo que confiaba

* Muchos piensan que la copa que Jesús tomó en este punto era la tercera copa de la comida de Pascua, tradicionalmente conocida como la «copa de la salvación».

---

3. Mateo 26:26–28

en el Señor. Jesús les quería decir que él estaba a punto de cumplir su misión a través de la muerte.

Ese momento de la historia de Jesús resulta tan central, que a partir de él nació una nueva costumbre entre sus seguidores. Ese nuevo ritual, con sus símbolos tangibles del pan y del vino (llamados comúnmente la cena del Señor, la comunión, la eucaristía o la misa), constituye la ceremonia a través de la que los cristianos recuerdan la muerte de Jesús. No se trata de una comida anual como tal, aunque la mayoría de las iglesias, además de tener sus servicios semanales de comunión, con frecuencia la tienen como parte de las celebraciones de Navidad y Pascua y en algunas ocasiones de las bodas. Sin embargo, como la comida de la Pascua judía, se convertiría en el ritual que los cristianos iban a usar para recordar el día en el que Jesús (el Cordero de Dios) fue sacrificado para que la muerte pasara de largo y, como resultado, ellos fueran salvos.

Ese momento de la historia de Jesús resulta tan central, que a partir de él nació una nueva costumbre entre sus seguidores.

Luego de esa comida, Jesús y sus compañeros abandonaron el aposento alto, atravesaron la abarrotada ciudad y salieron fuera del muro de la ciudad. Probablemente siguiendo el mismo camino hacia Betania por el cual habían venido unos pocos días antes, descendieran por la empinada cuesta (del valle del Cedrón) fuera de la ciudad y ascendieran del otro lado hacia el Monte de los Olivos, una colina de tres kilómetros con vista hacia Jerusalén y hacia el templo por el oeste. Jesús fue con sus amigos hasta un huerto (Getsemaní) en las estribaciones del monte, donde pudieran descansar entre los árboles y las viñas.

Probablemente estemos familiarizados con lo que sucedió a continuación, en especial si hemos visto el film de Mel Gibson, *La pasión de Cristo*, pues allí es donde comienza la película. Con una marcada intensidad, los escritores de los Evangelios nos dicen que Jesús sabía que había llegado su «hora». Ya no habría más sermones, ni más sanidades, ni más antagonistas con los que debatir; su misión estaba llegando a su fin. En numerosas ocasiones él había predicho que habría de morir y poner su vida como sacrificio por el mundo. Esa era la razón suprema por la que había venido. Ahora el tiempo había llegado.

La reacción de Jesús en ese momento resulta perfectamente natural. Sabía lo que estaba por suceder y, como hombre, tenía todos los sentimientos y pensamientos normales que acompañan un conocimiento de ese tipo. Los escritores enfatizan el intenso sufrimiento de Jesús y sus luchas interiores. Marcos nos dice que Jesús «comenzó a sentir temor y tristeza»,[4] mientras Lucas señala que «su sudor era como gotas de sangre que caían a tierra».[5] Reunió a sus amigos cerca de él (a Pedro, Santiago y Juan) y les dijo: «Es tal la angustia que me invade, que me siento morir … Quédense aquí y manténgase despiertos conmigo».[6] Solo podemos intentar imaginar cómo les sonaron esas palabras a los discípulos. Por todos lo que nos dicen los informes, Jesús nunca había hablado con ellos de esa manera. Sea lo que fuere que sintieron los discípulos en ese momento, seguramente sabían que algo estaba sucediendo.

---

4. Marcos 14:33

5. Lucas 22:44, aunque no está claro si estas palabras formaban parte del texto original de Lucas o si fueron añadidas más tarde por otro escritor.

6. Mateo 26:38

Entonces, en presencia de ellos Jesús comenzó a orar.* «Padre mío, si es posible, no me hagas beber este trago amargo. Pero no sea lo que yo quiero, sino lo que quieres tú».[7]

¿Qué era lo que Jesús temía tanto y cuál era la «copa» de la que no quería beber? Algunos han argumentado que Jesús temía a su propia muerte. Después de todo, la crucifixión era uno de los métodos de ejecución más temidos, y el dolor y los sufrimientos que experimentaba la víctima eran horrendos más allá de lo que se pueda imaginar. Así que se dice que aquí podemos ver un lado muy humano de Jesús, que sabía que su muerte por crucifixión estaba a la vuelta de la esquina. Puede haber algún elemento de verdad en eso, pero quizá una mejor respuesta nos venga por la comprensión de lo que Jesús quería decir cuando hablaba de una copa. En el mundo antiguo, un método común de asesinar a un funcionario del gobierno o a un general, era envenenar su copa. De hecho, los reyes empleaban coperos a los que se les confiaba la supervisión del vino del rey.** Ellos hasta probaban el vino antes, para comprobar si se le había echado veneno. Ese era el trasfondo que había dado origen a la expresión que simbolizaba a la ira de Dios. La copa se convirtió en un símbolo del juicio de Dios derramado sobre los que estaban en contra de él.

Jesús no solo estaba a punto de experimentar la muerte, sino también de «beber» la ira de Dios. Eso quizá sea lo más asombroso de la muerte de Jesús en la cruz: él iba a convertirse en objeto de la justa ira de Dios sobre el pecado, aunque «no había conocido pecado». Jesús temía al horrible castigo que recibiría por nuestro pecado, pero estaba dispuesto a «poner su vida en rescate por muchos» porque esa era la voluntad del Padre.

Jesús no solo estaba a punto de experimentar la muerte, sino también de «beber» la ira de Dios.

Pero Jesús no estaba procurando una salida de último minuto. Sabía lo que tenía que hacer y por qué estaba a punto de morir. Su oración no fue tanto una petición para que el Padre lo sacara del apuro (o de la cruz) sino una expresión de las emociones atroces que rodeaban los sucesos que estaban a punto de acontecer.

Poco después, una gran turba (compuesta por escribas, sacerdotes y soldados) apareció en el jardín. Se habían llevado a cabo muchas discusiones, planeamiento y preparación sobre el arresto de Jesús. Como lo hemos visto a través de todo su ministerio, ya se habían realizado varios intentos de silenciar a Jesús o de lograr que lo arrestaran o lo mataran, pero no habían tenido éxito. Sus oponentes estaban esperando que se presentara el momento justo, pero con esa figura pública tan popular montando semejante escena en Jerusalén, tenían que ser cautos. Les preocupaba que al arrestar a Jesús en medio de esa ciudad tan abarrotada durante el fervor de la Pascua se produjera algún disturbio. Tenían que esperar la oportunidad justa, cuando no hubieran multitudes rodeándolo y pudieran prender a Jesús, estando solo.[8] Y eso sucedió cuando escucharon que Jesús y sus amigos habían salido de la ciudad y estaban pasando la noche en algún lugar cercano.

Por supuesto, en realidad tenían que encontrar a Jesús, que estaba en algún lugar en medio de la oscuridad, en un bosque de olivos, arbustos y árboles del otro lado del valle. Necesitaban de alguien que supiera dónde estaba y que los condujera hasta

* Era costumbre orar en voz alta, así que lo que Jesús dijo sin duda fue oído por los discípulos y registrado para nosotros en los Evangelios.

** En el Antiguo Testamento, Nehemías fue un copero.

7. Mateo 26:39

8. Lucas 22:6

él y lo identificara. Y encontraron a esa persona en el lugar menos probable. Dentro del círculo cercano a Jesús.

Conduciendo a la turba iba uno de los compañeros más cercanos de Jesús: Judas Iscariote. Al ser uno de los privilegiados doce discípulos principales, Judas había estado con Jesús durante los últimos tres años; había viajado, comido y acampado con él; lo había visto realizar milagros y se había sentado como uno de sus discípulos para recibir sus enseñanzas. Judas compartía la visión y la obra de Jesús. Pero había decidido traicionar a su amigo y Señor al ayudar a las autoridades a encontrarlo y arrestarlo.

El por qué uno de sus amigos más íntimos decidiría hacer eso no nos resulta claro. Quizá, dado que se le pagó con treinta piezas de plata, se debiera al beneficio económico que recibiría. Él vio una manera de hacerse de algún dinero con facilidad. Tal vez, por ser el único discípulo de Judea y no de Galilea como los demás, Judas nunca realmente se hubiera sentido parte del equipo. Quizá, como supuesto sicario (un agitador militante y un asesino en la lucha en contra de los romanos), Judas se hubiera desilusionado porque Jesús no estaba cumpliendo con el destino que se esperaba para él como Mesías político y militar de Israel. O tal vez en realidad nunca hubiera creído, aunque eso parece improbable. Simplemente desconocemos la razón por la que Judas traicionó a Jesús. Sin embargo, es probable que semejante decisión no fuera tomada a la ligera, ni por impulso, sino como resultado de una insatisfacción o desilusión de larga data.* Durante la comida de la noche anterior, Jesús ya había señalado que él sabía lo que ocurría a sus espaldas.

(Recientemente se encontró un antiguo documento en Egipto y fue restaurado por la National Geographic Society.** Incluido en ese documento había un registro escrito anónimo de las supuestas conversaciones privadas de Judas con Jesús durante los últimos días previos a su arresto. Ese registro se titula *El Evangelio de Judas*, cuyo original probablemente no estuviera fechado antes de mediados del segundo siglo d.C.,*** por lo menos setenta años luego de que fueran escritos los Evangelios. Ese breve registro nos proporciona una perspectiva distinta con respecto a Judas y sus motivos. Dicho simplemente, ese documento no describe a Judas como traidor sino en realidad como lo opuesto. Señala que él era un discípulo privilegiado de Jesús, llamado por él de entre todos los otros discípulos, y al que le contó cosas «secretas» referidas a su misión. Según ese documento, solo Judas sabía que era necesario que Jesús muriera para salvar al mundo y por lo tanto era el único discípulo dispuesto a colaborar con él en el cumplimiento de su misión. Pero los registros de testigos presenciales anteriores, que encontramos en el Nuevo Testamento, no nos dicen tal cosa. Judas es descrito como alguien que «traicionó» a Jesús****, y se nos dice que «Satanás entró en él».[9] Más aun, no se encuentran evidencias fuera del *Evangelio de Judas* que sugieran que Judas conocía «cosas secretas» y que estaba actuando en armonía con Jesús cuando lo entregó para ser arrestado.)

Mientras Jesús hablaba con sus discípulos, la turba hizo su aparición, marchando por el jardín hacia ellos. Judas se acercó a sus compañeros y saludó a Jesús de la manera acostumbrada, con un beso. Esa era la señal. Y desde ese momento, el nombre de Judas quedó grabado en la historia como sinónimo de *traidor*. Resulta claro que Jesús

* Ben, este sería un buen momento para volver a introducir la analogía de Anakin Skywalker cuando era arrastrado hacia el lado oscuro de... —Pete

Tal vez más adelante, Pete. —Ben

** Se publicaron los descubrimientos hacia fines de 2006.
*** La copia descubierta en Egipto, en El Minya, está fechada en alrededor del año 300 d.C.
****Por ejemplo, Mateo 26:21, 23; 1 Corintios 11:23.

9. Juan 13:27

no elogió a Judas en ese momento, sino que le dijo, más bien en tono irónico: «Judas, ¿con un beso traicionas al Hijo del hombre?».[10]

La turba venía armada con espadas y palos, y parece que hubo una refriega. Uno de los discípulos arremetió, daga en mano, cortándole la oreja a uno de los soldados. Lo notable fue que Jesús, inmediatamente, le sanó la oreja al soldado y reprendió a los discípulos. Nos descoloca el pensar lo que habrá pasado por la mente de ese soldado. Desafortunadamente, eso queda solo para que nos lo imaginemos.

Si hubo algún momento en el que Jesús debería haber tomado las armas y luchado, fue ese. Pero su misión no era luchar contra sus enemigos sino poner su vida por ellos. Los discípulos se dispersaron en la oscuridad, y a Jesús lo llevaron de regreso a la ciudad para enfrentar cargos.

Eso fue el principio del final.

---

10. Lucas 22:48

Capítulo 20

QUE EL JURADO SE PONGA DE PIE, POR FAVOR

El juicio a Jesús

Nada cautiva tanto la imaginación pública como un juicio. Las pantallas de nuestros televisores están dominadas por toda una serie de programas sobre la corte, tanto ficticios como reales, en los que se hace una disección de las idas y vueltas de ciertos casos legales, mostrando las batallas entre abogados y testigos para decidir la inocencia o culpabilidad del acusado. Del mismo modo, las historias de suspenso legal constituyen un tema básico para muchos novelistas y cineastas contemporáneos. Muchos de nosotros jamás hemos visto personalmente el interior de una sala de la corte; sin embargo, estamos muy familiarizados con el lenguaje y los procesos de los juzgados modernos: «Que la corte se ponga de pie, por favor», «¡Objeto, su Señoría!», «¡Objeción denegada!», «¡Orden en la sala!», «Si la corte está de acuerdo...», «No más preguntas, su Señoría», «Entramos en receso durante quince minutos», «Acérquense al estrado», «Prueba A...», «Encontramos al acusado (pausa dramática)... culpable», «Soy inocente, ¡les digo que soy inocente!».

Pero esto no solo tiene que ver con la ficción. A través de toda la historia se han registrado innumerables juicios famosos en los que se tomaron decisiones importantes y de largo alcance. Pensemos los juicios a las brujas de Salem, a Juana de Arco, los juicios Amistad, el juicio «mono» a Scopes, las audiencias comunistas McCarthy, los juicios de Nuremburg, y los juicios por el «incendio de Mississippi». En épocas más recientes, los juicios a las celebridades y a otras personas que captan la atención del público han mostrado la tendencia a producir un gran circo mediático, y nosotros, desde la comodidad de nuestras salas de estar, podemos disfrutar de un flujo constante de actualizaciones, análisis y debates por parte de distintos expertos y comentaristas. Pensemos en los juicios que rodearon la muerte de Azaria Chamberlain causada por «dingos» (una especie de perros salvajes) en Australia, el relacionado con los disturbios en Los Ángeles, la impugnación a Clinton, y los juicios a O. J. Simpson, Saddam Hussein y Michael Jackson. Hay algo cautivante que rodea a alguien al que se lo llama a rendir cuentas para ver si los jueces de su comunidad lo hallan culpable o inocente. Todos queremos saber si él «lo hizo».

En nuestra sociedad estamos acostumbrados a un sistema legal metódico, elaborado, deliberado y, algunos dirían, hasta complicado.* El proceso del juicio con frecuencia comienza con una investigación, la reunión de evidencias, y el hallazgo de testigos. Todo eso puede conducir a un arresto y luego al nombramiento de fiscales y de abogados del ayuntamiento, seguido de meses de audiencias previas al juicio, las que llevan a un juicio que se puede prolongar largamente mientras comparecen los testigos, los expertos realizan sus análisis, los abogados dan pelea y los jueces llaman a receso debido a sus compromisos de golf. Luego se reúne el jurado y discuten internamente antes de dar un veredicto, que frecuentemente nos lleva al comienzo de un proceso de apelaciones... y así sigue la cosa. Aun si un delincuente convicto recibe una sentencia de muerte, eso no sucede directamente al salir de la sala de la corte. En Texas, por ejemplo, el tiempo promedio que un prisionero pasa en la fila de los condenados a muerte esperando ser ejecutado es de

*** La consecuente suma de complejidades del sistema legal de Occidente no tiene sus bases en los hechos sino que es el resultado de mirar demasiados episodios de *La ley y el orden*. —Pete**

Y de leer las novelas de John Grisham. —Ben

aproximadamente diez años. La espera más corta de la que se tiene registro fue de ocho meses, pero también hubo un prisionero que estuvo en la fila de los condenados a muerte durante veinticuatro años antes de que la ejecución se llevara a cabo.

El juicio a Jesús *no* fue así. Toda la movida desde el juicio a la ejecución llevó posiblemente menos de veinticuatro horas.

Resulta difícil establecer el orden exacto de los distintos interrogatorios y juicios por los que pasó Jesús previo a su crucifixión. Del mismo modo en que los informes de los distintos periódicos ofrecen diferentes ángulos de una sola historia, cada uno de los escritores de los Evangelios contribuye con diversos registros acerca de lo que sucedió. Pero este es el orden más probable de los hechos:

Según Juan,[1] luego de su arresto Jesús fue llevado primeramente a la casa de Anás (el anterior sumo sacerdote, suegro de Caifás el actual sumo sacerdote).* Aunque ya no tenía una función oficial, Anás constituía una especie de viejo estadista en Jerusalén, tenido en alta estima, de la misma manera en que se podría considerar a un ex presidente hoy. Así que el interrogatorio inicial no fue en realidad un juicio formal sino algo más semejante a una audiencia preliminar. Allí Jesús fue interrogado por Anás, probablemente con el solo fin de embarrarlo un poco antes del juicio oficial. Pero Anás consiguió muy poco de Jesús, así que se lo envió a Caifás y a los líderes judíos.[2]

Los que estuvieron presentes en su «juicio» fueron Caifás (el sumo sacerdote), todos los principales sacerdotes, los ancianos, y los escribas;[3] en total conformarían un cuerpo de posiblemente algo más de setenta hombres.** Pero ese no fue un verdadero juicio, por lo menos no en el sentido de contar con una audiencia limpia y un veredicto justo. Resulta muy claro que el veredicto ya había sido determinado y que el cuerpo judicial solo estaba en busca del «arma del delito» para cargarle a Jesús un crimen que mereciera la pena de muerte, aunque eso significara fabricar algunas evidencias.

Resulta muy claro que el veredicto ya había sido determinado y que el cuerpo judicial solo estaba en busca del «arma del delito» para cargarle a Jesús un crimen que mereciera la pena de muerte.

Se llamó a numerosos testigos, que se presentaron a dar su testimonio. Según lo dice Mateo, «Los jefes de los sacerdotes y el Consejo en pleno buscaban alguna prueba falsa contra Jesús para poder condenarlo a muerte. Pero no la encontraron a pesar de que se presentaron muchos falsos testigos».[4] Parece que la única cosa sobre la que pudieron ponerse de acuerdo fue en cuanto a que Jesús había dicho algo con respecto a destruir el templo y reconstruirlo nuevamente en tres días. A través de todo ese proceso, Jesús permaneció en silencio.

Luego, quizá a causa de su frustración, y procurando que Jesús se incriminara a sí mismo, Caifás cambió de táctica. Se paró y se dirigió a Jesús, preguntándole directamente: «¿Eres el Cristo, el Hijo del Bendito?»[5]

Ahora hagamos una pausa por un momento. ¿Podemos imaginar la escena? Durante años Jesús había constituido un aguijón clavado en el establishment, y por un largo tiempo diversas facciones habían estado planeando matarlo. Ahora aquí estaba él, frente a frente con ellos. Y Caifás acababa de hacerle la gran pregunta. Setenta hombres, o más, estaban

* Anás fue sumo sacerdote desde el año 6 hasta el 15 d.C.; Caifás fue el sumo sacerdote desde el año 18 hasta el 36 d.C.

** Según Sanedrín 1:6, el Sanedrín, el consejo de gobernantes de los judíos, consistía de setenta ancianos y el sumo sacerdote en funciones.

1. Juan 18:13
2. Marcos 14:53; Juan 18:24
3. Marcos 14:53
4. Mateo 26:59–60
5. Marcos 14:61

suspendidos sobre el borde de sus asientos listos a escuchar su respuesta. Si hubiera habido murmullo en esa corte durante el juicio, debiera haber cesado en ese momento.

«Sí, yo soy», dijo Jesús. Y luego agregó: «Y ustedes verán al Hijo del hombre sentado a la derecha del Todopoderoso, y viniendo en las nubes del cielo».[6] Jesús no solo afirmó ser el Mesías, sino que además señaló que eso sería confirmado por Dios mismo cuando lo colocara como autoridad suprema y se sentara a la diestra del Señor. A nosotros hoy nos suena como un principio muy corriente de la fe cristiana. Pero a los oídos del Sanedrín, esa declaración resultaba increíblemente ofensiva y blasfema.

Jesús no solo afirmó ser el Mesías, sino que además señaló que eso sería confirmado por Dios mismo.

La reacción de aquellos hombres fue instantánea. En medio de una explosión de emoción violenta, Caifás rasgó sus propias vestiduras. Al hacerlo, no estaba dando rienda suelta a una rabieta. Más bien, el rasgarse las vestiduras era una práctica cultural que expresaba ira e indignación, angustia y disgusto.* En este caso, constituía la señal visible de un veredicto de culpabilidad.

En las cortes modernas a los prisioneros se les provee (conforme a ley y práctica) un cierto nivel de protección. No fue así en esta ocasión. Algunos de los presentes escupieron a Jesús y hasta le dieron golpes. Ahora habían encontrado el *arma asesina*, evidencia fría y dura que garantizaba su ejecución.

Pero los líderes judíos tenían un problema. Debido a que constituían un cuerpo no soberano, bajo un gobierno judicial y militar romano, no se les permitía llevar a cabo la pena capital.[7] De modo que necesitaban más que un cargo de blasfemia para convencer al gobernador romano de que hiciera ejecutar a Jesús. Mateo, Marcos y Lucas informan que el Sanedrín volvió a reunirse a la mañana siguiente. No se trataba de otro juicio sino, probablemente, de una reunión para determinar la manera de convencer al gobernador romano acerca de que este caso en particular merecía la pena de muerte por parte de Roma.

Eso no resultaría necesariamente algo fácil. Pilato y los romanos deseaban moverse con mayor cautela, dado el inmenso flujo de peregrinos y la atmósfera frágil que se percibía en Jerusalén durante la Pascua. Pilato no deseaba hacer nada que pudiera disparar un motín. Sin embargo, los líderes judíos tenían algo a su favor. Sabían que Pilato tenía poca tolerancia y que mostraba mano dura cuando se trataba de actos de traición o percibía una amenaza en contra de Roma. En años recientes, Pilato había ejecutado a muchos de sus compatriotas por cuestiones semejantes. Se habían producido enfrentamientos a causa de que Pilato había introducido imágenes del César en la ciudad, y solo unos pocos años antes un grupo de estudiantes había sido quemado vivo por intentar quitar un estandarte romano de encima del templo. No sería tolerada ninguna señal de insubordinación al imperio. Las afirmaciones blasfemas de Jesús podían, por lo tanto, ser interpretadas como uno de los delitos más serios bajo la ley romana: alta traición en contra de Roma, delito penado con la muerte. Así que ellos llevaron a Jesús ante Pilato aduciendo el cargo de incitar a la gente a no pagar los impuesto al César y hacerse a sí mismo rey.[8]

En ese momento las cosas de golpe empezaron a ponerse feas para los seguidores de Jesús, en especial para sus compañeros más cercanos. Durante años ellos habían viajado con él y habían presenciado muchas cosas asombrosas. Tenían una sensación de gran espe-

* Rasgarse las vestiduras era algo que sucedía con frecuencia en tiempos del Antiguo Testamento. Rubén y Jacob se rasgaron las vestiduras, angustiados por la perdida de José; Josué rasgó sus vestiduras ante una brutal oposición militar; Job rasgó sus vestiduras cuando le dieron la trágica noticia sobre su familia; David y todos sus hombres rasgaron sus vestiduras al oír la noticia de la muerte de Saúl y Jonatán.

6. Marcos 14:62
7. Juan 18:28–32
8. Lucas 23:1–3

Así que ellos llevaron a Jesús ante Pilato aduciendo el cargo de incitar a la gente a no pagar los impuesto al César y hacerse a sí mismo rey.

ranza y expectativa, pero de pronto las cosas se habían salido de control cuando su líder resultó arrestado por una turba en medio de la noche. Con la participación del Sanedrín y luego de los romanos, las cosas se habían vuelto serias y peligrosas. Como seguidores y compañeros de un rebelde y un blasfemo, ellos también podían estar bajo sospecha o resultar arrestados. Esa no era una época de libertad de expresión, ni un momento adecuado para alinearse con un hombre condenado. Los romanos acostumbraban a usar las ejecuciones masivas, tanto para mandar un mensaje a otros, como para castigar a los propios individuos. La reacción natural de los discípulos fue de absoluto temor.

Así que ante ese notable cambio de situación, la mayoría de los seguidores de Jesús, de repente, se vinieron abajo. Leemos que Pedro siguió a la turba desde una cierta distancia, cuando regresaba a la ciudad, como para no quedar atrapado en medio del tumulto. Mientras Jesús estaba adentro y era interrogado, la mayor parte de la turba permanecía afuera. Era una noche fría, y Pedro se unió a los sirvientes y oficiales en el patio, donde habían encendido un fuego para mantenerse calientes. Ese debió haber sido un momento de tensión para Pedro. Porque no era momento de hacerse visible ni de asociarse con un hombre que estaba siendo interrogado por los romanos. En tres ocasiones distintas, Pedro fue reconocido por alguien y se le preguntó si conocía a Jesús; y en cada caso Pedro respondió con un rotundo no.[9] Esa pregunta no constituía una charla como para pasar el tiempo que se desarrollaba entre los espectadores reunidos fuera de la corte. Se trataba de una pregunta mordaz que fácilmente podría haber llevado a que él fuera arrastrado hacia adentro y denunciado como conspirador junto con el acusado. El contraste entre la lealtad de Jesús y la deslealtad de Pedro se percibe más aun en el Evangelio de Juan, cuando la triple negación de Pedro se entreteje con la narración del mismo juicio a Jesús. En tanto que Cristo estaba adentro defendiéndose, su mejor amigo estaba afuera negando jamás haberlo conocido.

Poco después, Jesús era llevado al pretorio, a la residencia de Poncio Pilato, el gobernador romano de Judea. Allí se desarrolló una extraña escena. Los líderes judíos que habían llevado a Jesús no querían contaminarse por entrar a un edificio de gentiles, así que se quedaron afuera mientras Pilato salía para tratar de entender de qué se trataba toda esa conmoción.[10] Irónicamente, allí estaba la elite religiosa de Jerusalén, teóricamente pura delante de Dios al guardar esa ley tradicional menor, mientras al mismo tiempo entregaba a su Hijo para ser crucificado. Eso se parece a robar un banco y a la vez tomarse la molestia de estacionar en un lugar permitido el automóvil destinado a la huída.

Luego de hacer algunas preguntas acerca de la naturaleza de los cargos, Pilato hizo que introdujeran a Jesús al pretorio para interrogarlo personalmente.

Pilato estaba acostumbrado a tratar con los alborotadores locales. Su relación con la población local era tensa, y ya se habían registrado algunos estallidos de violencia durante el período de su mandato. Pilato no era un hombre con el que se pudiera jugar. Aun el historiador romano Filón informa que se trataba de un hombre cuyo liderazgo estaba atravesado por la corrupción, las contiendas, la injusticia, una brutalidad sin límites, una extrema crueldad y una inclinación a llevar a cabo ejecuciones sumarias sin juicio. (Pocos años después de la muerte de Jesús, el gobernador de Siria removió a Pilato de su puesto bajo cargos de crueldad gratuita, y fue exiliado a la Galia.)

---

9. Lucas 22:54–62
10. Juan 18:28

¿Alguna vez te has encontrado con alguien famoso e importante pero sin que te dieras cuenta de ello hasta un tiempo después? Como la escena de la película *Notting Hill*, en la que uno de los personajes se encuentra con Anna Scott (Julia Roberts) en una cena de celebración y le pregunta cómo se gana la vida. Él no tiene la más mínima idea que está ante la actriz más famosa del mundo y la mejor paga.* De un modo semejante, Pilato no tiene idea de la grandeza del hombre que tiene delante de él. Para Pilato, Jesús era simplemente otra figura común con la que se encontraba durante un día de trabajo corriente. Pero estaba a punto de descubrir que no se trataba de una ocasión común y, por cierto, que no se trataba de un hombre corriente.

Pilato comenzó a interrogarle:

—¿Eres tú el rey de los judíos? —le preguntó
—¿Eso lo dices tú —le respondió Jesús—, o es que otros te han hablado de mí?
—¿Acaso soy yo judío? —replicó Pilato—. Han sido tu propio pueblo y los jefes de los sacerdotes los que te entregaron a mí. ¿Qué has hecho?
—Mi reino no es de este mundo —contestó Jesús—. Si lo fuera, mis propios guardias pelearían para impedir que los judíos me arrestaran. Pero mi reino no es de este mundo.
—¡Así que eres rey! —le dijo Pilato.
—Eres tú quien dice que soy rey. Y para esto nací, y para esto vine al mundo: para dar testimonio de la verdad. Todo el que está de parte de la verdad escucha mi voz.
—¿Y qué es la verdad? —preguntó Pilato.
Dicho esto, salió otra vez a ver a los judíos.
—Yo no encuentro que éste sea culpable de nada —declaró.[11]

Pilato quedó completamente confundido al comenzar a descubrir más acerca del hombre que tenía delante. Porque allí había un hombre que declaraba que tenía un reino y, sin embargo, no mostraba signos de ningún tipo de reinado. Pilato se preguntaba: *Si eres rey, ¿dónde está tu ejército? ¿Dónde están tus carros? ¿De qué modo podría ser un rey este hombre?*

Pero Jesús le dijo que su reino no era de este mundo. Él hablaba no solo acerca del origen del reino sino también de su naturaleza. Estaba *en* el mundo; simplemente no era *del* mundo. Lo que Jesús quería decir era: «Si mi reino fuera de este mundo, entonces mis seguidores pelearían como los otros reinos del mundo. Pero esa no es la manera en la que opera mi reino». El reino de Dios funciona en base al amor, la gracia, la verdad, el servicio, el sacrificio y la humildad. Eso era prácticamente lo opuesto al Imperio Romano, que se había forjado casi por completo a través del orgullo, la autoglorificación y la espada. Si Jesús era un rey, no lo parecía.

En un esfuerzo desesperado por dejar libre a Jesús, Pilato jugó lo que él consideraba una última carta de triunfo.

Según los Evangelios, existía la costumbre de soltar a un prisionero, elegido por el pueblo, en esta época especial del año. Así que Pilato procuró el perdón de Jesús para poder soltarlo utilizando esa costumbre. Los cuatro Evangelios nos dicen que en ese tiempo un

* Ben tiene una amiga que fue a pasar sus vacaciones en Bali y tuvo una larga conversación con un hombre en un hotel. ¡Ella no tenía idea (y solo se enteró después) que había estado hablando con George Harrison, de los Beatles!

Para Pilato, Jesús era simplemente otra figura común con la que se encontraba durante un día de trabajo corriente. Pero estaba a punto de descubrir que no se trataba de una ocasión común y, por cierto, que no se trataba de un hombre corriente.

11. Juan 18:33–38.

prisionero muy conocido, llamado Barrabás (en realidad, Jesús, el hijo de Abas) estaba en la cárcel por haber tomado parte en un levantamiento y por asesinato.* Así que Pilato le dio la posibilidad de elección a la multitud: «¿Quieren que les suelte a Barrabás o a Jesús?» Pero eso desagradó a la turba. Quién sabe por qué razón (temor, sospecha, coerción, histeria, desencanto o aun la fe en el liderazgo violento de Barrabás) ellos preferían que se crucificara a Jesús aunque significara liberar a un criminal en su lugar.

Percibiendo que Pilato podría salirse con la suya utilizando algún subterfugio legal, la multitud jugó su propia carta de triunfo. Comenzaron a acusar a Pilato de traición contra Roma. «Si dejas en libertad a este hombre no eres amigo del emperador. Cualquiera que pretende ser rey se hace su enemigo».[12] Eso fue chantaje. Pilato no podía soportar ser visto como débil, y con toda seguridad no podía soportar que consideraran que estaba haciendo algo contrario a los mejores intereses del imperio. Se sentía aguijoneado públicamente para crucificar a Jesús o, en caso contrario, probablemente enfrentar él mismo esa sentencia.** Su acción selló la suerte de Jesús. Bajo las órdenes de Pilato, Jesús fue llevado a la crucifixión, mientras Barrabás era puesto en libertad.

Sin embargo, sería fácil perderse la tremenda ironía que se percibe aquí y también una hermosa ilustración de lo que significa la muerte de Jesús. Había allí dos hombres listos para ser sentenciados. Uno era culpable; el otro, inocente. Pero el culpable salió libre en tanto que el inocente fue llevado a una crucifixión. Jesús murió en lugar de Barrabás. Precisamente es en esta paradoja donde colocamos el dedo para tomarle el pulso al cristianismo. Cada uno de nosotros es culpable delante de Dios. Todos nosotros estamos en la fila de los condenados a muerte. Nuestra relación con Dios se ha roto. Sin embargo, Jesús, el único ser humano que no es culpable, aparece y muere en nuestro lugar. Jesús fue castigado en nuestro lugar para que nosotros, los culpables, pudiéramos salir en libertad.

Bajo las órdenes de Pilato, Jesús fue llevado a la crucifixión, mientras Barrabás era puesto en libertad.

Finalmente, a pesar de declararlo inocente en tres ocasiones distintas, Pilato manda que Jesús sea azotado y luego llevado a la cruz. El peligro aquí para nosotros es que leamos la palabra *azotado* y nos imaginemos aquellas viejas películas de marineros en los mares de España, atados a un mástil y recibiendo veinte latigazos, con el clásico estoicismo británico y los dientes apretados. El látigo les marca algunas feas líneas rosadas en la espalda, pero luego de dormir una noche doloridos, están de regreso nuevamente en la cubierta.

Los azotes romanos eran mucho más brutales. La película de Mel Gibson, *La pasión de Cristo,* se acerca bastante más al punto. El film ha recibido una buena cantidad de críticas debido a su enfoque descarnado sobre esa brutalidad grosera y esa violencia enfermiza, y por mostrar explícitamente lo sangriento de los castigos y la crucifixión de Cristo. En verdad no se trata del tipo de película que uno elegiría para ver en una primera cita con una chica. (Hay algo incómodo y disonante cuando se presencia un sadismo tan degradante y torturas tan sangrientas mientras se consumen litros de coca cola y un paquete gigante de palomitas de maíz dentro de un mega complejo.) Pero, repulsivos e incómodos como le resulten el castigo y la crucifixión a nuestra sensibilidad moderna, el retrato gratuitamente sangriento de Gibson resulta mucho más exacto que las pintorescas interpretaciones artísticas del pasado.

Ser azotado constituía el preludio corriente a una crucifixión romana, diseñado para torturar y debilitar a la víctima hasta el punto del colapso. El criminal convicto era atado

* Algunos eruditos sugieren que Barrabás (¿al igual que Judas?) era miembro del grupo de los sicarios (literalmente los «hombres de la daga»), grupo militante que asesinaba romanos y simpatizantes de los romanos y ocasionaba disturbios y disensiones.

** Generalmente los ciudadanos romanos estaban exentos de una crucifixión, excepto en casos de alta traición.

12. Juan 19:12

a un poste o extendido sobre una tabla y golpeado con un látigo ancho, grueso, de múltiples correas de cuero con agudas incrustaciones de hueso y trozos de metal. El cuero y los fragmentos (blandidos por verdugos militares profesionales) cortaban profundamente la piel y la dejaban abierta, destrozando a la persona desde los hombros hasta los muslos. Los historiadores hablan de la manera en que las víctimas de azotes perdían su piel y a menudo quedaban con los huesos y los órganos expuestos. La pérdida de sangre y el shock eran tan fenomenales que no resultaba infrecuente que las víctimas murieran solo por la golpiza.

Jesús fue castigado en nuestro lugar para que nosotros, los culpables, pudiéramos salir en libertad.

Entonces, en la residencia del gobernador, los aburridos y crueles soldados romanos llevaron a cabo un ritual macabro. Por ser soldados de una fuerza de ocupación militar, trataban continuamente con rebeldes y luchaban por sofocar levantamientos y mantener bajo control a una población volátil. Y allí, en sus manos, hecho un desastre de sangre, tenían delante a alguien que declaraba ser el líder de los judíos. Esa constituía una oportunidad para demostrar quién era el patrón. Sabiendo que Jesús había hecho algunas afirmaciones en cuanto a su condición de rey, decidieron jugarle una broma pesada. Lo vistieron con una túnica que simbolizaba la realeza, le enterraron una corona de espinas en la cabeza para burlarse, y le dieron un bastón como cetro para representarlo como un rey. Luego se inclinaron y lo adoraron en tono de burla, diciéndole: «Salve, rey de los judíos». Entonces lo escupieron y lo golpearon en la cabeza con el bastón. Otra vez repito, ellos no estaban jugando, ni intentaban amedrentarlo. Se trataba de un mensaje: *Esto es lo que le sucede a la gente que se levanta en contra del imperio.* Lo azotaron hasta casi llegar al punto de la muerte.

Y entonces llevaron a Jesús para ser crucificado.

Capítulo 21

EL LARGO CAMINO AL GÓLGOTA

La ejecución se lleva a cabo

La pena de muerte está en uso en más de setenta países del mundo hoy, y en treinta y ocho estados de los Estados Unidos. Por supuesto, una cosa es sancionar legalmente una pena de muerte y otra cuestión es cómo llevar a cabo el tema de realmente *matar* a una persona.

La mayoría de los países hoy argumentan que sus métodos de ejecución son rápidos, indoloros y humanos. Sin embargo, justo es decir que en siglos pasados la mayoría de las sociedades se dedicaban a desarrollar métodos de ejecución dolorosos, crueles, extensos, angustiantes y espectaculares, de modo que en realidad prolongaran y ampliaran el sufrimiento del criminal. Mayormente no se llevaban a cabo detrás de las paredes de una prisión sino más bien (aún hasta principios de 1900) en medio de algún espacio público en el que se pudiera reunir un grupo considerable para observar a los reos morir.

A pesar de tratarse de una sociedad culta, la antigua Roma de los tiempos de Jesús tenía su costado bárbaro, en la forma de diversos métodos de ejecución sofisticados y crueles. Constituían exhibiciones públicas que no solo actuaban como un elemento disuasivo para la población, sino también como un entretenimiento. Los ciudadanos con frecuencia aparecían para presenciar cómo se azotaba a los criminales hasta su muerte, cómo eran quemados vivos o decapitados. Otros eran arrojados por un precipicio, lapidados o utilizados para deportes en estadios públicos en los que eran atacados y comidos por animales salvajes. Una muerte particularmente humillante y cruel era meter al criminal en una bolsa con cuatro animales vivos, coserla y luego arrojarla al agua para que se ahogaran. Esas muertes más crueles y humillantes se reservaban para las clases más bajas, para los extranjeros, para los pobres y los esclavos, en tanto que las muertes más «dignas» y «menos dolorosas» se destinaban a los ciudadanos romanos.

A pesar de tratarse de una sociedad culta, la antigua Roma de los tiempos de Jesús tenía su costado bárbaro, en la forma de diversos métodos de ejecución sofisticados y crueles.

Pero de entre todos los métodos de ejecución del Imperio Romano, uno era más temido y detestado que cualquiera de los otros: la crucifixión.

La crucifixión contaba con una larga historia que se remontaba a muchos siglos atrás. Los medos y los persas habían usado ampliamente la crucifixión, y el antiguo historiador Herodoto declaraba que en el año 519 a.C., Darío había crucificado a tres mil prisioneros babilónicos. También se había difundido entre los griegos: Alejandro Magno, en el año 332 a.C., ordenó la crucifixión de dos mil hombres jóvenes a lo largo de la costa de la isla de Tiro, luego de un sitio que había durado varios meses. En el año 267 a.C., ochocientos fariseos fueron crucificados en Jerusalén luego de una revuelta y, mientras estaban colgados allí, sus esposas e hijos fueron muertos delante de ellos. Quizá la más famosa de las crucifixiones fue la que siguió a una revuelta de esclavos en el año 71 a.C.; seis mil esclavos recapturados fueron crucificados a lo largo de la Vía Apia, la calle principal de Roma. La crucifixión fue ampliamente practicada antes de ser abolida por el emperador Constantino, durante el siglo cuarto.

Además de resultar brutal y terriblemente dolorosa, la crucifixión era larga y lenta, y se la consideraba como la muerte más degradante y la que implicaba mayor humillación.

A los criminales generalmente se los ejecutaba desnudos, y ni siquiera se les brindaba la «dignidad» de ser ejecutados en un «lugar adecuado». Las crucifixiones se llevaban a cabo fuera de las murallas de la ciudad (con frecuencia al costado de las rutas principales) para mostrar que ese criminal era considerado despreciable y había sido rechazado por la comunidad. Y lo que era aún peor, no tenían ni siquiera la esperanza de un funeral adecuado, y sabían que muy probablemente sus cuerpos simplemente serían dejados allí hasta que se pudrieran, se desintegraran y fueran comidos por animales salvajes y aves de carroña.

No nos sorprende entonces que los antiguos escritores describieran a la crucifixión en términos tan lóbregos. En más de una ocasión el historiador judío Josefo la describió como la «más espantosa de las muertes».[1] De manera semejante, el estadista y escritor romano Cicerón se sintió tan perturbado por ella que dijo: «Hagamos que hasta la misma mención de la cruz se aleje no solo del cuerpo de un ciudadano romano sino también de sus pensamientos, de sus ojos, de sus oídos».[2]

Luego de que Pilato se pronunció, Jesús fue escoltado a través de las calles de Jerusalén, junto con otros dos condenados. Días atrás había entrado por las puertas de la ciudad como un rey. Ahora se iba de la ciudad como un hombre a punto de morir. Era costumbre que los criminales condenados sufrieran la humillación de llevar sobre ellos el propio instrumento de ejecución al salir de la ciudad. Sin embargo, Jesús había quedado tan debilitado por los azotes recibidos que llegó a un punto en que no pudo seguir cargando la viga de la cruz. Así que un visitante extranjero (identificado como Simón, de Cirene, del norte de África) fue comisionado por los soldados para que la llevara hasta ese sitio inquietante al que llamaban **Lugar de la Calavera**,* fuera de las murallas de la ciudad.

Días atrás había entrado por las puertas de la ciudad como un rey. Ahora se iba de la ciudad como un hombre a punto de morir.

Aunque las crucifixiones era habituales en esa época, se habría producido un interés inusual en referencia a esta ejecución en particular. Durante los años anteriores Jesús había causado un gran revuelo. Había provocado la indignación de los sacerdotes principales, de los fariseos, de los saduceos y del consejo gobernante de los líderes judíos. Se había hecho conocido para los romanos. La gente de toda la tierra había oído acerca de él y salía a buscarlo. No se trataba de una ejecución común y corriente en la que estuvieran involucrados algunos esclavos o algunos ladrones. Se trataba de una ejecución especial en la que los romanos estaban aplastando a un popular subversivo local. Se debe haber corrido la voz. Así que Lucas describe la manera en la que Jesús recorrió el camino hasta el lugar de su ejecución: «Lo seguía mucha gente del pueblo, incluso mujeres que se golpeaban el pecho, lamentándose por él».[3]

Uno de los problemas que tenemos nosotros, dos mil años después, al leer y considerar lo que sucedió ese día es que conocemos el final de la historia. Es como mirar un DVD por tercera vez. Sabemos que el *Titanic* se hunde, que el muchacho se queda con la chica, o que los extranjeros resultan derrotados. Pero la gente que participaba en esa ocasión no conocía los resultados de antemano. En términos de la crucifixión, sabemos lo que sucedió. Pero sería importante que recordáramos que la multitud que lo seguía y también la que se iba reuniendo en distintos puntos del camino no lo sabía y debía estar preguntándose qué era lo que iba a suceder. El arresto y juicio de Jesús había puesto al Mesías contra las cuerdas y le había torcido el brazo. No tenía por dónde escaparse, y con

* En el idioma arameo se hacía referencia a ese lugar como Gólgota, y en el latín era conocido como Calvario.

1. Josefo, *Jewish War* [Las guerras de los judíos] 5:11.1 (450), 7:6.4 (203).

2. Cicerón, *Pro Rabirio* 5.

3. Lucas 23:27

seguridad ahora debería actuar y utilizar el poder que había usado tantas veces antes. Tal vez, como Sansón, derribara los edificios; o como Elías, invocara fuerzas sobrenaturales para que destruyeran a sus enemigos; o como David, llamara a la gente a levantarse en armas y los condujera a una poderosa batalla. Jesús había hecho su aparición de la nada, declarando ser Aquel. Había arrastrado tras sí una enorme cantidad de seguidores, alimentados por sus enseñanzas innovadoras y por sus argumentos autoritativos en contra de un régimen religioso opresivo. No solo eso, había revolucionado a toda la población al mostrar un poder *que solo podía venir de Dios.* Sanó a los enfermos. Levantó a los muertos. Controló los elementos. ***¡Él era el esperado!*** Ese era un importante momento de la historia para el pueblo, y todas sus esperanzas estaban puestas en él. Era el momento en que algo sucedería, con toda certeza.

Pero cuando lo empujaron fuera de la ciudad, trastabillando, junto con dos criminales de poca monta, y se lo vio demasiado débil como para cargar su propia cruz, debieron haber aparecido las dudas. Tal vez, después de todo, él no fuera aquel que ellos pensaban. El Mesías no habría permitido que todo eso pasara, ¿no es verdad?

Pero cuando lo empujaron fuera de la ciudad, trastabillando, junto con dos criminales de poca monta, y se lo vio demasiado débil como para cargar su propia cruz, debieron haber aparecido las dudas. Tal vez, después de todo, él no fuera aquel que ellos pensaban.

Al llegar al Gólgota, a la sombra del muro de la ciudad, finalmente se le ofreció un sedante de último momento, en la forma de vino y mirra. Pero él se rehusó a beberlo, probablemente para poder mantenerse sobrio. Lo que quedaba de sus ropas le fue quitado, y entonces, como lo señalan escuetamente los escritores de los Evangelios: «lo crucificaron».

Con el debido respeto a los grandes pintores de la historia, las representaciones de la crucifixión a las que estamos acostumbrados con mucha frecuencia resultan engañosas y (para decirlo suavemente) *insípidas.* Quizá por reverencia, los artistas han tendido a enfatizar la santidad de la crucifixión, con un Jesús a menudo retratado con una piel de porcelana y bañado por significativos rayos de sol y un halo alrededor de su cabeza, como si fuera de otro mundo. Con frecuencia se lo ve lleno de gracia y pensativo, con clavos delicados y pequeños en sus brazos y piernas y (a pesar del hecho de que los hombres eran crucificados desnudos) con un taparrabos alrededor de su cintura. Su mirada de cachorro perdido y toda la expresión de su rostro resulta lastimera y caprichosa, como si estuviera suspirando y pensando: «Bien; a veces se gana y a veces se pierde». Pero la realidad de una ejecución pública era algo mucho más confrontador que eso.

Aunque no es nuestra intención realizar una disección demasiado detallada de la crucifixión, o estudiar minuciosa e irrespetuosamente los detalles truculentos de esa muerte lenta y atroz, es importante que tengamos una imagen más realista de lo que sucedió ese día.

La víctima de una crucifixión era sujetada a una cruz, fuera con cuerdas o, como en el caso de Jesús, a través de clavos, o por una combinación de ambos. Se introducían clavos grandes y gruesos con un martillo a través de las muñecas y los pies de la persona condenada.* Esa era una manera de atrasar la muerte. Además de la pérdida de sangre y el shock, lo que realmente mataba a la gente a la que se crucificaba era la asfixia. Se estiraban sus hombros y brazos y, al pasar el tiempo, el cuerpo se iba deslizando hacia abajo de modo que los pulmones ya no se podían expandir. La víctima entonces luchaba por respirar, intentando en vano elevarse, sosteniéndose en las muñecas clavadas, en las coyunturas dislocadas y en los músculos fatigados solo por lograr un poco de aire. La única manera en que lo conseguían era empujando hacia arriba con los pies, pero como los tobillos estaban

* Evidencias arqueológicas sugieren que al menos en algunas ocasiones los clavos no se colocaban por el frente de los pies del hombre condenado (como se ve en las pinturas tradicionales), sino más bien por los costados, a través de los tobillos y sujetos a la cara lateral de la viga vertical.

clavados a la madera, cada vez que empujaban eso les resultaba terriblemente doloroso. Sin embargo, una persona solo conseguía mantenerse viva un tiempo más empujando hacia arriba con los pies, a menos que los soldados decidieran que deseaban apresurar el proceso. En el relato de Juan, por ejemplo, se señala que los soldados romanos deseaban apresurar la muerte de los dos ladrones que estaban a los costados de Jesús, así que les quebraron las piernas.[4] Nos cuesta imaginar que hacían eso golpeándoles las rodillas y los huesos de la espinilla con barras pesadas o con una maza, hasta que les quedaban destrozados. Esos hombres entonces no conseguían empujarse hacia arriba sobre los huesos astillados, así que permanecían colgados y se sofocaban.

Y de ese modo Jesús fue crucificado por soldados del Imperio Romano. Encima de su cabeza había una leyenda (un ***titulus***) escrito en tres idiomas (arameo, latín y griego) que informaba a los que pasaban por allí acerca de cuál era su crimen. A pesar de las protestas de los principales sacerdotes, Pilato determinó que el título simple e irónicamente dijera: «Jesús de Nazaret: Rey de los judíos». Quizá Pilato lo haya hecho como una manera de humillar públicamente y de intimidar a la población judía local. Constituía un despliegue de la fuerza y la superioridad de la ley y el poder romanos sobre cualquier esperanza de liderazgo revolucionario al que ellos pudieran aspirar. Allí estaba el gran líder y la esperanza de Israel, el poderoso rabí, ahora desnudo, sangrante, golpeado y muriendo con la más maldita de las muertes. Eso conformaba una advertencia vívida para todos acerca de que no se podía jugar con Roma.

Ese, aparentemente, era el fin. Jesús había sido un buen hombre, un hombre sorprendente, carismático e inspirador, pero, según parecía, apenas un hombre después de todo. Para sus discípulos (que tal vez observaban desde una cierta distancia) eso constituía el final del camino. Casi nos podemos imaginar a algunos de sus seguidores marchando a la deriva, sacudiendo la cabeza, y a algunos otros paralizados en medio de aquel lugar, quizá con la esperanza de un milagro de último momento.

Con cada minuto que pasaba, Jesús se acercaba a la muerte, y también moría la esperanza de sus seguidores.

---

4. Juan 19:31–32

Capítulo 22

EL MADERO DE LA MUERTE

Jesús muere

Se puede decir que el icono central de los seguidores de Jesús es la cruz. Posiblemente sea el símbolo más reconocido en el mundo entero. La colocamos sobre los campanarios para que todos la vean, o la desplegamos en algún vitreaux u ornamento de oro en el frente de las iglesias. Los cruzados pintaban cruces en sus escudos y en sus túnicas. Adorna las tapas de las Biblias, los boletines de las iglesias, algunos libros y sitios web cristianos. La gente usa cruces en aretes, collares, insignias de solapas, tatuajes, y como un logo en los uniformes escolares y empresariales. Se usan las cruces en los mapas de las ciudades para indicar la ubicación de las iglesias. Y una vez al año nuestros supermercados de llenan de bollos con cruces pintadas, durante la época de Pascua.

Cuando vemos una cruz encima de una iglesia o alrededor del cuello de alguien, eso no hace que nos recorra un escalofrío por la espalda, como hubiera sucedido con cualquiera en el mundo antiguo. En los días de Jesús, colgarse una cruz al cuello usándola como una pieza de joyería hubiera sido tan inusual y ofensivo como usar una soga de verdugo hecha en plata. (Como lo señaló C. S. Lewis, la crucifixión no se volvió común en las artes hasta que todos los que habían sido testigos de ella murieron.)

Así que la pregunta es: ***¿por qué?*** Dado que Jesús había realizado una cantidad de cosas increíbles mientras estuvo vivo, ¿por qué sus seguidores usaban ese horrendo instrumento de muerte como símbolo de su fe? ¿Por qué no usar una pieza de pan, o un pez,* o una copa de vino, o una hoja de palmera, o un poco de mirra?

La respuesta es que el acto de la muerte de Jesús en la cruz constituye el fundamento y punto focal de la fe cristiana. Para explicarlo, vayamos por un momento a una analogía apropiada, tomada de Sudamérica.

Sobre una senda en una localidad rural de la parte alta del río Paraguay, los tradicionales arrieros de ganado vacuno de vez en cuando necesitan cruzar el río con sus animales. Sin embargo, cruzar resulta arriesgado y potencialmente peligroso debido a que el río está plagado de *pygocentrus nattereri*. No suena tan mal, ¿verdad? Excepto porque eso significa que el río está infestado de esos peces, carnívoros, salvajes y cazadores, que son las pirañas. Si un arriero y su ganado cruza el río sin tomar precauciones, corren el riesgo de ser atacados. Para asegurarse un cruce seguro, los arrieros hacen algo sorprendente. Matan algún animal enfermo o débil del rebaño y lo colocan río abajo, más allá del lugar en el que quieren cruzar con el ganado. Los peces son atraídos al cadáver, y atacan a ese animal mientras los otros atraviesan a salvo hasta la otra orilla. Por el sacrificio de uno, los otros se salvan.**

Durante siglos, la sociedad judía había girado en torno a un complicado sistema de ofrendas y sacrificios. En el mismo centro de ese sistema se había instalado la idea de que la gente estaba en una condición de relaciones rotas con Dios, y que él les resultaba inaccesible, como *al otro lado del río*, por así decirlo. Los sacrificios se realizaban en el lugar indicado de modo que la gente quedara ritualmente limpia y en una correcta relación con Dios de nuevo. Sin embargo, tenían que repetir ese proceso una y otra vez. Y no solo eso,

* Ben, el pez *es* un símbolo del cristianismo. ¿No has notado las etiquetas adhesivas en la parte de atrás de los automóviles? —Pete

Ajá, correcto. —Ben

** Mi alarma para detectar «mitos cristianos urbanos» se ha disparado aquí, compañero. —Pete

No, este caso es genuino. —Ben

se hacía evidente que en muchos casos los sacrificios habían dejado de ser una cuestión personal y de lealtad y se habían convertido en un ritual pesado y relacionado con el comercio del templo.

Y entonces Jesús se convirtió en el sacrificio (de una vez y para siempre) que les permitía a los seres humanos cruzar a la otra orilla para estar en relación con Dios. Sin embargo, a diferencia del becerro, Jesús no fue arrojado a ese escenario involuntariamente, y tampoco ignorando la situación. Él sabía perfectamente bien lo que estaba haciendo al sacrificar su vida para salvar a otros. La muerte constituía su misión final. (Aproximadamente tres años antes, Juan el Bautista había declarado que Jesús era el Cordero de Dios que iba a ser sacrificado. Y Jesús mismo había dicho que él era el siervo que había venido a dar su vida en rescate por muchos, y que era el Buen Pastor que había venido a poner su vida por sus ovejas.) Todo eso significaba que el arresto, juicio y muerte de Jesús no fueron accidentales. Habían formado parte de su plan desde el principio.

Y entonces Jesús se convirtió en el sacrificio (de una vez y para siempre) que les permitía a los seres humanos cruzar a la otra orilla para estar en relación con Dios.

Descubrimos una cierta ironía, por lo tanto, cuando consideramos la escena que se desarrolló en torno a Jesús, que estaba colgado en la cruz y muriendo. Las expectativas de aquellas personas, que habían estado esperando ser salvadas y liberadas, pronto se convirtieron en dudas y desencanto. Y luego, aparentemente, eso se transformó en ira. *¡Habían sido defraudados! Después de todo, él no era el Mesías. Estaba muriendo. Habían sido embaucados.* La multitud reunida (el pueblo, los líderes religiosos, los soldados, y hasta los ladrones a sus lados) comenzó a burlarse. *¿Rey de los judíos? ¡Debes estar bromeando! ¡Sálvate a ti mismo si lo eres! ¡Vamos… hazlo!* Mateo señala que: «Los que pasaban meneaban la cabeza y blasfemaban contra él: "Tú, que destruyes el templo y en tres días lo reconstruyes, *¡sálvate* a ti mismo! ¡Si eres el Hijo de Dios, baja de la cruz!"»[1] Y luego: «De la misma manera se burlaban de él los jefes de los sacerdotes, junto con los maestros de la ley y los ancianos. "*Salvó* a otros", decían, "¡pero no puede *salvarse* a sí mismo! ¡Y es el rey de Israel! Que baje ahora de la cruz, y así creeremos en él"».[2] Y los soldados le gritaban: «Si eres el rey de los judíos, *sálvate* a ti mismo».[3] Hasta uno de los criminales le dijo: «¿No eres tú el Cristo? *¡Sálvate* a ti mismo y a nosotros!»[4]

Paradójicamente, salvar era en realidad lo que Jesús estaba haciendo. Y precisamente por no salvarse a sí mismo evadiendo la cruz fue que Jesús se convirtió en el Salvador del mundo. Así que, dos mil años atrás, Jesús nos salvó al llevar nuestro castigo sobre él.

Sin embargo, prácticamente ninguno de los que estaban en la escena de la crucifixión comprendió eso… excepto quizá un hombre. La ironía es que no se trataba de uno de los discípulos de Jesús, ni de uno de los ancianos judíos, sino de uno de los dos criminales que eran crucificados junto con él. Luego de escuchar los insultos del primer criminal, el segundo gritó desde su propia cruz: «¿Ni siquiera temor de Dios tienes, aunque sufres la misma condena? En nuestro caso, el castigo es justo, pues sufrimos lo que merecen nuestros delitos; éste, en cambio, no ha hecho nada malo». Entonces le dijo a Jesús: «Jesús, acuérdate de mí cuando vengas en tu reino».[5]

---

1. Mateo 27:39–40, énfasis añadido
2. Mateo 27:41–42, énfasis añadido
3. Lucas 23:36–37, énfasis añadido
4. Lucas 23:39, énfasis añadido
5. Lucas 23:40–42

Gran parte de la belleza de estas palabras radica en su simplicidad. Están desprovistas de toda jerga religiosa y falsa piedad. Allí estaba un hombre que no iba a vivir mucho y que reconocía con simplicidad sus propias faltas y sabía que merecía el castigo que estaba recibiendo. Se daba cuenta de que no tenía nada que ofrecer sino un ruego por el perdón. Más aun, su único pedido a Jesús de que se acordara de él en su reino fue brillante. Implicaba el reconocimiento de la inocencia de Jesús y de que él (más allá de que las señales indicaran lo contrario) era el rey de un reino.

Jesús al instante percibió el corazón de ese criminal y le dijo: «Te aseguro que hoy estarás conmigo en el paraíso».[6] Tal vez no lleguemos a entender lo que esas palabras significaron para aquel hombre en los últimos momentos de su vida.

La respuesta de Jesús es importante por una cantidad de razones. **En primer lugar**, por lo que no dijo. Jesús no le preguntó al criminal cuántas veces había ido a la iglesia (o a la sinagoga) ni cuántas buenas obras había llevado a cabo la semana anterior. Ni siquiera le preguntó sobre su historia criminal. Más bien, sus palabras fueron una maravillosa confirmación de que ser aceptados por Jesús no depende de nuestras obras ni de nuestra actuación moral. El ser aceptado en su reino no tiene que ver con ser buenos o con sumar horas de iglesia (valiosas como son esas cosas) sino con reconocer cabalmente la propia pecaminosidad y admitir quién es Jesús en verdad. **En segundo lugar**, nos muestra que el perdón y la aceptación en el reino están disponibles para cualquiera, aun para un criminal como ese. Lo que Jesús mostró durante su vida, también lo demostró en su muerte. Al pecador arrepentido se le da la bienvenida al reino de Dios.

Las palabras de Jesús fueron una maravillosa confirmación de que el ser aceptados por él no depende de nuestras obras ni de nuestra actuación moral.

Así que tenemos allí a todas esas diversas personas paradas a su alrededor, acosando a Jesús para que él se mostrara a la altura de las circunstancias, para que entrara en acción y probara quién era. Las expectativas se habrán ampliado debido a un extraordinario fenómeno que tuvo lugar. «Desde el mediodía»[7] el cielo se oscureció por tres horas. Para la gente que observaba la crucifixión (y probablemente hasta para Pilato y otros romanos supersticiosos de la cercana ciudad) ese debió haber sido un espectáculo aterrador. Algo no andaba bien. No se trataba de una ejecución corriente sino de un evento que atravesaba desde lo físico a la esfera espiritual. La oscuridad era un símbolo del juicio de Dios. El hecho de que todo el cielo se hubiera oscurecido durante tres horas en ese momento le agregó un elemento cósmico y universal a la muerte de Jesús.

Y entonces sucedió algo. Una ola de entusiasmo corrió a través de la multitud. ***¡Jesús habló!*** Mateo señala que Jesús exclamó en voz alta: «Dios mío, Dios mío, ¿por qué me has desamparado?»[8]

La multitud quedó electrizada. Tal vez ese fuera el momento en el que algo iba a suceder. Mateo dice: «Cuando lo oyeron, algunos de los que estaban allí dijeron: "Está llamando a Elías"».[9] ***¡Eso era!*** Sabían que Jesús tenía poderes maravillosos que trascendían hasta la esfera espiritual, y ahora él llamaba a uno de los grandes profetas del Antiguo Testamento para que descendiera a salvarlo. Los cielos se abrirían y aparecería Elías (tal vez en un carro de fuego o alguna otra cosa apasionante de ese tipo) para rescatar a Jesús y destruir a los romanos.

---

6. Lucas 23:43
7. Mateo 27:45; Marcos 15:33; Lucas 23:44
8. Mateo 27:46
9. Mateo 27:47

No se trataba de una ejecución corriente sino de un evento que atravesaba desde lo físico a la esfera espiritual.

Quizá para alentar a Jesús y mantenerlo vivo en ese momento crucial, uno de los observadores corrió y consiguió una esponja impregnada en vinagre de vino. La colocó en un palo y se la ofreció a Jesús para que bebiera. Entonces el resto de la multitud dijo: «Déjalo, a ver si viene Elías a salvarlo».[10]

Así que esperaron: los escépticos, los curiosos, los ansiosos, los esperanzados.

Eran las tres de la tarde. La multitud retrocedió, expectante, aferrándose a la última esperanza de que sucediera algo. Tal vez miraban hacia las nubes o hacia el horizonte, con la esperanza de ver algo, cualquier cosa. Todo se resumía en ese solo momento.

Cada uno de los Evangelios registra lo que sucedió luego:

«Entonces Jesús volvió a gritar con fuerza, y entregó su espíritu».[11]

«Entonces Jesús, lanzando un fuerte grito, expiró».[12]

«Entonces Jesús exclamó con fuerza: "¡Padre, en tus manos encomiendo mi espíritu!" Y al decir esto, expiró».[13]

«Al probar Jesús el vinagre, dijo: "Todo se ha cumplido". Luego inclinó la cabeza y entregó el espíritu».[14]

Lucas registra lo siguiente: «Entonces los que se habían reunido para presenciar aquel espectáculo, al ver lo ocurrido, se fueron de allí golpeándose el pecho. Pero todos los conocidos de Jesús, incluso las mujeres que lo habían seguido desde Galilea, se quedaron mirando desde lejos».[15] (Mateo dice que «estaban allí … muchas mujeres … entre ellas … María Magdalena, María la madre de Jacobo y de José, y la madre de los hijos de Zebedeo».)[16]

Todo había acabado.

Jesús, el hijo de José y María, y el Hijo de Dios, que había llegado a ser rabí, sanador, maestro y gran esperanza para la nación, el hombre que había calmado tormentas, sanado a los enfermos y cambiado las cosas para siempre, estaba muerto. Sus discípulos (algunos posiblemente observando secretamente desde una distancia segura) se habían dispersado por temor a represalias por parte de los romanos. Las multitudes pegaron la vuelta y regresaron a sus casas. Algunos pocos fieles (las mujeres que lloraban, tal vez) se quedaron rezagados. El cuerpo de Jesús colgaba allí, sin vida, entre dos ladrones agonizantes a los que acababan de quebrarles las piernas porque los romanos querían acabar con la cosa de una vez.

Pero en la ciudad de las cercanías, en el interior del templo, donde se reunían los principales sacerdotes, aconteció algo increíble. Se nos dice que «la cortina del santuario del templo se rasgó en dos, de arriba abajo»[17] En el templo había una cantidad de cortinas* diferentes, pero había dos que eran las principales. Una, en la primera entrada del templo que conducía al «lugar santo»; y la segunda, cubriendo la entrada del «lugar santísimo», donde se decía que moraba el Espíritu de Dios. Ese lugar era tan sagrado que solo el sumo

* Joseph Fitzmyer ha sugerido que podría haber hasta trece cortinas en total (*The Gospel according to Luke* X-XXIV, Anchor Bible Commentary [Doubleday, Nueva York, 1985], p. 1518).

10. Mateo 27:49
11. Mateo 27:50
12. Marcos 15:37
13. Lucas 23:46
14. Juan 19:30
15. Lucas 23:48–49
16. Mateo 27:55–56
17. Mateo 27:51; Marcos 15:38

sacerdote entraba allí una vez al año.* Las cortinas con certeza representaban la santidad de Dios y su condición de «otro», y mostraban la gran barrera que había entre un Dios sin pecado y una humanidad pecadora. Así que, aunque no se especifica, se piensa que es a la segunda cortina a la que se refieren los escritores de los Evangelios. No se trataba de una cortina endeble sino de una trama de tejido delicadamente realizado de varios centímetros de espesor, que llegaba hasta arriba y tenía un peso y una masa considerables. A menudo se ha considerado un signo positivo que esa cortina se haya rasgado, por el hecho de la que muerte de Jesús destruyó la barrera de separación que había entre Dios y el hombre.

Sin embargo, si bien es verdad que podemos decir que la muerte de Jesús quitó la barrera que separaba al hombre de Dios,[18] los escritores de los Evangelios quizá querían decir otra cosa. Dado el contexto y el lenguaje utilizado por los tres escritores de los Evangelios, es muy probable que debamos considerar ese acontecimiento como un juicio sobre el templo y sus sacerdotes. El que la cortina se rasgara representaba la justa ira de Dios que se derramaba precisamente sobre el mismo edificio que se suponía que representaba su bendición. Dios, a través de la muerte de Jesús, estaba destruyendo el templo y construyendo uno nuevo. Todos los que quisieran encontrarse con Dios y estar en su presencia ya no necesitaban ni un edificio ni los sacrificios llevados a cabo por los sacerdotes. En lugar de eso, podían acercarse libremente a Dios a través de Jesús: él era el nuevo templo. En un sentido espiritual, el templo había caducado. Y en el lapso de una generación, ese mismo templo físico sería arrasado hasta sus cimientos, luego de un sitio de cuatro meses por parte de los romanos, bajo Tito.

Mientras tanto, allá en el Gólgota, un centurión que estaba en medio de esa escena y que quizá supervisara al pelotón que había llevado a cabo la ejecución, murmuró las famosas palabras: «¡Verdaderamente este hombre era el Hijo de Dios!»[19] Esas palabras resultan de veras notables y no fueron incluidas como algo colateral a esta historia. Lo significativo aquí no es simplemente lo que se dijo sino quién lo dijo. Destacamos nuevamente que no se trató de uno de los discípulos ni de un erudito judío muy versado, sino de un soldado pagano del Ejército Imperial de Roma. La lealtad de un soldado romano estaba comprometida con Roma, y en particular con el emperador, al que corrientemente se lo consideraba como «el hijo de un dios». Al momento de la crucifixión de Jesús, el emperador de Roma era Tiberio, y su supuesta divinidad se promovía a través de inscripciones y de una de las monedas más usadas en esa época: un denario romano, que llevaba inscrito TI(BERIVS) CAESAR DIVI AVG(VSTI) F(ILIVS) («Tiberio César, hijo del dios Augusto»). Sin embargo, era un soldado romano el que pronunciaba esas palabras de traición al declarar que Jesús (y no el emperador) era el Hijo de Dios.

Lo que es más, para cualquier romano que viviera en el primer siglo, la divinidad generalmente era confirmada por una victoria militar o por demostrar fortaleza en el liderazgo de los asuntos civiles. Un hombre divino ante los ojos de un romano sería alguien que se pudiera visualizar como un general en una batalla o un rey sobre el trono, y no como un débil criminal sobre una cruz, lo que lo constituía en un objeto de vergüenza.

¡Qué maravillosamente irónico! Allí, justo en el momento de la muerte de Jesús, un comandante del ejército imperial, para quien una crucifixión constituía una obscenidad

*** Y aparentemente el sumo sacerdote usaba una cuerda alrededor de su cintura, así que si algo le sucedía, podía ser arrastrado hacia afuera sin necesidad de que alguien entrara. —Pete**

Lamento decepcionarte, Pete, pero me parece que este es tu turno de entrar en la zona de los mitos urbanos. —Ben

18. Hebreos 10:19–20
19. Marcos 15:39

indigna de mencionar, declaraba que Jesús, un judío pobre, humillado y crucificado, era el Hijo de Dios.

La escena final que se registra acerca de la crucifixión es el entierro de Jesús llevado a cabo por José de Arimatea y Nicodemo (el fariseo que anteriormente se había encontrado con Jesús en secreto). José era uno de los miembros del Sanedrín que no había estado de acuerdo con el plan de hacer ejecutar a Jesús. Contando con la autorización de Pilato, se les entregó el cuerpo de Jesús, y ellos lo llevaron hasta una tumba de las cercanías, donde, según la costumbre de sepultar que tenían, entre los dos envolvieron el cuerpo con fajas de lino preparadas con especias.*

Entonces se selló la tumba y, bueno… eso fue todo.

Jesús estaba muerto y enterrado.

* Vamos a analizar esto con mayor detenimiento en el próximo capítulo.

Capítulo 23

UN MUERTO QUE CAMINA

Jesús regresa

El 31 de agosto de 1997, Ben iba conduciendo por las afueras de Sydney cuando recibió un llamado telefónico de su esposa.

—¿Has oído las noticias? —le preguntó ella.

—¿Qué noticias?

—La princesa Diana ha sufrido un accidente automovilístico.

El informe inicial, en Sydney, en realidad era que Diana no estaba seriamente herida, pero que «tenía una pierna rota» y que la habían conducido inmediatamente al hospital. Así que cuando Ben finalmente llegó a su casa, unas dos horas más tarde, se quedó atónito al ver que en todos los canales de televisión mostraban escenas de un automóvil Mercedes negro destrozado en medio de un túnel en Paris, con el título: «Ha muerto la princesa Diana» en la parte baja de la pantalla.

Parecía imposible que una princesa, en especial una figura popular como Diana, con apariencia de invencible, y que siempre andaba rodeada de la protección de guardaespaldas y en vehículos a prueba de balas, resultara tan vulnerable a un accidente común. Las noticias nos golpearon fuerte. Diana de pronto estaba muerta, se había ido. Para muchos las palabras *princesa* y *muerta* no conjugaban una con la otra. No podían pertenecer a la misma frase.

Cuando se nos muere un miembro de la familia o un amigo, nos damos cuenta de lo espantosa, confrontadora y dolorosa que puede ser la muerte. De repente toda la perspectiva que tenemos en cuanto a lo que es esencial en la vida se desequilibra, mientras intentamos manejar la sensación de pérdida y su finalidad última. Donde antes había una persona (un amigo que vivía y respiraba, con quién solíamos reír y hablar, al que tocábamos), ahora no hay nada sino un féretro, recuerdos, viejas fotografías y algún himno en un funeral.

Como cualquiera que lucha por sobreponerse a la muerte de un amigo, los discípulos quedaron devastados por lo que acababan de presenciar. Pero Jesús era más que eso, era la esperanza nacional, el gran maestro y Señor «a prueba de balas», el compañero de viajes, el rabí y el amigo. Había sido tratado como un criminal y ejecutado a través de una crucifixión romana. La fe de ellos estaba hecha añicos y su mundo patas arriba. Para ellos, las palabras *Cristo* y *muerte* tampoco tenían lógica. Porque no parecían pertenecer a la misma frase. Como ya lo hemos dicho, según la tradición judía, el Cristo, o Mesías, sería un conquistador y un vencedor, alguien que demostraría cómo era el gobierno y el reinado de Dios y que aplastaría a sus enemigos. Pero había sucedido todo lo contrario. Él había sido derrotado y muerto por mano de sus enemigos, y la realidad simple y brutal que eso implicaba muy pronto los debió haber golpeado: *Jesús de Nazaret no era aquel. No era* el Cristo, el ungido de Dios.

Como cualquiera que lucha por sobreponerse a la muerte de un amigo, los discípulos quedaron devastados por lo que acababan de presenciar.

Según la práctica romana, los cuerpos de los criminales convictos se dejaban colgados para que se pudrieran, como un insulto más hacia el criminal, y como grotesca advertencia pública a todos los demás. Dejarse ver con una persona convicta tenía sus riesgos y peligros, y hasta la posibilidad de muerte. Los seguidores de Jesús estaban profundamente confundidos, asustados y abatidos. Algunos (incluyendo las mujeres que lo habían seguido desde Galilea) se pararon a mirar desde cierta distancia, en tanto que otros se escondieron en Jerusalén o comenzaron a alejarse de la ciudad para dirigirse a sus casas, ya sin esperanzas. Pero dos hombres se acercaron audazmente a Pilato y le preguntaron si les podía entregar el cuerpo de Jesús. Lo más sorprendente es que no eran los que uno esperaría que lo hubieran hecho. No eran miembros de la familia de Jesús ni se contaban entre sus discípulos más cercanos. Al comenzar a caer la noche, el cadáver de Jesús fue bajado y entregado a un judío rico de Arimatea, José, y a su colega Nicodemo.

Sus acciones muestran dos aspectos sorprendentes.

En primer lugar, que por manipular un cuerpo muerto, ambos hombres se convertían en ritualmente impuros. Por ser miembros del Sanedrín y hacerlo durante la Pascua, eso constituía una cuestión muy significativa. Aparentemente, esos dos demostraron ser verdaderos discípulos, dado que se preocuparon más por el cuerpo muerto de Jesús que por su propia pureza ceremonial.

En segundo lugar, probablemente resultara escandaloso para esos dos miembros del poderoso consejo gobernante judío (el Sanedrín) que los vieran asociándose con «el enemigo» de esa manera. Parecería que José, a pesar de estar en el Sanedrín, había sido un seguidor secreto de Jesús y no había estado de acuerdo con el curso de acción seguido en contra de él. Nicodemo, de manera similar, previamente había visitado a Jesús y hablado con él bajo el manto de la noche, quizá para mantener en secreto su interés en Cristo de modo que eso no fuera conocido por sus colegas. Pero ahora, en el momento de su muerte, esos hombres hacen una obvia declaración pública al mostrarse y llevarse el cuerpo de Jesús. Lo pusieron en una tumba de las cercanías, que, según la tradición de los ricos, había sido cavada en la roca de la montaña. Envolvieron el cuerpo como se acostumbraba, en lino, le colocaron especias y lo dejaron en la tumba, sellándola con una pesada roca, que se hizo rodar hasta la entrada. Algunos de los líderes judíos, preocupados por el posible robo del cuerpo de Jesús por parte de sus fanáticos seguidores, convencieron a Pilato que colocara un guardia romano ante la tumba.

Jesús hizo añicos la estructura de nuestro mundo al regresar a la vida. Estuvo muerto. Y regresó.

Y es allí donde se esperaría que la historia acabara. La fría noche caía sobre la ladera de la montaña fuera de Jerusalén, y en una caverna cavada en la roca, sellada con una enorme piedra y custodiada por centuriones romanos, yacía el cadáver de un insurgente convicto.

Sin embargo, los cuatro Evangelios nos dicen que ese no fue el final de la historia. Cada Evangelio acaba con una tremenda nota de triunfo. Fue ese sorpresivo final lo que realmente se colocó en el mismo centro del ministerio de Jesús y resultó ser el principio fundamental de la fe de sus seguidores desde entonces. Se trató de una sorpresa maravillosamente simple y a la vez incomprensiblemente compleja. Jesús hizo añicos la estructura de nuestro mundo al regresar a la vida. Estuvo muerto. Y regresó.

Dos mil años después de esos sucesos, solemos tratar con cierta displicencia el tema de la resurrección, especialmente si hemos crecido oyendo hablar de ella. Al usar la jerga cristiana, la mención a este hecho sale de nuestra boca con facilidad. Pero no es un acontecimiento sobre el que podamos pasar a la ligera. No se trata simplemente de un milagro de despedida por parte de Jesús o de alguna otra manera de demostrar que él podía realizar cosas sorprendentes. La resurrección corporal de Jesús fue y es el eje de la fe cristiana. No resulta exagerado decir que sin la resurrección no habría cristianismo. Como lo dijo el apóstol Pablo, a menos de treinta años de acontecida: «Y si Cristo no ha resucitado, nuestra predicación no sirve para nada, como tampoco la fe de ustedes ... todavía están en sus pecados ... [y] seríamos los más desdichados de todos los mortales».[1]

Aunque la meta de este libro no es probar la resurrección de Jesús, vale la pena considerar algunos de los aspectos señalados por el Nuevo Testamento y por otras fuentes:

- Jesús jamás fue promovido por sus seguidores como un mártir, del mismo modo en que lo fueron otros judíos nobles de su época y que murieron a causa de su fe en Dios a manos de sus enemigos.
- Los primeros testigos que informaron acerca de la resurrección de Jesús fueron mujeres. El testimonio de una mujer, tanto dentro de la cultura judía como de la grecorromana de aquellos tiempos, no se consideraba como testimonio confiable en una corte. Dicho simplemente, si uno quisiera inventar una historia sobre una resurrección y deseara que los otros judíos del primer siglo la creyeran, evitaría utilizar testigos poco creíbles como mujeres en el testimonio inicial.
- Todos los discípulos fueron transformados radicalmente; dejaron de sentirse mortalmente atemorizados y confusos para proclamar abiertamente que Jesús había resucitado de los muertos.
- Según la tradición y algunas otras fuentes, parecería que la mayoría de los apóstoles sufrieron el martirio por su fe en un Jesús que había resucitado físicamente. Todos ellos sostuvieron hasta el momento de su muerte que habían visto a Jesús vivo.[2]
- La muerte de Jesús no produjo la muerte de la fe en él. Produjo lo contrario. Los seguidores de Jesús (a los que pronto les dieron el nombre de *crist-ianos*) comenzaron a reunirse, predicar sobre la divinidad de Cristo y proclamar abiertamente que lo habían visto vivo luego de su ejecución.

La muerte de Jesús no produjo la muerte de la fe en él. Produjo lo contrario.

1. 1 Corintios 15:14, 17, 19

2. Las fuentes históricas de esos martirios incluyen; Hechos 7:1–60; 12:1–2; el libro de Josefo, *Jewish Antiquities* [Antigüedades de los judíos] 20.200; 1 Clemente 5:1–7; el libro de Eusebio, *Ecclesiastical History* [Historia eclesial] 2.25.5–6.

- Jesús se les apareció a *muchas* personas distintas en varios lugares diferentes por un período de más de un mes, y en una ocasión a más de quinientas personas.[3]

Aunque ninguno de estos puntos prueba que Jesús se levantó de los muertos, vale la pena tomar nota de todos ellos en conjunto. Luego de considerar la evidencia, Paul Barnett (que, entre otras cosas, es profesor adjunto de la cátedra de historia antigua en la Universidad Macquarie de Sydney, y profesor de investigaciones en el Regent College de Vancouver) llegó a esta conclusión: «Para mí, la calidad de la evidencia y el tono moral de la literatura en la que aparece, me llevan a concluir que Jesús, habiendo sido muerto, luego de tres días se levantó de los muertos».[4]

Hasta Pinchas Lapìde, un rabí notoriamente ortodoxo y uno de los teólogos judíos principales del mundo, se sintió tan compelido por la evidencia de la resurrección de Jesús que hizo esta sorprendente admisión: «Acepto la resurrección del domingo de Pascua no como una invención de la comunidad de los discípulos, sino como un hecho histórico».[5] Se trata de una admisión increíble, en especial proviniendo de un rabí ortodoxo.

Un informe sobre la resurrección

Temprano el domingo (el tercer día)* posterior a la muerte de Jesús, algunas mujeres, incluyendo a María Magdalena y María la madre de Santiago, fueron hasta la tumba con distintas especias para ungir el cuerpo de Jesús. Sin embargo, no estaban preparadas para lo que vieron. Los soldados que debían estar cuidando la tumba ya no estaban allí. Se había hecho rodar la piedra de la entrada sobre un costado. Y el cuerpo de Jesús había desaparecido. Es posible que en ese momento las mujeres pensaran que la situación había empeorado. *Quizá se había producido algún tipo de ataque durante el que habían robado el cuerpo de Jesús.* Luego, mientras seguían allí paradas en perplejidad a causa de esa escena aterradora, un mensajero angélico apareció ante ellas y les dio una explicación sorprendente: Jesús se había levantado de la tumba.

Los soldados que debían estar cuidando la tumba ya no estaban allí. Se había hecho rodar la piedra de la entrada sobre un costado. Y el cuerpo de Jesús había desaparecido.

Los autores de los cuatro Evangelios describen los sentimientos iniciales de las mujeres a esta altura como (comprensiblemente) una mezcla de temor, sorpresa y gozo. Hay una buena razón para ello. A pesar de las numerosas ocasiones en las que Jesús había hablado de su propia resurrección (junto con toda la cantidad de pasajes del Antiguo Testamento y de historias que indicaban que Jesús se iba a levantar de la muerte), eso todavía constituía un fenómeno inesperado y sorprendente para todos los discípulos. Sus emociones y la tumba vacía subrayan el hecho de que aún los que estaban más cerca de él creían que todo había acabado, que Jesús estaba bien muerto y que verdaderamente se había ido.

* Jesús habría considerado el viernes, el día de su muerte, como el primer día, el sábado (el Sabbath) como el segundo, y el domingo como el tercero.

3. Hechos 1:3; 1 Corintios 15:3–8

4. Paul Barnett, *The Truth about Jesus: The Challenge of Evidence* (Aquila, Sydney, 1994, p. 151).

5. Pinchas Lapide, *The Resurrection of Jesus: A Jewish Perspective* (Augsburg Fortress, Minneapolis, 2002, p. 15.)

Así que, bajo la influencia de toda esa gama de emociones y perplejidad, las mujeres corrieron de regreso hasta los discípulos a contarles lo que habían visto y oído. Luego de escuchar las noticias, los discípulos no las creyeron. Se rieron del informe como de «historias fantasiosas» y tonterías. No las creyeron.[6] Los escritores enfatizan que no recibieron esa historia con credulidad y con los brazos abiertos sino, como lo hubiera hecho cualquiera de nosotros, con confusión, sospechas y dudas. Nadie, como parece, esperaba encontrarse con un Jesús resucitado.

La tumba estaba vacía, la mortaja doblada y puesta aparte, y el cuerpo de Jesús no se veía por ninguna parte.

Al escuchar el informe de ellas, Pedro y otro de los discípulos (muy probablemente Juan) corrieron hasta la tumba para ver por ellos mismos. Probablemente no esperaban encontrarse con Jesús parado allí, como alguien que había vuelto de los muertos, sino que, según el Evangelio de Juan, simplemente deseaban encontrar el cuerpo. Cuando llegaron a la tumba, pudieron evaluar las evidencias por ellos mismos. La tumba estaba vacía, la mortaja doblada y puesta aparte, y el cuerpo de Jesús no se veía por ninguna parte. Luego de observar la evidencia, los dos discípulos se fueron a casa, tal vez confundidos, posiblemente asustados.

Entonces, de la nada, Jesús se le apareció a María Magdalena, que todavía seguía parada sola a la entrada de la tumba. Pero María no lo reconoció de inmediato.

Juan registra lo que sucedió a continuación:

Jesús le dijo:

> —¿Por qué lloras, mujer? ¿A quién buscas?
>
> Ella, pensando que se trataba del que cuidaba el huerto, le dijo:
>
> —Señor, si usted se lo ha llevado, dígame dónde lo ha puesto, y yo iré por él.
>
> —María —le dijo Jesús.
>
> Ella se volvió y exclamó:
>
> —¡Raboni! (que en arameo significa: Maestro).
>
> —Suéltame, porque todavía no he vuelto al Padre. Ve más bien a mis hermanos y diles: «Vuelvo a mi Padre, que es Padre de ustedes; a mi Dios, que es Dios de ustedes».[7]

Entonces Jesús se fue. Solo queda a nuestra imaginación lo que pasó por la mente de María. Sin duda su corazón latía fuerte a causa de la sorpresa y el entusiasmo por todo aquello, y de nuevo se fue corriendo a contarles a los discípulos.

Lucas registra[8] otro de los encuentros iniciales de discípulos con Jesús. Narra que otros dos (que no formaban parte de los doce) volvían esa mañana a la ciudad de Emaús, a unos diez kilómetros de Jerusalén. Eso en sí mismo ya es digno de mención. Allí iban dos personas (es posible que un hombre y su mujer, aunque más probable dos discípulos varones) que obviamente tenían una relación cercana con los apóstoles. Tan convencidos se hallaban de que todo había acabado que ni siquiera se tomaron la molestia de quedarse más tiempo para ver un poco más.

---

6. Lucas 24:11
7. Juan 20:15–17
8. Lucas 24:13–35

Se nos dice que al ir por el camino, Jesús, disimulando de alguna manera, comenzó a caminar junto a ellos a una distancia en que podía oírlos. Luego de escuchar parte de lo que discutían, Jesús los provocó con una pregunta sorprendente: «¿De qué hablan?», les preguntó.

A veces nosotros perdemos de vista lo impactante que resultó la naturaleza de esa pregunta. Imaginemos que caminamos por Trafalgar Square, en Londres, tres días después de la muerte de la princesa Diana, y que entonces alguien se nos acercara y nos dijera: «Eh, ¿qué es lo que ha pasado aquí?» Lo miraríamos como si estuviera viviendo en una burbuja. En el camino, aquel día, la pregunta de Jesús resultó tan inesperada que hizo que los dos viajeros detuvieran su marcha. Entonces uno de ellos (Cleofas) se volvió hacia Jesús y le dijo «¿Eres tú el único en toda Jerusalén que no sabe acerca de las cosas que han sucedido este fin de semana?»

¡La gran ironía consistía en que precisamente Jesús era el único en toda Jerusalén que ***sí sabía*** lo que había sucedido! Pero él deseaba escucharlo de labios de ellos y continuó preguntándoles. «¿Qué cosas?», indagó Jesús.

Los discípulos comenzaron a contarle acerca de las esperanzas que tenían en Jesús y que habían creído que él era el Cristo, pero que había sido arrestado, juzgado y crucificado. Notemos que lo llamaron «Jesús Nazareno» y no «Jesucristo». Ahora lo consideraban, cuando mucho, un profeta o un gran maestro.

Luego de escuchar su historia, Jesús los reprendió por no creer todo lo que las Escrituras enseñaban. Como ya lo dijimos, la historia nos transmite con claridad el hecho de que muchos de los judíos del primer siglo, incluyendo los discípulos de Jesús, estaban obsesionados acerca de los pasajes del Antiguo Testamento referidos al Mesías en los que se hablaba de conquista y triunfo. La mayor parte de las discusiones, según parecía, se daban en torno a pasajes y profecías que describían un Mesías que derrocaría el mal, establecería el reino de Dios y provocaría la formación de un pueblo de Dios constituido de una nueva manera. Pero tendían a dejar de lado los pasajes que hablaban sobre el Mesías sufriente, o que hacían alusión a él. Parece que estos dos discípulos no eran la excepción. Así que ante una audiencia de dos personas, Jesús realizó una de las reflexiones más trascendentes de la historia sobre las Escrituras. Comenzando por los primeros libros del Antiguo Testamento (los de Moisés) y siguiendo por los profetas, Jesús les explicó lo que acababa de suceder.

Con el corazón profundamente reconfortado por lo que oían, animaron a ese extraño a quedarse con ellos en Emaús a pasar la noche. Así que Jesús se quedó, se sentó a comer con ellos, y finalmente les reveló su identidad durante la cena. Poco después él se fue. Y esos dos discípulos se apresuraron a volver a Jerusalén para transmitir su sorprendente historia.

Luego de esas apariciones iniciales, Jesús finalmente se le apareció a Pedro y luego a la mayoría de los otros discípulos en un aposento en el que estaban hospedados. Los discípulos todavía se sentían impactados y tenían confusión con respecto a lo que había pasado, cuando Jesús finalmente se presentó delante de ellos. La última

Luego de esas apariciones iniciales, Jesús finalmente se le apareció a Pedro y luego a la mayoría de los otros discípulos en un aposento en el que estaban hospedados.

vez que lo habían visto, él estaba siendo tratado brutalmente y luego asesinado por los soldados romanos. Ahora se encontraba entre ellos otra vez, y su reacción se podría describir con la clásica expresión bíblica: «Aterrorizados, creyeron que veían a un espíritu».[9] Allí estaba un hombre que evidentemente había muerto y luego había regresado de los muertos.

Con frecuencia señalamos a Tomás como el discípulo dubitativo. De hecho, su nombre se ha convertido en sinónimo de duda. Sin embargo, *todos* los discípulos mostraron una reacción completamente humana en cuanto a dudar de un modo u otro. Lucas nos dice que ellos estaban asombrados, aterrorizados y a la vez alegres.[10]

Percibiendo su aturdimiento y sus dudas, Jesús los invitó a que lo tocaran para que pudieran sentir que él era real. Entonces sucedió lo que podríamos considerar un momento divertido. Quizá los discípulos esperaban de él un gran discurso sobre la vida y la resurrección. En lugar de eso, Jesús les hizo una pregunta. No se trataba de algo como: «¿Quién dicen ustedes que soy yo?», u otra cosa por el estilo. Era algo banal.

«¿Tienen algo de comer?», les preguntó antes de regodearse con algo de pez asado. Podría haber sido, por supuesto, que después de todo lo que había pasado durante los días anteriores, Jesús estuviera simplemente hambriento. Sin embargo, eso fue más bien una demostración gráfica de que no era un fantasma o algún truco de la mente. Jesús estaba plenamente vivo de manera física. Como lo mencionamos antes, él continuó encontrándose con sus discípulos en diversas ocasiones y en distintos lugares durante un período de más de un mes. Lucas señala que: «Después de padecer la muerte, se les presentó dándoles muchas pruebas convincentes de que estaba vivo. Durante cuarenta días se les apareció y les habló acerca del reino de Dios».[11]

Una vez que Jesús pasó el tiempo suficiente con sus seguidores, su misión finalmente acabó. Pero el final de la misión de Jesús no constituye el final de la historia. De muchas maneras, eso constituyó solo el comienzo. Mateo registra estas como las últimas palabras de Jesús: «Por tanto, vayan y hagan discípulos de todas las naciones, bautizándolos en el nombre del Padre y del Hijo y del Espíritu Santo, enseñándoles a obedecer todo lo que les he mandado a ustedes. Y les aseguro que estaré con ustedes siempre, hasta el fin del mundo».[12]

En ese momento, sin embargo, los discípulos no llegaron a darse cuenta de que estaban en los umbrales de la revolución social y religiosa más grande que jamás se había producido en el mundo. Las buenas nuevas acerca de Jesús estaban a punto de salir por todo el mundo con una repercusión masiva. Y nuestro mundo nunca sería el mismo otra vez.

En ese momento, sin embargo, los discípulos no llegaron a darse cuenta de que estaban en los umbrales de la revolución social y religiosa más grande que jamás se había producido en el mundo.

9. Lucas 24:37
10. Lucas 24:37, 41
11. Hechos 1:3
12. Mateo 28:19–20

¿Por qué volvió Jesús de la muerte?

La resurrección de Jesús fue y es importante por una cantidad de razones:

Demuestra maravillosamente que Jesús es Señor sobre la muerte. Todos mueren. Se trata del amo final que está sobre todos nosotros. Pero Jesús es el amo que está por encima de la muerte. Él la ha conquistado, en lugar de ser al revés.

La resurrección de Jesús hace que la cruz, en vez de constituirse en un símbolo de vergüenza y derrota, se convierta en un símbolo de victoria y esperanza. Si Jesús tan solo hubiera muerto, eso significaría que simplemente se trataba de un hombre más y su muerte, por lo tanto, no resultaría ser el sacrificio por los pecados de todo el mundo. Pero la resurrección nos confirma que el hombre que estuvo en la cruz era el Hijo de Dios, y por lo tanto pudo absorber todas las consecuencias del pecado de la humanidad. Sin ella, Jesús hubiera sido simplemente otro gran hombre.

Al escribir a algunos de los primeros cristianos que vivían en Corinto, y que todavía luchaban por comprender (y discutían al respecto) el significado de la resurrección de Jesús, el apóstol Pablo escribió las siguientes palabras: «Lo cierto es que Cristo ha sido levantado de entre los muertos, como primicias de los que murieron. De hecho, ya que la muerte vino por medio de un hombre, también por medio de un hombre viene la resurrección de los muertos. Pues así como en Adán todos mueren, también en Cristo todos volverán a vivir, pero cada uno en su debido orden: Cristo, las primicias; después, cuando él venga, los que le pertenecen. Entonces vendrá el fin, cuando él entregue el reino a Dios el Padre, luego de destruir todo dominio, autoridad y poder».[13]

Esto es un poco complicado, así que téngannos un poco de paciencia. Tanto los escritores del Antiguo como del Nuevo Testamento enseñan que al final de los tiempos no habrá un «lugar de los espíritus» para los creyentes, con nubes, arpas y aureolas alrededor de la cabeza, sino una «nueva creación», un nuevo mundo físico.[14] En ese mundo, el pueblo de Dios vivirá en armonía con él para siempre y no habrá lágrimas, ni dolor, ni sufrimiento.[15] Ellos también existirán físicamente dado que al fin de los tiempos habrá una gran resurrección de los cuerpos, que abarcará a toda la humanidad; no como la de los zombis de las películas de horror del tipo B, notemos, sino una resurrección física en la que se nos darán nuevos «cuerpos imperecederos».

La resurrección de Jesús fue en verdad un hecho único y de largo alcance que cambió el curso de la historia; no solo la historia cristiana sino la historia del mundo.

Según el apóstol Pablo, la resurrección de Jesús funcionó como una señal de lo que Dios hará por su pueblo al fin de los tiempos. Como un sabor anticipado de lo que sucederá con su pueblo (las personas que se hayan sometido a su reino) en el futuro.

La resurrección de Jesús fue en verdad un hecho único y de largo alcance que cambió el curso de la historia; no solo la historia cristiana sino la historia del mundo. Cambió a los primeros seguidores de Jesús durante el primer siglo, trans-

13. 1 Corintios 15:20–24
14. Isaías 65:17–19; 66:22–23; Apocalipsis 21:1
15. Apocalipsis 21:1—22:5

formándolos de una banda confusa y devastada en un grupo valiente de hombres y mujeres que, a su vez, cambiaron el mundo.

Pero el mensaje de Jesús no siempre fue bien recibido. La tradición nos dice que todos los apóstoles, a excepción de uno, fueron cruelmente ejecutados por intentar extender la palabra. Y durante cientos de años después de Jesús sus seguidores sufrieron algunas de las más horrendas persecuciones, torturas y ejecuciones. Se los despojó de sus derechos y hubo una campaña política para borrarlos de sobre la faz de la tierra. Difícilmente pudiera considerarse una manera atractiva e inspiradora de dar inicio a un nuevo estilo de vida.

Sin embargo, el mensaje de Jesús era más grande que todo eso. A comienzos del siglo cuarto, lo impensable había sucedido. El hombre más poderoso del mundo conocido se convirtió en seguidor del hijo de un carpintero de Galilea. El mismo emperador de Roma se hizo seguidor de Jesús y, como consecuencia, la nación más pagana que había sobre la tierra (el Imperio Romano, anteriormente atado a múltiples dioses, rituales y cultos) adoptó el cristianismo como su religión oficial.*

En el siglo veintiuno, los millones de seguidores de Jesús en todo el globo todavía se afirman en la creencia de que Jesús traspasó las fronteras de la muerte. Como hombre resucitado, es el verdadero Hijo de Dios capaz de dar nueva vida a los que se la pidan.

La mejor noticia que el mundo ha oído jamás llegó desde un cementerio: «¡Él ha resucitado!»

* La descripción que hace Dan Brown en *El código Da Vinci* acerca de que Constantino solo se volvió cristiano en su lecho de muerte y que convirtió el cristianismo en la religión oficial del imperio solo para unirlo, es un invento.

Sexta parte

HIJOS DE LA REVOLUCIÓN

Capítulo 24

SOBRE ESTA ROCA

¿Qué sucedió después?

En 1980, Pete (al igual que prácticamente todo otro adolescente dentro del universo conocido) fue volando al cine a ver la muy esperada continuación de *Star Wars* [La guerra de las galaxias], *The Empire Strikes Back* [El imperio contraataca]. Se sentó allí y se encontraba extasiado con esa oscura trama, y boquiabierto por los deslumbrantes efectos especiales. Pero justo en lo más denso de la acción, apareció en la pantalla el informe del reparto, dejando una cantidad de preguntas sin respuestas, de temas sin resolver y, lo que es peor, a Han Solo recubierto de carbonita y trasladado a un planeta distante. Aunque era una brillante estratagema del que había realizado la película para asegurarse de contar con una audiencia que asistiera al siguiente episodio, Pete estaba furioso por ese final de suspenso inconcluso. Tanto, que se quedó sentado mientras pasaban el reparto hasta que las cortinas se cerraron, convencido de que se trataba de un truco y de que habría un pequeño segmento final. Odiaba que la historia fuera a «ser continuada» y tener que esperar años para descubrir lo que había sucedido.

Aunque los cuatro registros sobre Jesús en el Nuevo Testamento tienen un sentido de conclusión en ellos mismos, también queda en el aire un toque de suspenso inconcluso del tipo de *El imperio contraataca*. Porque en muchos sentidos, la resurrección de Cristo no constituye el *final* de la historia sino el ***comienzo***. Luego de que Jesús volvió y pasó un tiempo con algunos de sus seguidores, se produjo una gran transformación a medida que las noticias sobre él se esparcían (partiendo de ese puñado de personas) por todos los caminos y ciudades, atravesando fronteras y mares, y a través de los siglos, definiendo y dando forma a la historia y a la cultura del mundo. Hoy, los miles de millones de seguidores de Jesús dan cuenta de que es la mayor comunidad individual de creyentes del mundo.

El crecimiento del movimiento de Jesús (**el cristianismo**) durante los últimos dos mil años ha sido como un campo minado, grande y complejo, que incluye historia, política, religión, cultura y geografía, y que llevó a que se escribieran miles de libros fascinantes. Y con certeza, es algo a lo que no nos atreveríamos a intentar hacerle justicia aquí. Sin embargo, es bueno conocer un poco de «lo que sucedió después».

Afortunadamente para nosotros, la Biblia nos proporciona la continuación de los Evangelios, ¡y no necesitamos esperar años para contar con ella!*

El libro de Hechos** fue escrito por el autor del Evangelio de Lucas. Aunque constituye la segunda parte de su informe sobre Jesús, funciona como una continuación de los cuatro Evangelios. Es de ese lugar que obtenemos mucha de nuestra información con respecto a las primeras tres décadas posteriores a la resurrección de Jesús. Sus veintiocho capítulos nos proporcionan asientos de primera fila para contemplar un tiempo increíble de la historia del mundo. Lucas narra el dramático nacimiento del cristianismo mientras este intentaba desarrollar la fuerza necesaria como para abrirse camino, al salir de su cuna en la pequeña provincia de Judea y con el tiempo alcanzar a gran parte del Imperio Romano.

*A diferencia de la interminable espera por *El regreso del Jedi*. —Pete

¡Deja ya tus gruñidos! ¡Es tiempo de avanzar! —Ben

** Título completo: Los Hechos de los Apóstoles

Aparte de la perspectiva histórica, Hechos también constituye un excelente material de lectura dentro de la tradición de las historias de aventuras. Bien se podría titular *Las aventuras de los apóstoles*. Contiene martirios, fugas de prisión, el accionar de turbas airadas y naufragios. Se encuentran historias de milagros, brujería, hechicerías, juicios y una buena cantidad de viajes, lo que siempre mantiene viva la narración. Si Warner Brothers quisiera convertir el libro de Hechos en una película con éxito de taquilla, les costaría clasificarla, porque contiene acción, dramatismo, aventura, suspenso, horror y hasta comedia.

Pero además de los hechos (o aventuras) de los apóstoles,* el libro también nos cuenta algo más con respecto a Jesús. Comienza con un par de conversaciones importantes que Jesús sostuvo con sus discípulos luego de la resurrección. En algún punto, durante una comida con sus seguidores, Jesús les ordenó no salir de Jerusalén, sino esperar por un don. No se trataba de un regalo envuelto en papel y con un moño, sino el regalo de la presencia de Dios con ellos, el don del Espíritu Santo.[1] Como sus compatriotas, los discípulos esperaban y tenían la expectativa de una liberación del yugo extranjero. Así que un corto tiempo después, no sabemos si durante esa comida o en los días que siguieron, los discípulos le preguntaron: «Señor, ¿es ahora cuando vas a restablecer el reino a Israel?»[2]

Y Jesús les respondió: «No les toca a ustedes conocer la hora ni el momento determinados por la autoridad misma del Padre ... Pero cuando venga el Espíritu Santo sobre ustedes, recibirán poder y serán mis testigos tanto en Jerusalén como en toda Judea y Samaria, y hasta los confines de la tierra».

Entonces Lucas, de un modo sorprendentemente minimalista, solo nos dice: «Habiendo dicho esto, mientras ellos lo miraban, fue llevado a las alturas hasta que una nube lo ocultó de su vista. Ellos se quedaron mirando fijamente al cielo mientras él se alejaba. De repente, se les acercaron dos hombres vestidos de blanco, que les dijeron: "Galileos, ¿qué hacen aquí mirando al cielo? Este mismo Jesús, que ha sido llevado de entre ustedes al cielo, vendrá otra vez de la misma manera que lo han visto irse"».[3]

A menudo se ha dicho que en algunos sentidos esos versículos de apertura funcionan como una tabla de contenido del resto del libro de Hechos (y, nosotros podríamos agregar, del resto de la historia de la iglesia) porque hacen mención a cuatro acontecimientos cruciales:

- **La ascensión** de Jesús** al cielo luego de sus apariciones como resucitado
- **El Espíritu de Jesús** que viene sobre sus seguidores con poder
- **Los testigos de Jesús** que proclaman el Evangelio y crecen en número
- **El regreso de Jesús** al final de los tiempos

Echémosle una mirada a cada uno de ellos, en orden.

* La palabra apóstol significa «uno que es enviado». Se la utiliza para describir a los hombres con una misión que llevan las buenas nuevas de Jesús al mundo.

** La palabra ascensión es un término algo rebuscado que básicamente significa «subir».

1. Hechos 1:4–5; Lucas 24:49
2. Hechos 1:6–8
3. Hechos 1:9–11

La ascensión de Jesús

Lucas es el único de los autores del Nuevo Testamento que narra en detalles lo que sucedió con Jesús luego de sus apariciones posteriores a la resurrección y describe su ascensión.[4]

Debemos admitir que la ascensión parece algo un poco extraño al principio. Jesús simplemente fue «llevado a las alturas» en presencia de unos pocos seguidores privilegiados y desapareció en «una nube», dando la imagen de alguien que fuera elevado rápidamente en un ascensor invisible. Sin embargo, considerando todo lo que Jesús había dicho y hecho, no nos debería sorprender para nada. Era la confirmación final de su estatus como el divino siervo de Dios y constituía el comienzo (o, como a los teólogos les gusta decir, «la inauguración») de su lugar como rey elegido por Dios. Así que de alguna manera fue una especie de ceremonia de coronación. En los juegos olímpicos, por ejemplo, un atleta ganador es «coronado» campeón con una medalla de oro luego de su victoria en la pista. Del mismo modo, Jesús había vencido al pecado y a la muerte a través de su resurrección, y cuarenta días más tarde él asumió su lugar en el podio, a la derecha del Padre, donde fue oficialmente coronado como Señor de señores. La ascensión determinó el final de una era, pero también el comienzo de otra.

La ascensión determinó el final de una era, pero también el comienzo de otra.

El Espíritu de Jesús

El segundo acontecimiento fundamental luego de la resurrección de Jesús lo constituyó la venida del Espíritu Santo sobre sus seguidores.[5] El Espíritu Santo está íntimamente ligado con Dios el Padre y Jesús el Hijo. Los tres son, por supuesto, conocidos colectivamente como la Trinidad, con Jesús como la segunda persona del único Dios trino: *Padre, Hijo y Espíritu*. Y es a través del Espíritu Santo que Dios vive y reina entre sus seguidores hoy.

En diversas ocasiones, que se hallan registradas en el Antiguo Testamento, Dios prometió que un día él iba a habitar con la humanidad de un modo nuevo y especial. Varios de los profetas del Antiguo Testamento habían profetizado sobre eso de distintas maneras.* Así que muchos judíos esperaban con gran expectativa esa nueva era en la que Dios derramaría su Espíritu sobre todo su pueblo de una manera significativa.**

Jesús también lo había predicho. Una de las órdenes finales a sus seguidores era esperar en Jerusalén el derramamiento del Espíritu Santo.[6] Ese día llegó de un modo espectacular poco después de la ascensión de Jesús. Mientras se amontonaban todos en un aposento alquilado en Jerusalén, los seguidores de Jesús que habían permanecido (alrededor de 120 personas) de repente fueron tomados por un derramamiento sobrenatural del Espíritu de Dios. Lucas señala que un tremendo ruido parecido a un tornado atravesó el lugar, acompañado por llamas de fuego sobrenaturales. ¡Qué espectáculo! Cada una de las personas que estaban en el aposento fue llena del Espíritu y comenzaron todos a hablar en distintos idiomas (o «lenguas»).

Provocó tal alboroto que miles de personas (incluyendo muchos peregrinos que visitaban la ciudad, llegados de todas partes del imperio y aun más allá) se congregaron

* Isaías, Ezequiel y Joel, entre otros.

** Las diferentes sectas dentro del judaísmo del primer siglo diferían considerablemente sobre cómo y cuándo sucederían estas cosas, pero todas esperaban una nueva era en la que el Espíritu «fuera derramado».

4. Lucas 24:50–51; Hechos 1:9
5. Hechos 2
6. Lucas 24:49

alrededor del edificio para ver lo que sucedía. Cuando se acercaron, escucharon hablar a personas en prácticamente todo idioma conocido en esos tiempos. Lucas hace una lista de las dieciséis ciudades y regiones de los que estaban presentes, cada una de las cuales tenía su propio idioma o dialecto. (Esto resulta muy significativo. Miles de años antes de este acontecimiento, la humanidad había rechazado a Dios de modo colectivo al construir la infamante ciudad de Babel y su torre.[7] Eso constituía un monumento al orgullo y era un símbolo de la rebelión del hombre. En respuesta, Dios trastornó a la humanidad confundiendo sus idiomas y destruyendo así su capacidad para programar una rebelión combinada, a tal punto que la comunicación se les hizo imposible y todos se separaron unos de otros. El derramamiento del Espíritu de Dios sobre los seguidores de Jesús sirvió, en un sentido, para revertir los sucesos de Babel y dar comienzo a una nueva era. Empezaba a emerger una comunidad renovada y armoniosa de personas provenientes de todo tipo de nación y trasfondo.)

Resulta comprensible que muchos dentro de la multitud estuvieran sorprendidos por la forma en que este grupo, mayoritariamente galileo, hablaba en diversos idiomas extranjeros. Pero muchos fallaron en comprender el sentido de ese momento y atribuyeron la conmoción a una embriaguez.

Mientras la multitud esperaba una explicación, el apóstol Pedro se puso de pie con una renovada confianza y se dirigió a ese mar de espectadores en lo que podríamos catalogar como el primer sermón cristiano. Inmediatamente sacó al alcohol del cuadro como fuente de lo que acontecía (después de todo, eran apenas las nueve de la mañana) y citó las Escrituras:

«Compatriotas judíos y todos ustedes que están en Jerusalén, déjenme explicarles lo que sucede; presten atención a lo que les voy a decir. Éstos no están borrachos, como suponen ustedes. ¡Apenas son las nueve de la mañana! En realidad lo que pasa es lo que anunció el profeta Joel:

"Sucederá que en los últimos días —dice Dios—, derramaré mi Espíritu sobre todo el género humano. Los hijos y las hijas de ustedes profetizarán, tendrán visiones los jóvenes y sueños los ancianos. En esos días derramaré mi Espíritu aun sobre mis siervos y mis siervas, y profetizarán … Y todo el que invoque el nombre del Señor será salvo"».[8]

Pedro podría haber usado una cantidad de otros pasajes del Antiguo Testamento, pero eligió este. Al hacerlo, él declaraba que el tiempo que Joel había predicho más de cuatrocientos años atrás finalmente había llegado y todos los presentes eran testigos de este acontecimiento. Por lo tanto, ese era un día importante. Marcaba el comienzo de una nueva época en la manera en la que Dios iba a tratar con su pueblo y en la forma en la que su pueblo trataría con él.

«Y todo el que invoque el nombre del Señor será salvo».

Resulta significativo que todo esto ocurriera durante una festividad relacionada con la agricultura en la que se celebraba anualmente la llegada de la nueva cosecha. Por lo tanto, se la llamaba el *Día de las primicias*, o la *Fiesta de la cosecha*. Para decirlo más específicamente, eso tenía lugar el día cincuenta contado a partir del Sabbath de la Pascua, y comúnmente se lo conocía como Pentecostés.* Como parte de las festividades, en el templo se le ofrecía a Dios un nuevo pan cocido hecho del grano de la nueva cosecha. Se

* Pentecostés era la segunda festividad nacional de Israel en importancia y se llevaba a cabo siete semanas, o cincuenta días, después de la festividad de la Pascua. De hecho, la palabra Pentecostés significa «cincuenta». También se la llama la Fiesta de las Semanas.

7. Génesis 11

8. Hechos 2:14–18, 21

trataba de una celebración de la gloriosa providencia de Dios que permitía la llegada de un nuevo día y de los frutos de la cosecha.

Casi dos meses antes de esos sucesos de Pentecostés, Jesús ya había reinterpretado la comida pascual introduciendo una nueva comida: la Cena del Señor. Ahora Pentecostés iba a pasar por un giro de redefinición semejante. Si el Pentecostés tenía que ver con la nueva cosecha y la provisión de alimento, también la llegada del Espíritu en ese momento reinventaba el Pentecostés como la llegada del nuevo fruto de la cosecha de Dios que venía sobre la humanidad a través del Espíritu.

Pedro concluyó su discurso con un llamado a la fe y al arrepentimiento, advirtiendo y rogando a esa inmensa audiencia: «Arrepiéntanse y bautícese cada uno de ustedes en el nombre de Jesucristo para perdón de sus pecados».[9] El impacto sobre las masas fue inmediato y poderoso. Durante su vida, Jesús había sido un orador poderoso que impactaba a la gente. Ahora les había pasado el legado a sus apóstoles. Lucas registra que alrededor de tres mil personas se arrepintieron ese día y se volvieron seguidores de Jesús.

Testigos de Jesús: Lo bueno, lo malo, lo feo

Lo bueno

El resultado del Pentecostés fue una nueva comunidad de creyentes a la que Jesús se refería como «sus testigos»: las personas que eran, o vendrían a ser, sus seguidores comprometidos. Solo después se los catalogó como cristianos* y, colectivamente, como la iglesia. Hoy tendemos a usar la palabra *iglesia* para describir un cierto edificio, frecuentemente con campanario, ventanas con vitreaux y bancas de madera dura.** Pero el término originalmente se usaba para describir una comunidad de personas, y Lucas describe con ciertos detalles cómo era la primera «iglesia».

Ahora que el Espíritu de Dios vivía sobrenaturalmente en medio de su pueblo, y armados con la comprensión de que Jesús había conquistado al pecado y a la muerte, había un nuevo sentido de comunidad y un celo renovado entre los primeros creyentes. Lucas nos dice que se abocaron con entusiasmo a obedecer las enseñanzas de los apóstoles a medida que aprendían más sobre Jesús y sobre el significado de su muerte y resurrección. Comenzaron a vivir de la manera que Jesús había enseñado, y eran muy caritativos los unos con los otros: compartían sus posesiones y comían juntos por las casas.

Este hermoso cuadro de amistad y comunión que como comunidad cristiana mostraba la primera iglesia constituye un tremendo recordatorio de cómo debería ser una iglesia. Al pasar las décadas, cuando los cristianos comenzaron a salir de Jerusalén hacia las regiones vecinas y aun más allá, ellos causaron un gran revuelo por su estilo de vida, y se ganaron una buena reputación a causa de su caridad, compasión, honestidad, actitud pacífica y amor. Los cristianos pronto se convirtieron en un grupo perceptible y en un fenómeno social a través de todos los estratos de la sociedad hasta en los niveles más altos. Poco después de fines del primer siglo, el gobernador romano Plinio le escribió al emperador Trajano con respecto a los cristianos, preguntándose por qué se los debería arrestar y llevarlos a la muerte, diciéndole: «Se reúnen regularmente antes del amanecer en algún

* De paso, fueron paganos los que primero denominaron a los seguidores de Jesús como cristianos.

** ¡Y una cartelera en el frente, en la que se colocan citas chifladas y generadoras de pensamientos! —Pete

9. Hechos 2:38

Había un nuevo sentido de comunidad y un celo renovado entre los primeros creyentes.

día determinado para entonar entre ellos, en forma alternada, versos en honor a Cristo como si fuera un dios, y también para hacer pactos, no con propósitos criminales, sino para abstenerse de cometer robos, substracciones y adulterio, para no cometer violación de la confianza y no rehusarse a devolver un depósito que se les demandara. Luego de esa ceremonia, ha sido su costumbre dispersarse y comer un tipo de comida común y no dañina».[10]

Y varios siglos después, el emperador Juliano escribió: «Estos impíos galileos (los cristianos) no solo alimentan a sus propios pobres, sino también a los nuestros; acogiéndolos en su *agapae* [amor], los atraen como se atrae a los niños, con pasteles ... En tanto que los sacerdotes paganos descuidan a los pobres, los odiados galileos se entregan a las obras de caridad ... Tales prácticas son comunes entre ellos, y provocan un desprecio por nuestros dioses».[11]

Con el crecimiento de la comunidad se produjo un crecimiento de la estructura. Se nombraron varios líderes o ancianos para supervisar a los diferentes grupos, o «iglesias». Los apóstoles designaron hombres y mujeres para una cantidad de tareas y roles, a medida que las iglesias comenzaban a adquirir más miembros y a volverse más estructuradas. Con sus obispos, sacerdotes, ancianos, ministros, tesoreros y los que realizaban el trabajo pastoral, se establecieron los fundamentos para la estructura de nuestras iglesias modernas.

Con el paso del tiempo, las historias y enseñanzas de Jesús y los apóstoles comenzaron a circular entre los primeros cristianos en la forma de diversos credos e himnos de la iglesia primitiva. Durante un tiempo, según parece, esas tradiciones simplemente se pasaron oralmente (como era costumbre en el mundo antiguo), pero pronto se hizo claro que para separar los hechos de lo ficticio, y para engendrar un sentido de unidad, los cristianos necesitaban escribir estas cosas. Ese fue el origen de los cuatro Evangelios del Nuevo Testamento, que se escribieron unos treinta años (o tal vez un poco más) después de los propios acontecimientos.[12]

Del mismo modo, otros cristianos en distintas partes del imperio deseaban y necesitaban enseñanza sobre cómo vivir y ser un seguidor de Jesús. Los apóstoles a menudo escribían cartas a las iglesias o a individuos que eran líderes de las iglesias para alentarlos e instruirlos en toda una diversidad de cuestiones. Son esas las cartas a las que nos referimos como epístolas, las que conforman el resto del Nuevo Testamento. Es muy probable que la carta de Pablo a los Romanos fuera dirigida a una cantidad de distintas iglesias que funcionaban en diferentes casas en Roma. Del mismo modo, sus cartas a Timoteo fueron epístolas con instrucciones a un líder de las iglesias cuyo nombre era (no damos premio a las respuestas correctas): ¡Timoteo!

Otros cristianos comenzaron a escribir también, pero sus escritos no fueron incluidos en lo que nosotros ahora llamamos el Nuevo Testamento porque, a diferencia de los apóstoles, no se trataba de embajadores de Jesús divinamente designados. Pero colectivamente ellos nos dan una interesante perspectiva de los pensamientos, alegrías y luchas de la iglesia primitiva y del nacimiento del cristianismo.

---

10. Tácito, *Annales* XV.44

11. Emperador Juliano, *Letter 22, To Arcacius, High Priest of Galatia* [Carta 22, a Arcacius, sumo sacerdote de Galacia], en el libro, *The Works of the Emperor Julian* [Las obras del emperador Juliano], vol.2, Loeb Classical Library 157, 67–73.

12. Ver Lucas 1:1–4

Lo malo

Lamentablemente, la atractiva comunidad de los primeros cristianos sobre la que leemos en Hechos 2 no duró mucho. Algunos cristianos, o así llamados cristianos, empezaron a pelear, dudar, engañar, rebelarse y pecar unos contra otros de distintas maneras. Comenzaron a aparecer enseñanzas extrañas, y se entabló un feroz y encarnizado debate, notablemente, sobre el status de los cristianos judíos en comparación con el de los cristianos gentiles. En cierta manera, podríamos decir que Jesús murió para colocar a la iglesia en el mundo, y que los apóstoles murieron para mantenerla allí. No constituye un milagro menor el que la iglesia sobreviviera a los tumultuosos primeros siglos. Muchas de las cartas del Nuevo Testamento fueron escritas en respuesta a diversas herejías, discusiones, conflictos, cuestiones éticas y problemas morales que sucedían dentro de las iglesias de esa época, y entre ellas.

Lo feo

La palabra griega que a veces traducimos como «testigo» es *marturion*, de la cual se desprende la palabra *mártir*. A medida que los cristianos comenzaron a proclamar su mensaje y a aferrarse firmemente a sus creencias, muchos empezaron a ser perseguidos y hasta reconocidamente martirizados por su fe.

Muchas de las cartas del Nuevo Testamento fueron escritas en respuesta a diversas herejías, discusiones, conflictos, cuestiones éticas y problemas morales que sucedían dentro de las iglesias de esa época, y entre ellas.

No nos debería sorprender. Como ya lo hemos dicho, el mensaje de Jesús resultaba increíblemente controversial durante el primer siglo, en particular para los judíos ortodoxos. La afirmación de que un carpintero contemporáneo de Nazaret, que había sido crucificado, era el Cristo, y que tanto judíos como gentiles compartían el mismo status dentro del reino de Dios, se consideraba no solo como un concepto estrambótico, sino como una blasfemia de la peor clase. No nos sorprende entonces que la mayor parte de la oposición que enfrentaron los cristianos del primer siglo viniera de los judíos.

El libro de los Hechos confirma eso al registrar gran parte de la persecución que se llevó a cabo en las décadas del medio del primer siglo. En Hechos 7 leemos acerca de Esteban, que es considerado por la mayoría como el primer mártir cristiano. Lucas describe las horas finales de Esteban cuando fue llevado delante de las autoridades judías y respondió, sin avergonzarse, acusándolas de rebelarse en contra de Dios. Como resultado, lo sacaron y lo apedrearon por su fe.

Sin embargo, el libro de los Hechos mayormente se concentra en el apóstol Pablo y sus compañeros cuando viajaban por todo el Imperio Romano sufriendo toda clase de persecuciones a manos de los judíos. De alguna manera, el apóstol Pablo era como Frodo y su compañía, viajando por lo que geográficamente podríamos llamar, aun hoy, el Medio de la Tierra, cuando se desplazaba con sus compañeros por todo el imperio predicando el mensaje de Jesús, y enfrentando diversos juicios y experiencias cercanas a la muerte. Posteriormente algunos de ellos hicieron una entrada significativa no al Monte Doom sino a Roma.

Pablo originalmente era un fariseo que perseguía a los cristianos, y hasta fue testigo de la muerte de Esteban. Pero luego de encontrarse con Jesús en la que parece haber sido su última aparición luego de la resurrección, Pablo tuvo una conversión espectacular. Metafóricamente hablando, con el zapato puesto en el otro pie, entonces él (¡qué ironía!)

se transformó en objeto de gran persecución al viajar de ciudad en ciudad predicando las buenas nuevas acerca de Jesús.

En diversas ocasiones él y sus compañeros fueron perseguidos hasta fuera de la ciudad por turbas airadas, y apenas pudieron escapar con su vida. En otras circunstancias, Pablo fue arrojado a una prisión, y en la ciudad romana de Filipos recibió «muchos golpes» como consecuencia de su fe.[13]

A medida que los cristianos crecían en número y en reputación, los romanos comenzaron a perseguirlos también. Mucho se ha escrito sobre la persecución de los cristianos primitivos durante los tres primeros siglos, y justo es decir que mientras algo de esto es exacto, desafortunadamente algunos exageran la verdad. En algunas zonas del imperio los cristianos en realidad disfrutaron de una libertad relativa sin persecución por muchas décadas. Pero durante los tres primeros siglos, también muchos cristianos fueron intensamente perseguidos por su fe, de distintas maneras y en diversas ocasiones.

A los cristianos se les imponía violencia verbal, se les denegaban privilegios, perdían sus propiedades y sus trabajos. Otros no lograron librarse tan fácilmente. Fueron apedreados, azotados, golpeados, crucificados y, es sabido, usados como diversión en los circos romanos, tales como el Coliseo de Roma. Según algunas fuentes, todos los apóstoles salvo Juan fueron martirizados por su fe. Pablo, por ejemplo, fue decapitado, Santiago (el hermano de Jesús) apedreado hasta morir y Pedro, aparentemente, crucificado cabeza abajo.

Durante los tres primeros siglos muchos cristianos fueron intensamente perseguidos por su fe, de distintas maneras y en diversas ocasiones.

En algunas zonas, la reputación mística de los cristianos adquirió proporciones histéricas y estrambóticas. Algunos cristianos primitivos fueron acusados de ser caníbales, incestuosos y aun ateos. Eran catalogados de caníbales porque se rumoreaba que comían verdadera carne y bebían verdadera sangre cuando participaban de la Cena del Señor. Fueron catalogados de incestuosos porque se llamaban unos a otros «hermano» y «hermana» y se saludaban entre ellos con un beso. Pero lo más sorprendente era que fueron considerados ateos. Eso porque no creían ni reconocían a los dioses romanos ni adoraban al emperador. Esa no era una cuestión menor. Por hacerlo así, los romanos pensaban que ellos se estaban alejando de la buena voluntad de los dioses y poniendo en peligro lo que los romanos llamaban *pax deorum* (la relación armoniosa y correcta entre los dioses y los hombres).* Como resultado, los romanos, naturalmente, mostraban preocupación en cuanto a que los dioses pudieran derramar su ira no solo sobre los cristianos sino también sobre sus pueblos o ciudades o aun sobre todo el imperio.

Y cuando ocurrían desastres, les encantaba inculpar a los cristianos.[14] Tertuliano, el gran escritor cristiano de finales del segundo siglo y comienzos del tercero, lo resume así: Los paganos, decía él, «suponen que los cristianos son la causa de todo desastre público, de cada desgracia que le sucede a la gente. Si se desborda el Tiber o el Nilo no lo hace, si hay una sequía o un terremoto, hambre o pestilencia, inmediatamente se levanta el clamor: "Arrojen a los cristianos a los leones"».[15]

---

13. Hechos 16:23

14. G. E. M. de Ste. Croix, «Why Were the Early Christians Persecuted?», *Past and Present* 26 (1963), p. 25.

15. Tertuliano, *Apologeticus* IL.

* Los judíos estaban exceptuados de participar de la religión del estado debido a lo antiguo de su religión y tradiciones; los cristianos, sin embargo, no.

Por esta razón, la suerte que con más frecuencia se reservaba para ellos era ignominiosa. Considerándolos conspiradores capaces de cometer cualquier crimen «contra la raza humana», y peligrosos para el estado, no titubeaban en aplicarles un castigo originalmente reservado para los soldados que habían desertado y se habían pasado al enemigo.[16]

Uno de los casos más famosos de persecución de cristianos de las que hay registros nos llega a través de los escritos del autor romano Tácito. Este nació en algún momento durante los años cincuenta del primer siglo y vivió hasta bien entrado el segundo siglo. Mucha de nuestra comprensión de la política imperial romana la obtenemos de los escritos de Tácito. En el año 64 d.C., estalló un gran incendio en la ciudad de Roma, que continuó feroz por varios días, destruyendo gran parte de la ciudad y matando a miles de personas. Muchos culparon al emperador Nerón por el desastre pero, según Tácito, Nerón injustamente culpó a los cristianos y los hizo castigar por consiguiente. Tácito escribió:

> Por lo tanto, para deshacerse de la denuncia, Nerón le transfirió la culpa a una clase odiada por sus abominaciones, llamados cristianos por el populacho, y les infligió las torturas más refinadas. Cristo, que dio origen a su nombre, sufrió la penalidad extrema durante el reinado de Tiberio en manos de uno de nuestros procuradores, Poncio Pilato, y entonces la más maliciosa de las supersticiones (aunque estuvo controlada por el momento) estalló no solo en Judea (la principal fuente del mal) sino también en Roma, donde todas las cosas horrendas y vergonzosas de cualquier parte del mundo encuentran su centro y se vuelven populares. Por consiguiente, se llevó a cabo un arresto primero entre todos los que se declararon culpables; luego, a partir de su información, se condenó a una inmensa multitud, no tanto por el crimen de incendiar la ciudad, como por su odio contra la humanidad. A la muerte se les agregaron burlas de todo tipo. Cubiertos con pieles de bestias, fueron despedazados por perros y perecieron, o fueron clavados a cruces, o fueron destinados a las llamas para ser quemados y servir como iluminación nocturna cuando la luz del día se apagaba.[17]

Con historias como esta, resulta muy claro que muchos de los primeros cristianos sufrieron las muertes más terribles y humillantes en manos de sus perseguidores. A nosotros (Ben y Pete), sentados confortablemente aquí, en el siglo veintiuno, nos resulta muy aleccionador considerar la vida y muerte de algunos de esos cristianos primitivos que eran, después de todo, gente común: maridos, esposas, hermanos, hermanas, madres y padres como nosotros. Nos sentimos muy agradecidos por el testimonio de esos valientes hombres y mujeres que se mantuvieron firmes en su fe de que Jesús era el Hijo de Dios resucitado. Su inquebrantable fe resulta muy inspiradora para los cristianos de todo el mundo, en especial de los que todavía sufren de diversas maneras a causa de su fe.

El regreso de Jesús

Teniendo todo esto en mente, resulta reconfortante saber que una parte significativa de la fe cristiana es la esperanza de una reivindicación futura. En diversas ocasiones el

---

16. Ronald Auguet, *Cruelty and Civilization: The Roman Games* (Routledge, Londres, 1994), p. 97.
17. Tácito, *Annales* XV.44

apóstol Pablo escribió que mayormente la vida de un cristiano tiene tres dimensiones: fe, amor y esperanza. Y resulta fundamental para la esperanza cristiana el hecho de que Cristo, así como vino antes, volverá a venir.

En la trilogía de *Terminator*, la frase más famosa la constituye, por supuesto, el dicho de Arnie: «¡Regresaré!»* Jesús dijo lo mismo. También aquí, en Hechos 1, los ángeles les dicen a los discípulos: «Este mismo Jesús, que ha sido llevado de entre ustedes al cielo, vendrá otra vez de la misma manera que lo han visto irse».[18]

* Emitido, por supuesto, en su fuerte acento austriaco.

Eso significa que el componente final de la historia de Jesús todavía tiene que desarrollarse. El telón no ha bajado, ni ha aparecido el reparto en pantalla. Todavía hay una escena más esperando ser exhibida. Y es la escena culminante: el regreso de Jesús.

Los autores del Nuevo Testamento se refieren a él simplemente con las palabras «su venida».[19] Esto es muy importante. La así llamada primera venida de Jesús, en un sentido, constituye un preestreno de las cosas que vendrán, una ventana hacia lo que será la vida en el reino de Dios.

Hasta los cristianos más conocedores y asistentes a la iglesia se sienten tentados a pensar acerca de Jesús como de un híbrido, mitad mejor amigo y mitad salvador del mundo, además amable, manso, tranquilo y suave. Ese sería un Jesús muy desequilibrado. El Nuevo Testamento afirma contundentemente que él regresará con un imponente despliegue cósmico de gloria, poder y fuerza para juzgar al mundo y que todo ojo lo verá y toda rodilla se doblará delante de él. Su presencia resultará completamente abarcadora y clara para todos.

Vale la pena notar que al comienzo del ministerio de Jesús, cuando él abrió el rollo que le entregaron en la sinagoga y leyó al profeta Isaías, se detuvo antes de leer lo que claramente constituía una parte principal de su papel como el Ungido y como el juez último del mundo. Lucas nos dice que Jesús leyó estas palabras del libro de Isaías:

> El Espíritu del Señor está sobre mí,
> por cuanto me ha ungido
> para anunciar buenas nuevas a los pobres.
> Me ha enviado a proclamar
> libertad a los cautivos
> y dar vista a los ciegos,
> a poner en libertad a los oprimidos...[20]

Y resulta fundamental para la esperanza cristiana el hecho de que Cristo, así como vino antes, volverá a venir.

Pero no leyó la siguiente línea:

> y el día de la venganza de nuestro Dios.

Y eso porque su papel como juez todavía estaba por delante. El «día de la venganza» formaba parte de su segunda venida, no de la primera. Eso era lo que los discípulos tenían en mente cuando le preguntaron a Jesús si iba a restablecer el reino en ese tiempo.[21] Jesús

18. Hechos 1:11
19. 2 Tesalonicenses 2:8; 1 Juan 2:28
20. Lucas 4:18 (Isaías 61:1)
21. Hechos 1:6

les respondió: «No les toca a ustedes conocer la hora ni el momento determinados por la autoridad misma del Padre».[22] Se trata de un acontecimiento futuro, reservado para un tiempo aún no revelado.

Como un par de tipos cristianos, nosotros estamos profundamente comprometidos con la idea de que Jesús fue una figura real de la historia que vivió y murió, asumiendo la responsabilidad completa de nuestras acciones pecaminosas sobre él mismo. Por lo tanto soportó todo el peso de la ira de Dios sobre sus hombros en nuestro lugar. Y en cuanto a eso, las palabras del apóstol Pedro, dichas hace tanto tiempo, siguen siendo tan pertinentes para nosotros como lo fueron para la multitud reunida frente a él en ese entonces. Se trata de un mensaje que ha resonado a través de los siglos: «Arrepiéntanse y bautícese cada uno de ustedes en el nombre de Jesucristo para perdón de sus pecados … y recibirán el don del Espíritu Santo. En efecto, la promesa es para ustedes, para sus hijos y para todos los extranjeros, es decir, para todos aquellos a quienes el Señor nuestro dios quiera llamar».[23]

«Arrepiéntanse y bautícese cada uno de ustedes en el nombre de Jesucristo para perdón de sus pecados».

22. Hechos 1:7
23. Hechos 2:38–39

Capítulo 25

¿Y AHORA QUÉ?

Seguir a Jesús hoy

Cuando Pete tenía alrededor de doce años, se unió a los boy scouts.

Había comenzado a interesarse en acampar y quería algo de aventura, así que se unió a la compañía local y compró un uniforme completo de boy scout, con gorra, medias tres cuarto color caqui, un *woggle** de cuero y una cantidad de accesorios para colgar del cinturón. Comenzó a asistir a las reuniones semanales de los scouts, para relacionarse con otros scouts y aprender a estar *siempre listo* y a hacer cosas como vendar una muñeca rota, cocinar sopa de arroz y carne con curry sobre las brasas de una fogata y atar las patas de una oveja, lo que podría resultar invalorable si uno alguna vez necesitara detener a una oveja. Después de un tiempo, fue iniciado oficialmente en la compañía, lo que incluyó declarar su lealtad al scoutismo, proclamando a Baden Powell como Amo del Universo, y prometiendo a Akela hacer lo mejor que pudiera, empacar, e informar y ladrarle a la luna. (También hubo una ceremonia de iniciación no oficial que tuvo lugar más tarde esa noche por medio de las manos sádicas de algunos muchachos más grandes, pero cuanto menos digamos de eso, mejor.) Peter se lanzó al scoutismo con gusto, yendo a los campamentos, consiguiendo su insignia de leñador y su banda como director de patrullas, y comiendo con frecuencia un montón de sopa.

> *** ¡Eh, Pete!, ¿qué es un woogle? —Ben**
>
> **Bueno, en primer lugar, es un woggle y no un woogle, y en segundo lugar, se trata de un anillo grueso para sujetar el pañuelo de cuello de los scouts. —Pete**

Por supuesto, si uno es un scout y está enteramente metido en el scoutismo, entonces todas estas cosas tienen sentido. Pero, sin la intención de ofender a nuestros hermanos y hermanas de color caqui, para la gente que no tiene relación con el scoutismo, algunos términos de la jerga y ciertos rituales pueden parecer poco claros y alejados del mundo real.

Como el cristianismo, en realidad.

Seamos sinceros. Mucha gente vincula el seguir a Jesús con toda una cantidad de bagaje, rituales, jerga, costumbres y tradiciones que resultan desagradables, confusos y separados del resto de la vida real. La percepción que se tiene es que los cristianos concurren una vez a la semana a un viejo edificio de piedra con vitreaux en sus ventanas y bancos de madera dura, para leer allí antiguos libros de oraciones, cantar acompañados por un órgano y escuchar una disertación parecida a un zumbido monótono de parte de alguien vestido de blanco. O, en la otra punta del espectro, que están los que van a un auditorio de cristal, lleno de gente peinada como de peluquería y con dientes postizos, para cantar allí tontas canciones alegres y aplaudir, y dejar que luego les vendan series en CD sobre los caminos que conducen al éxito. Para colmo, los seguidores de Jesús se expresan en un lenguaje propio sobre cosas extrañas como: ser lavados en la sangre del Cordero, ser salvos, ser liberados y haber nacido de nuevo. Hablan acerca de la oración del pecador, el poder del Calvario, la redención, las súplicas, la obra de la cruz, la santificación, la justificación, y la manera en que la gloriosa luz de la gracia redentora de Dios puede lavarlo a uno, dejándolo inocente y puro, y hacer nuevo su corazón. Podría muy bien ser un dialecto marciano. (Cuando estábamos haciendo investigaciones para este capítulo, nos encontramos con un sitio web que afirmaba poder explicar lo que significaba ser cristiano. Constaba de ocho mil palabras que incluían largas explicaciones técnicas de pasajes bíblicos, vagamente conectados entre sí, y unidos por una jerigonza pseudoespiritual y religiosa ¡que resultaba trágicamente incomprensible hasta para nosotros!)

Jesús y su mensaje pueden perderse en medio de todo ese bagaje cultural y religioso que los rodea.

El resultado, poco afortunado, de todo eso se puede resumir en que resulta fácil que algunos árboles nos tapen el bosque. Jesús y su mensaje pueden perderse en medio de todo ese bagaje cultural y religioso que los rodea. ¿Será posible abrirnos paso a machete a través del bosque y volver a descubrir lo que Jesús vino a hacer?

Cuando Jesús andaba por la zona este del Mediterráneo, enseñando y sanando, no tenía la intención de proporcionarles entretenimiento a los que lo escuchaban o transmitirles una sensación instantánea de bienestar. Y cuando hablaba en las sinagogas o en las laderas de las montañas, y con la gente en las plazas de los pueblos, y aun mientras reclutaba a sus discípulos, él no distribuía listas de condiciones, no los hacía saltar a través de un aro. No les decía: «Si quieren seguirme, vayan una año a la escuela bíblica, asistan a la iglesia al menos dos horas por semana, lean diez capítulos de las Escrituras todas las noches, oren durante una hora antes de que salga el sol, vístanse de una manera conservadora, no se queden levantados hasta muy tarde, enciendan velas, memoricen los nombres de todos los libros de la Biblia, vayan al desierto por cuarenta días, tengan una imagen de mí colgada en la pared, usen un crucifijo alrededor de su cuello, escuchen solo música cristiana, completen este cuestionario de diez páginas, donen tres piezas de plata cada semana y escriban un ensayo sobre su comprensión del papel de la gracia en el proceso de la salvación. Entonces yo los tendré en consideración».

En lugar de eso, el trato de Jesús con la gente era notablemente simple. Llegaba y, básica y hermosamente, les decía a los discípulos: «Síganme».

A medida que la popularidad de Jesús crecía, la gente comenzaba a seguirlo por toda la región, caminando por el campo y apareciéndosele dondequiera que él fuera. Pero esas personas hacían más que eso: aun cuando volvían a sus casas, continuaban siguiéndolo en términos de su manera de pensar, de conducirse y de tratar con los demás. Empezaron a vivir «a la manera de Jesús» y a reconocer que él era el medio por el cual podían superar la barrera entre lo físico y lo espiritual y tener relación con Dios. Jesús les hablaba y enseñaba a personas de todo tipo de vida: romanos, fariseos, samaritanos, maestros, recaudadores de impuestos, parias, ricos, poderosos, enfermos, oprimidos. (Traduciéndolo a una terminología moderna, él les hablaba a los políticos, generales, estrellas del rock, policías corruptos, prostitutas, enfermos de SIDA, padres, hippies, ejecutivos y personas sin techo.) Pero independientemente de quiénes fueran esas personas, él deseaba causar un impacto en sus vidas y en su manera de vivir. ***Deseaba que la gente cambiara***. Deseaba que la gente viviera su vida de un modo que honrara a Dios y mostrara respeto y amor por las demás personas.

Sus palabras finales a los discípulos fueron: «Vayan y hagan discípulos de todas las naciones, bautizándolos en el nombre del Padre y del Hijo y del Espíritu Santo, enseñándoles a obedecer todo lo que les he mandado a ustedes».[1]

Y eso fue lo que sucedió.

Después de la muerte de Jesús, esos «seguidores del Camino», como eran llamados al principio, aumentaron masivamente en cantidad, a pesar de sufrir una increíble hostilidad y persecución. Muchos de los primeros seguidores de Cristo eran, por supuesto, judíos, pero al pasar el tiempo fueron haciéndose conocidos por la designación de *crist-ianos.* Demos un salto hacia delante, atravesando los dos mil años de crecimiento exponencial, y acabaremos encontrándonos con que esos cristianos y su movimiento cristiano (*el crist-ianismo*) se han convertido en un fenómeno social masivo y que, a pesar de una increíble diversidad, constituyen el grupo de personas más grande e internacional del planeta. A pesar de que los años han pasado, la gente, por miles de millones, todavía hoy toma la decisión de «seguir a Cristo».

Lo que realmente nos lleva al punto en cuestión.

¿Qué significa seguir a Cristo en un mundo increíblemente diverso, complejo, problemático y sujeto a cambios repentinos? Sí, sabemos que Jesús puede haber caminado, hablado y realizado cosas sorprendentes dos mil años atrás, pero la cosa es: ***¿Y qué?*** ¿Qué tiene que ver todo eso conmigo hoy?

La vida puede resultar difícil, en especial en medio de nuestro mundo moderno. Es probable que nos sintamos como un corcho flotando en el océano, llevados temerariamente de aquí para allá, y preguntándonos todo el tiempo de qué se trata aquello, quién soy, a dónde voy y cómo llego allí. Jesús le decía a la gente en aquel entonces lo mismo que nos dice a nosotros hoy: *Yo tengo la respuesta. Esta es la forma de vivir. ¿Quieren tener una buena vida? Construyan su casa sobre la roca. Escuchen lo que yo digo. Yo soy el camino, la verdad y la vida. Síganme.*

Así que, no deseando ser como aquel sitio web de las ocho mil palabras dichas en una jerigonza pseudoespiritual y religiosa, incluimos a continuación algunos pocos pensamientos acerca de lo que significa ser un seguidor de Jesús hoy.

Jesús le mandó a la gente que **se arrepintiera**. Eso significa que debemos reflexionar sobre nuestra vida y darnos cuenta de que, en tanto que podemos ser personas bastante decentes, todavía tenemos algunas rajaduras en el fuselaje. Necesitamos reconocer que no estamos manejando bien las cosas, que hemos ignorado a Dios, que realmente no vivimos de la manera correcta, y que es momento de permitirle a él que asuma el mando. Jesús permanentemente le decía a la gente que se afirmara en su posición y que se apartara de una forma de vida inútil. Les decía que la manera de vivir es mostrar amor y compasión por otros. Habló contra la hipocresía, el fingimiento, el egoísmo y el legalismo. Y no se andaba con vueltas cuando se trataba de asuntos referidos a la vida cotidiana.

Necesitamos reconocer que no estamos manejando bien las cosas, que hemos ignorado a Dios, que realmente no vivimos de la manera correcta, y que es momento de permitirle a él que asuma el mando.

1. Mateo 28:19–20

* ¡Son nuestras palabras y no las de él! —Pete

** La Biblia puede resultar una lectura bastante abrumadora. Si pueden encontrar un buen libro que los ayude al respecto, léanlo. —Ben

¿Qué les parece *Todo lo que quieres saber de la Biblia*, de Pete Downey y Ben Shaw? —Pete

¡Buena acotación! —Ben

Algunos años después, Pablo,[2] al escribir, contribuyó a la cuestión diciendo que los seguidores de Jesús deberían dejar de ser estúpidos* egoístas que se permiten practicar inmoralidad sexual, impureza y libertinaje; idolatría y brujería; que se prestan al odio, la discordia, los celos, los ataques de ira, las ambiciones egoístas, las disensiones, el partidismo y la envidia; que andan en borracheras, orgías y cosas semejantes. En lugar de todo eso, nuestras vidas deberían tener un poco más de clase y de serenidad, permitiendo que el amor, el gozo, la paz, la paciencia, la benignidad, la bondad, la fidelidad, la amabilidad y el dominio propio constituyeran nuestros principios guías, no con una mentalidad alejada de la realidad, bohemia, indefinida, mojigata, sino a través de una forma de vida genuina, equilibrada, sana y auténtica que pudiera también ayudar a otras personas.

Está todo bien, pero la falla obvia en este plan consiste en que Jesús ya no anda por aquí. No podemos sentarnos a sus pies como lo hicieron sus discípulos, así que ¿cómo podemos llegar a saber lo que Jesús enseñó e hizo?

Nos alegramos de que pregunten.

La respuesta (probablemente obvia) es: a través de la **Biblia**.**

Desafortunadamente, alguna gente se aferra a una concepción errada, sosteniendo que la Biblia es muy poco más que una lista de lo que se debe hacer y de lo que no se debe hacer, de extrañas fábulas sobre ballenas, gigantes e inundaciones, y de pasajes densos que contienen inmensurables detalles arquitectónicos y genealogías. (Esa perspectiva se ve tipificada en el reverendo Lovejoy de *Los Simpson* y sus poco atractivas e insípidas expresiones: «Y el pasaje del libro de Números dice: "Estos son los nombres de quienes habrán de ayudarles: de Rubén, Elisur, hijo de Sedeúr; de Simeón, Selumiel, hijo de Zurisaday; de Judá, Naasón, hijo de Aminadab; de Isacar…"») Miles de millones de personas con el correr de los años han descubierto que la Biblia puede ofrecernos muchísimo más que eso. Si deseamos aprender acerca de Jesús, el mejor punto de comienzo es leer el Nuevo Testamento.

La Biblia ha sido el libro más vendido y el más ampliamente leído a través de todos los tiempos, por buenas razones. Contiene una historia detallada de la relación de Dios con la humanidad, en especial en la historia de la nación de Israel. Es en la Biblia en particular que leemos los cuatro registros que existen de la vida de Jesús, en los Evangelios*** escritos por Mateo, Marcos, Lucas y Juan. Allí encontramos los acontecimientos relacionados con el nacimiento, vida, muerte y resurrección de Jesús. También allí leemos sobre sus enseñanzas y podemos dirigir nuestra atención hacia sus conversaciones e interacción con la gente. Además, en el libro de Hechos encontramos la continuación de los registros de Lucas sobre la vida de Jesús, en donde se narran las aventuras y actividades de los discípulos cuando ellos comenzaron a llevar el mensaje de Jesús al mundo. El resto del Nuevo Testamento es igualmente beneficioso, porque allí podemos leer las cartas que circularon entre los primeros cristianos cuando ellos se agruparon para aprender y para luchar juntos con las cuestiones reales de lo que implicaba seguir a Jesús.

*** Evangelio significa «buenas nuevas».

2. Gálatas 5:19–26

Las personas que tienen intereses comunes, o un mismo estilo de vida, tienden a agruparse. Ya sea coleccionar estampillas o automóviles de época, elementos de fútbol o de fútbol americano, trenes a escala o copas de torneos, tácticas medievales de batalla o simplemente ir al bar de la esquina a tomar una cerveza con los clientes habituales, porque las personas son seres sociales que gustan de compartir experiencias comunes.

Del mismo modo, los primeros seguidores de Jesús comenzaron a **reunirse** (en las distintas casas) para hablar y compartir la comida, para apoyarse, orar, organizar actividades, juntar fondos para la gente que padecía necesidad y aprender acerca de Jesús. Esas primeras reuniones fueron creciendo y pronto comenzaron a construir sus propios lugares de reunión. Hoy llamamos a esos edificios «iglesias».*

Si queremos seguir a Jesús, una buena manera de aprender acerca de él y de recibir aliento es encontrarnos con otros que también lo hacen. El cuadro estereotipado de una iglesia es el típico edificio de ladrillos con un campanario y vitreaux, aunque las iglesias en la actualidad muestran bastante más diversidad. Algunas iglesias se reúnen en salas de estar, en salones, en cafeterías o en salas comunitarias, mientras que otras se encuentran debajo de un árbol o en un parque. Algunas iglesias cuentan con auditorios de diez mil asientos, con torres de iluminación y presentaciones a través de multimedios, en tanto que otras se reúnen en catedrales. Muchas iglesias hoy también están comprometidas con la vida comunitaria, quizá albergando una biblioteca, una cafetería, una escuela para cuidar infantes, un estudio de televisión, o tal vez dando clases de ballet por la tarde.

Si queremos seguir a Jesús, una buena manera de aprender acerca de él y de recibir aliento es encontrarnos con otros que también lo hacen.

El encontrarse con otros de esta manera (o «ir a la iglesia») no constituye un requisito legalista o una tarea ritual. La iglesia no es un lugar al que asistimos por obligación, como para obtener algunos puntos por espiritualidad. De hecho, la iglesia no constituye tanto un evento al que asistimos como un grupo dentro del que experimentamos un sentido de pertenencia. La iglesia debería ser un lugar especial y familiar, una comunidad cálida y atractiva donde podamos estar unidos, donde se nos conozca y recibamos aliento y apoyo, y donde podamos hacer lo mismo por otros.

En su trato con la gente, Jesús nunca concluyó diciendo: Ahora vayan y asegúrense de asistir a la sinagoga tres veces por semana», ni: «De ahora en adelante deben orar durante una hora antes del amanecer». Jesús tendía a no dejarse atrapar demasiado por una sumisión sin sentido a las reglas, o por una flagrante continuidad de ciertas tipologías religiosas, sus diversas ceremonias y sus rituales.

Sin embargo, él no se aisló de la vida comunitaria. Participaba de la vida religiosa, de las actividades y de las costumbres de su comunidad. Siendo bebé, Jesús fue circuncidado, se le dio un nombre y recibió la bendición a la manera tradicional. Al ir creciendo, viajó con su familia a Jerusalén para celebrar la Pascua. Cuando llegó a ser un hombre joven, asistió a la sinagoga y se unió a los demás judíos para adorar, orar, leer las Escrituras e interpretarlas. Fue bautizado por Juan en el río Jordán. Él y sus discípulos cantaron himnos juntos y participaron en rituales asociados con la comida pascual.

* Este título es en verdad un término equivocado. La iglesia no consiste en un edificio construido con ladrillos, cemento y vidrio. El término iglesia se refiere en realidad a gente que se encuentra y pertenece a un determinado lugar.

Una de las cosas que Jesús siempre llevaba a cabo era **orar**.

Pasó una gran parte de su tiempo hablando con Dios, en especial durante los momentos críticos de su vida. Él lo consideraba simplemente como parte de su vida cotidiana.

Para algunos, orar implica estar en una iglesia arrodillado con los ojos cerrados y las manos juntas (o, dependiendo de cuáles sean las prácticas de tu iglesia, de pie con los brazos levantados y la cabeza hacia atrás), y con mucha frecuencia hablando en una jerga *cuasi* santa: «Nuestro grande y poderoso Rey y Redentor, te suplicamos que desciendas a mirar nuestra miseria desde tu majestuoso trono, y nos concedas el que puedas fraguar en nuestros corazones un sentido de tu sorprendente gracia».

Como seguidores de Jesús hoy, nosotros también debemos intentar conectarnos con Dios y hablar con él.

No es así. La oración, pura y simple, consiste en hablar con Dios no solo acerca de «cosas religiosas» sino sobre cualquier tema. El enfoque de Jesús no mostraba ningún tipo de afectaciones. Él les explicó a algunos de sus amigos en una ocasión: «Cuando oren, no sean como los hipócritas, porque a ellos les encanta orar de pie en las sinagogas y en las esquinas de las plazas para que la gente los vea ... Pero tú, cuando te pongas a orar, entra en tu cuarto, cierra la puerta y ora a tu Padre, que está en lo secreto».[3]

Al hablarles a sus amigos, Jesús también nos estaba enseñando a *nosotros* a orar con aquellas palabras que han resonado a través de la historia: «Ustedes deben orar así: "Padre nuestro que estás en el cielo, santificado sea tu nombre, venga tu reino, hágase tu voluntad en la tierra como en el cielo. Danos hoy nuestro pan cotidiano. Perdónanos nuestras deudas, como también nosotros hemos perdonado a nuestros deudores. Y no nos dejes caer en tentación, sino líbranos del maligno"».[4]

Para Jesús, conectarse con Dios a través de la oración era simplemente una parte de la existencia cotidiana. Como seguidores de Jesús hoy, nosotros también debemos intentar conectarnos con Dios y hablar con él. En voz alta. Silenciosamente. No importa cómo. Reconocer que Dios está en la dirección de nuestra vida. Buscar perdón por los aspectos de nuestro ser que no andan bien. Pedirle que intervenga en nuestros asuntos y que nos ayude con las cosas que tenemos en nuestra mente. Hablémosle de nuestras preocupaciones. Agradezcámosle por todo lo bueno que vemos en nuestra vida. Como Jesús lo dijo, no necesitamos usar vanas repeticiones ni ser ceremoniosos. No existe un código especial.

* ¡Y todavía no lo sabemos hoy! —Pete

¡Amén! —Ben

Respiremos profundamente y hablemos. Es tan fácil como eso.

En algunos sentidos, el hacernos la pregunta: ¿Qué significa seguir a Jesús hoy? resulta a la vez simple y complejo. La gente que se encontró con Jesús lo siguió después de haber pasado unos momentos en su presencia y haber oído unas pocas palabras. Por otro lado, hay gente hoy que a pesar de haber seguido a Jesús durante cincuenta años, todavía sigue descubriendo cosas sobre su persona. Y sobre ellos mismos.

3. Mateo 6:5–6
4. Mateo 6:9–13

Nosotros dos (Pete y Ben) decidimos seguir a Jesús siendo adolescentes. No lo sabíamos todo en ese entonces,* no teníamos todas las cosas claras, no conocíamos todas las respuestas, y ni siquiera sabíamos demasiado. Pero había algo con respecto a Jesús (quién era él, lo que había dicho y lo que había hecho) que nos atraía y a lo que le encontrábamos mucho sentido. El volvernos seguidores de Jesús (cristianos) cambió el curso de nuestras vidas.

Este libro de ninguna manera pretende ser exhaustivo. Existen miles de libros de peso que tratan sobre cómo ser un seguidor de Jesús en temas como la oración, el dar, la vida de la iglesia, la Biblia, las relaciones, la integridad personal, la vida familiar, y el cielo, y también sobre la vida de Jesús, sus parábolas, milagros, enseñanzas, muerte y resurrección, y la lista podría continuar.

Todo lo que hemos hecho es raspar en la superficie. Pero con la esperanza de que en algún sentido este libro los haya ayudado a ver a esa figura central de la historia de una nueva manera.

Esto no constituye una palabra final sobre Jesús, sino, como el título de esta obra sugiere, tenemos la expectativa de que sea suficiente como para ayudarlos a comenzar.

MATERIAL DE CIERRE

¿CÓMO SABEMOS?
Jesús en la antigüedad

Ustedes acaban de leer un libro acerca de Jesús. Hemos escrito bastante sobre él: quién fue, dónde vivió, lo que dijo, lo que hizo. Pero dado que él vivió veinte siglos atrás, ¿cómo hemos llegado a saber todo eso? Celebramos que lo preguntaran.

Imaginen por un momento que alguno de ustedes fuera a escribir un libro sobre Elvis. Bueno… se le avecinan problemas… porque él no está vivo.* Así que lo primero que tendrá que hacer es un poco de investigación. Para algunos como Elvis, se cuenta con todo un arsenal de recursos dentro de los que investigar para reunir la información: otras biografías, publicaciones, artículos en periódicos y revistas, fotografías, sitios en la red, películas y, por supuesto, sus álbumes. Para agregar a todo eso, se puede ir a Memfis y visitar Graceland o los Estudios Sun para lograr una experiencia de primera mano en cuanto a los lugares en los que Elvis creció y trabajó. Además se podría entrevistar a cierta gente que lo conoció personalmente, tal como los miembros de su familia, algunos amigos cercanos o alguno de los músicos que fueron sus pares. Entonces, una vez logrado el cúmulo de todas esas fuentes, se lee, se observa y se escucha a todo lo que uno ha logrado reunir, y ya se pueden unir las piezas y escribir el libro.

* ¿Qué? ¡No! ¡Si él da vuelta las hamburguesas para mí en un negocio junto a esa ruta, un poco más allá! —Pete

No es posible. Todos saben que trabaja en un lavadero de ropa de Londres. —Ben

¿Y qué fuentes tenemos que nos puedan decir algo sobre Jesús? Bueno, como para cualquier persona que provenga de la historia antigua, las fuentes no son tan abundantes ni diversas como para alguien de la era moderna. Por supuesto, no hay fotografías de Jesús, ni grabaciones de sus sermones en audio, ni artículos de periódicos de su época, ni gente que lo haya conocido y aún esté viva. Sin embargo, hay una cantidad de fuentes que nos ayudan a comprender quién fue él y para qué había venido.

¿Y qué fuentes tenemos que nos puedan decir algo sobre Jesús?

Podemos ubicar las fuentes acerca de Jesús dentro de cinco categorías principales: fuentes cristianas, fuentes no cristianas, el Antiguo Testamento, fuentes indirectas, y la arqueología.

1. Fuentes cristianas

La mayor parte de nuestra información acerca de Jesús nos llega de registros escritos sobre él (los Evangelios) que aparecen en el Nuevo Testamento. La palabra *evangelio* es la traducción de un término griego que simplemente significa «buenas nuevas» o «noticias importantes». Un equivalente moderno podría ser algo así como «¡flash informativo!» Era un término que se usaba a través de todo el Imperio Romano durante el primer siglo para describir el anuncio oral de un acontecimiento significativo, como la victoria en una batalla, el nacimiento de un emperador, o el día del ascenso de un emperador al trono de Roma. Los cristianos adoptaron esa palabra para describir los sucesos que rodearon a Jesús, así que la expresión «el evangelio de Jesucristo» significa «las buenas nuevas acerca de Jesucristo».

Hay cuatro Evangelios en el Nuevo Testamento, cada uno llamado por el nombre de su autor: Mateo, Marcos, Lucas y Juan. Esos autores estaban entre los primeros cristianos que vivieron durante el primer siglo. De hecho, Mateo y Juan fueron dos de los compañeros más cercanos de Jesús. En tanto que Elvis tenía músicos que trabajaban y viajaban con él, Jesús tenía apóstoles. Mateo y Juan integraban la banda turística de Jesús, por así decirlo, en tanto que Marcos y Lucas eran compañeros cercanos de los apóstoles.

Debido a que fueron escritos para diferentes audiencias y propósitos levemente distintos, cada Evangelio tiene un estilo único. Ninguno de los relatos se propone como meta ser una biografía exhaustiva de la vida de Jesús. Los autores fueron muy selectivos con los acontecimientos en los que decidieron enfocarse. Pero, en conjunto, nos proporcionan un asiento de primera fila para apreciar la vida de Jesús, ya que registraron su nacimiento, ministerio, dichos, parábolas, debates, milagros, juicio, ejecución y resurrección. Y todos presentan a Jesús como el Hijo de Dios, el Mesías prometido por el Antiguo Testamento que constituye el gran clímax en el plan de salvación de Dios para toda la humanidad. Consideremos cada uno de ellos por separado.

El Evangelio de Mateo

Mateo era un recaudador de impuestos antes de convertirse en seguidor de Jesús y luego en apóstol. Redactó el informe en su forma final alrededor del año 70 d.C.* Este comienza con el registro familiar de Jesús y su nacimiento, y luego avanza directamente al momento en que Jesús empieza a predicar y a realizar milagros durante su vida adulta. Gran parte de Mateo consiste en los registros escritos de los dichos y sermones de Jesús, incluyendo el largo informe sobre el más famoso conjunto de enseñanzas del Señor, al que nos referimos como el Sermón del Monte.

Mateo redactó su escrito en griego, el que iba mayormente dirigido a una audiencia judía, así que confeccionó sus relatos de una manera en que tuvieran sentido para esa audiencia y fueran muy significativos para ellos. Una de las principales preocupaciones de estas personas era el cumplimiento de las profecías del Antiguo Testamento. Así que es Mateo, más que cualquier otro de los escritores, el que presenta a Jesús como el Mesías prometido por el Antiguo Testamento. Por lo tanto, los relatos de Mateo cuentan con más referencias y alusiones al Antiguo Testamento que los otros Evangelios. Esa es una de la razones por las que fue colocado en primer lugar en el Nuevo Testamento, como para mantener la continuidad de la historia del Antiguo Testamento.

Es Mateo, más que cualquier otro de los escritores, el que presenta a Jesús como el Mesías prometido por el Antiguo Testamento.

El Evangelio de Marcos

Marcos no era uno de los doce apóstoles, sino un compañero de algunos de ellos y el que escribía para Pedro. De hecho, el Evangelio de Marcos bien podría haber sido dictado por Pedro a través de sermones e historias sobre Jesús. Probablemente su Evangelio fuese el primero en ser escrito, y se completó alrededor del año 60 d.C.

A diferencia de Mateo, Marcos parece escribir para un público de lectores predominantemente no judío, y es probable que tuviera al pueblo de Roma en mente cuando armó su informe. Por ejemplo, les explica las palabras arameas y las costumbres judías, algo que resultaría innecesario para un lector judío. En el tiempo en que Marcos redactó su informe, los cristianos comenzaban a tener dificultades a causa de su fe por la creciente hostilidad de ciertos judíos y hasta posiblemente de algunos agitadores paganos. Las referencias que hace Marcos en cuanto a sufrir persecución, pruebas y hasta martirio deben haber apuntado a algunos cristianos que eran perseguidos.

* Existen algunas discrepancias sobre las fechas exactas en que los Evangelios fueron escritos. Hemos elegido las fechas que reflejan el consenso de la corriente mayoritaria de los eruditos.

Salteándose el nacimiento de Jesús, Marcos va directamente a la acción, y comienza con el relato del bautismo de Jesús realizado por Juan el bautista. No narra tantas de las enseñanzas y parábolas. Así que en este Evangelio hay unos dieciocho milagros pero solo cinco parábolas. De hecho, con frecuencia se lo ha llamado el «Evangelio de la acción» debido a su énfasis en los hechos de Jesús y a su estilo de «ritmo acelerado». El Evangelio de Marcos, más que ningún otro, presenta a Jesús como el siervo humilde que ha venido a servir a toda la humanidad muriendo en la cruz.

El Evangelio de Marcos, más que ningún otro, presenta a Jesús como el siervo humilde que ha venido a servir a toda la humanidad muriendo en la cruz.

El Evangelio de Lucas

El Evangelio de Lucas constituye el relato más largo. Lucas era un médico[1] que afirmaba haber investigado concienzudamente los hechos referidos a Jesús. Comienza su informe dirigiéndose a un hombre llamado Teófilo (probablemente una persona de cierta importancia, rango o riqueza), como manera de confirmar las cosas que Teófilo ya había escuchado con respecto a Jesús.

Más que cualquiera de los otros Evangelios, el de Lucas se enfoca en el trabajo social de Jesús. Presenta a un Jesús compasivo, que se sienta con los pobres y los marginales. Muchos lo han denominado «el Evangelio de los pobres». Y algunas de las parábolas más conocidas (como la del hijo pródigo) se vuelven a contar aquí.

Más que cualquiera de los otros Evangelios, el de Lucas se enfoca en el trabajo social de Jesús.

Lucas comienza con los nacimientos de Juan el Bautista y Jesús, y es el único informe que registra algo sobre Jesús de niño. Sin embargo, la mayor parte de su registro hace referencia a la vida adulta de Jesús, su muerte y su resurrección. Este Evangelio está fuertemente marcado por el desplazamiento geográfico de Jesús.

El Evangelio de Juan

El Evangelio de Juan resulta significativamente diferente de los otros tres. No tiene ni la misma estructura geográfica ni la misma estructura cronológica que encontramos en Mateo, Marcos y Lucas, y por cierto su estilo es considerablemente distinto. Más aun, Juan parece haber estructurado su relato en torno a una determinada cantidad de milagros y dichos claves de Jesús iniciados por un «Yo soy» («Yo soy la luz del mundo», «Yo soy el buen pastor», «Yo soy el camino, la verdad y la vida», y otros).

Otra característica única de este Evangelio es que Juan deja de lado algunas cosas que parecen importantes en los otros Evangelios. No existe ningún registro de que Jesús echara fuera un demonio, y tampoco aparece la última cena con los apóstoles. No encontramos ninguna de las parábolas en este Evangelio. Sin embargo, Juan incluye mucho material con el que los otros no cuentan, como el milagro de Jesús de convertir el agua en vino y el episodio en el que lavó los pies de los discípulos. Más que ningún otro de los autores de los Evangelios, Juan presenta a Jesús como el Dios personificado: el Dios hombre.

El resto del Nuevo Testamento

Agregado a eso, podemos encontrar más acerca de Jesús a partir de los otros libros del Nuevo Testamento. Casi todos esos libros fueron escritos por los apóstoles:* los hombres a los que Jesús había comisionado para enseñar y escribir sobre él. De varias de las cartas de Pablo aprendemos mucho sobre el significado de la muerte de Jesús en la cruz. En el libro

* Excepto el libro de los Hechos y el de Hebreos. Lucas (un compañero de los apóstoles) escribió Hechos, pero el autor de Hebreos permanece desconocido.

1. Colosenses 4:14

Más que ningún otro de los autores de los Evangelios, Juan presenta a Jesús como el Dios personificado: el Dios hombre.

de los Hechos descubrimos lo que sucedió con Jesús luego de la resurrección. Y podemos lograr una excelente perspectiva en los otros libros del Nuevo Testamento sobre cómo aplicar las cosas acerca de las que Jesús enseñó en referencia a la vida cotidiana.

Otros escritos cristianos

A medida que el cristianismo se expandió, otras personas continuaron escribiendo sobre Jesús y sus enseñanzas. Sin embargo, allí es donde las cosas se ponen un poco delicadas. Esos documentos tempranos de la iglesia —que incluyen cartas, registros de debates, credos, oraciones, sermones, apuntes y hasta otros evangelios sobre Jesús que no aparecen en la Biblia (por ejemplo, los Evangelios de Tomás y de Felipe)— no fueron escritos por testigos presenciales o los que estuvieron cerca de ellos (a pesar de los títulos) sino por cristianos que vivieron muchas décadas y hasta siglos después de Jesús. Es más, algunos de esos escritos hasta parecen contradecir lo dicho por Jesús en el Nuevo Testamento. Y eso significa que muchos de esos documentos precisan leerse con cierto cuidado. En definitiva, poco es lo que se puede decir con confianza acerca de Jesús a partir de esos escritos, porque no forman parte de los registros de los testigos presenciales de la vida de Jesús. Pero por lo menos podemos conocer lo que algunos cristianos de los primeros siglos pensaban sobre Jesús y sus enseñanzas, y sobre el modo en que ellos los comprendían dentro de ciertos grupos.

2. Fuentes no cristianas

Algunos cínicos tal vez sugirieran que Jesús era una ficción creada por un grupo de líderes conspiradores de dentro de la iglesia. Nos sorprende, por lo tanto, saber que Jesús aparece en otros escritos antiguos redactados por personas que no eran cristianas. No encontramos mucho sobre él, pero no es de extrañar dado que él siguió siendo una figura relativamente desconocida durante la primera mitad del primer siglo. Pero una cantidad de autores no cristianos hicieron referencia a Jesús y confirmaron algo de lo que los Evangelios ya decían sobre él.

Josefo

Flavio Josefo era un erudito e historiador judío que escribió sobre historia, religión y política judía. Nació poco después de la muerte y resurrección de Jesús, en el año 37 d.C. y murió a fines del primer siglo. Su trabajo más importante, y quizá el más famoso, es *Antigüedades de los judíos*. Se trata de una obra inmensa, en particular considerando que la realizó en una época en la que la gente en general no escribía documentos extensos.* De todos modos, aunque este libro se refiere mayormente a la historia y a la política judías, Josefo menciona a Jesús en dos ocasiones distintas.

Primero, en una sección referida a Poncio Pilato, el procurador romano de Judea, Josefo dice:

> Ahora bien, hubo por ese tiempo un hombre sabio, Jesús, *si fuera legítimo llamarlo hombre*, porque él era un hacedor de obras maravillosas, un maestro de aquellos hombres que reciben la verdad con placer. Él atrajo hacia sí tanto a muchos de los judíos como a muchos de los gentiles. *Él era [el] Cristo*; y cuando Pilato, por sugerencia de los principales de nuestros hombres, lo

* Ben tiene una copia de este libro en su oficina, y aunque el tamaño de la letra es pequeño, aun así se trata de un libro de más de quinientas páginas de extensión.

condenó a la cruz, aquellos que lo amaban por sobre todo no lo traicionaron, *porque él se les apareció vivo otra vez el tercer día, tal como los divinos profetas habían anunciado, tanto en referencia a esas cosas, como a diez mil otras cosas maravillosas con respecto a él;* y la tribu de los cristianos, así llamados a causa de él, no se ha extinguido hasta este día.[2]

Aunque este libro se refiere mayormente a la historia y a la política judías, Josefo menciona a Jesús en dos ocasiones distintas.

Luego, un poco más adelante, en otra sección de esa misma obra, Josefo hizo, al pasar, esta referencia a Jesús:

> Pero ese Ananus más joven que, como les habíamos dicho ya, asumió el sumo sacerdocio, era un hombre de temperamento fuerte... él pensaba que contaba ahora con la oportunidad adecuada [para ejercer su autoridad]. Festo estaba muerto, y Albino andaba por los caminos; así que él reunió al Sanedrín de los jueces, y llevó delante de ellos al hermano de Jesús (a quien llamaban el Cristo), cuyo nombre era Santiago, y a algunos otros [o a algunos de sus compañeros]; y una vez que armó la acusación en contra de ellos, como de gente que quebrantaba la ley, los entregó a ser apedreados.[3]

Tácito

Cornelio Tácito era un escritor e historiador romano que vivió y escribió aproximadamente durante la misma época que Josefo (55-117 d.C.). Mucha de la información que tenemos con respecto a los emperadores romanos del primer siglo nos llega a través de los escritos de Tácito. Él nos dice que cuando un inmenso incendio arrasó con más de la mitad de Roma en el año 64 d.C., circuló el rumor de que el Emperador Nerón mismo había encendido el fuego. Nerón respondió culpando al pequeño grupo de cristianos que había en Roma y por lo tanto hizo que los acorralaran y los ejecutaran. Aquí Tácito, que no era amigo del cristianismo, escribe acerca de Jesús:

> Por lo tanto, para deshacerse de la denuncia, Nerón le transfirió la culpa a una clase odiada por sus abominaciones, llamados cristianos por el populacho, y les infligió las torturas más refinadas. Cristo, quien dio origen a su nombre, sufrió la penalidad extrema durante el reinado de Tiberio en manos de uno de nuestros procuradores, Poncio Pilato, y entonces la más maliciosa de las supersticiones (aunque está controlada por el momento) estalló no solo en Judea (la principal fuente del mal) sino también en Roma, donde todas las cosas horrendas y vergonzosas de cualquier parte del mundo encuentran su centro y se vuelven populares.[4]

---

2. Josefo, *Antiquities of the Jews* [Antigüedades de los judíos] 18:3:3. Las palabras en bastardilla pueden haber sido agregadas por algunos cristianos en un tiempo posterior. Aun si ese fuera el caso, Jesús se menciona como una figura histórica que ha realizado «obras maravillosas», que fue un maestro que atraía a sí a mucha gente y que fue crucificado bajo Poncio Pilato, todo lo cual concuerda con los registros de los Evangelios.

3. Josefo, *Antiquities of the Jews* 20:9:1

4. Tácito, *Annales* 15.44

Aun así, podemos aprender mucho acerca de Jesús de las fuentes no cristianas primitivas.

Ahora, a estas podemos agregar una pocas citas más de otros escritores no cristianos.* Pero lo importante que tenemos que notar aquí es que aun así, podemos aprender mucho acerca de Jesús a partir de fuentes no cristianas primitivas. Por ejemplo, sabemos:

- dónde vivió y predicó
- cuando vivió
- que fue llamado el «Cristo»
- que acumuló una gran cantidad de seguidores multiculturales
- que realizó milagros, o por lo menos «obras maravillosas»
- que fue un maestro y un «hombre sabio»
- que fue crucificado bajo Poncio Pilato durante el reinado del emperador Tiberio
- que sus seguidores declaraban haberlo visto levantarse de los muertos
- que algunos de sus seguidores más cercanos fueron martirizados por su fe en él

3. El Antiguo Testamento

Los autores del Antiguo Testamento tienen una gran cantidad de cosas que decir sobre Jesús también, tanto directa como indirectamente. Profetas como Isaías, Ezequiel y Malaquías hablaron con exactitud acerca de Jesús y su misión. Consideremos estas palabras de Isaías:

> Despreciado y rechazado por los hombres,
> varón de dolores, hecho para el sufrimiento.
> Todos evitaban mirarlo; fue despreciado, y no lo estimamos.
> Ciertamente él cargó con nuestras enfermedades
> y soportó nuestros dolores,
> pero nosotros lo consideramos herido,
> golpeado por Dios, y humillado.
> Él fue traspasado por nuestras rebeliones,
> y molido por nuestras iniquidades;
> sobre él recayó el castigo,
> precio de nuestra paz,
> y gracias a sus heridas fuimos sanados.
> Todos andábamos perdidos, como ovejas;
> cada uno seguía su propio camino,
> pero el SEÑOR hizo recaer sobre él
> la iniquidad de todos nosotros.
> Maltratado y humillado,
> ni siquiera abrió su boca;
> como cordero, fue llevado al matadero;
> como oveja, enmudeció ante su trasquilador;
> y ni siquiera abrió su boca.

* Por ejemplo, Jesús y los cristianos se mencionan en los escritos de Suetonio, Plinio el Joven y Luciano de Samosata.

Después de aprehenderlo y juzgarlo,
    le dieron muerte;
    nadie se preocupó de su descendencia.
Fue arrancado de la tierra de los vivientes,
    y golpeado por la transgresión de mi pueblo.
Se le asignó un sepulcro con los malvados,
    y murió entre los malhechores,
aunque nunca cometió violencia alguna,
    ni hubo engaño en su boca.
Pero el SEÑOR quiso
    quebrantarlo y hacerlo sufrir,
y como él ofreció su vida en expiación,
    verá su descendencia y prolongará sus días,
    y llevará a cabo la voluntad del SEÑOR.
Después de su sufrimiento,
    verá la luz y quedará satisfecho;
por su conocimiento
    mi siervo justo justificará a muchos,
    y cargará con las iniquidades de ellos.[5]

Del mismo modo, individuos como Adán, Noé, José, Moisés, Josué, David, Elías, Nehemías, Daniel y otros también nos enseñan indirectamente sobre Jesús porque asumieron los papeles de líder, maestro, profeta, sacerdote, rey y hasta salvador. En muchas ocasiones, Jesús mismo señaló hacia el Antiguo Testamento para explicarles quién era a los que lo escuchaban.

4. Fuentes indirectas

Podemos agregar a esas tres categorías todas las fuentes *indirectas* que nos ayudan a comprender el mundo en el que vivió Jesús. Podemos leer sobre Poncio Pilato, el emperador Tiberio, o acerca del clima religioso y político del Imperio Romano en las obras de antiguos historiadores como Tácito y Suetonio. Ellos aún pueden arrojar luz sobre ciertas figuras discursivas que utilizan el Nuevo Testamento para describir a Jesús. Por ejemplo, Jesús tomó prestado el término *Hijo de Dios*, que usó en el Nuevo Testamento, del lenguaje imperial romano utilizado con respecto al emperador antes de que los cristianos lo aplicaran a Jesús.

En muchas ocasiones, Jesús mismo señaló hacia el Antiguo Testamento para explicarles quién era a los que lo escuchaban.

Hay también muchos diferentes escritos judíos de ese período (200 a.C.—100 d.C) que han sobrevivido y pueden ayudarnos de modo significativo. Los rollos del Mar Muerto son un gran ejemplo. Se trata de una colección de rollos que fueron descubiertos en una serie de cuevas cerca del mar Muerto durante un período de unos nueve años, en las décadas de 1940 y 1950. Ese descubrimiento resultó invalorable por numerosas razones, porque no solo una gran cantidad de los rollos contenían libros del Antiguo Testamento mucho más antiguos que cualquier otro manuscrito existente en el mundo, sino que también varios de los rollos además incluían una gran cantidad de comentarios,

5. Isaías 53:3–11. A este pasaje podemos agregar otros como el Salmo 22:14–18; Isaías 9:6–7; 50:4–9; 61:1–2; Zacarías 9:9; 12:10.

himnos y libros de reglas utilizados por los esenios, una secta judía de los días de Jesús. Así que aunque los rollos no mencionan a Jesús, pues mayormente fueron escritos antes de su tiempo, nos brindan una tremenda perspectiva de las creencias y del contexto del judaísmo del primer siglo.

5. Arqueología

Una fuente final e indirecta con respecto a Jesús es la arqueología de la tierra en la que nació y vivió. La moderna Israel es la cosa más parecida a un álbum de fotos de la vida de Jesús con que contamos. Fue su Graceland, por así decirlo.* Así que cientos de arqueólogos de todo el mundo van a excavar, al estilo de Indiana Jones, en los lugares en los que Jesús vivió, trabajó y en los que él visitó.

En general, al producirse nuevos descubrimientos algunos vecinos entusiastas sugieren: «¡Este probablemente sea el estanque en el que Jesús sanó al ciego!» O una prensa frenética plantea la pregunta: «¿Podría haber sido esta la barca en la que Jesús navegó?» Algunas personas hasta han propuesto que ciertas copas encontradas podrían haber sido las que tuvieron que ver con el milagro de convertir el agua en vino. Semejantes sugerencias son de poco peso, cuentan con muy poca validez histórica o arqueológica y se gestan a partir de un estilo relacionado con la mitología de Hollywood, tipo *Indiana Jones y la última cruzada*. Probablemente el descubrimiento reciente más conocido sea una caja de huesos sepultados (un osario) que fue encontrada con la inscripción: «Santiago, hijo de José, hermano de Jesús». El Nuevo Testamento nos dice que Jesús tenía medio hermanos y medio hermanas, y Santiago era uno de ellos. La inscripción resulta inusual porque menciona al hermano del occiso en la caja, algo que se hacía solo en casos excepcionales, cuando ese hermano era particularmente famoso. Aunque la autenticidad del osario en sí parece ser legítima, la inscripción ha causado una gran controversia y debate. Los eruditos permanecen divididos en cuanto a su autenticidad.

* ¡En más de un sentido! —Ben

No entiendo. —Pete

El hecho es que los arqueólogos no han descubierto mucho que digamos de todo lo que tuvo que ver directamente con Jesús. No han encontrado el pesebre original, ni la cruz, ni la casa en la que vivió siendo niño, aunque existe algo de comercio dudoso referido a «artefactos genuinos de Jesús» para turistas crédulos. Todavía se puede caminar por la ciudad de Jerusalén y ver algunas de las antiguas ruinas de la época de Jesús, lo que incluye partes del templo y de los muros de la ciudad, varios estanques, caminos, viviendas y espacios públicos. Uno puede ir a Belén o al Mar de Galilea, o al Monte de los Olivos y tener la sensación de cómo debió haber sido vivir en esa parte del mundo. Uno puede subir a las montañas y recorrer los caminos y percibir cómo es el clima y el paisaje. Eso en realidad nos ayuda, al haber pasado tantos años, para anclar nuestra comprensión de Jesús en un lugar real.

Como lo mencionamos al comienzo de este libro, uno de los problemas que enfrentamos en el siglo veintiuno es que resulta fácil que nuestra percepción de Jesús se deslice dentro de la zona de los cuentos de hadas. Dado que los extraordinarios acontecimientos que rodearon su nacimiento, vida y muerte sucedieron tanto tiempo atrás y se hallan demasiado distantes de nuestras propias experiencias, pueden adquirir un caprichoso sentido de irrealidad. Es fácil que Jesús se convierta en algo atemporal, distante y vago, como algunos de los personajes que vivieron «una vez en un reino mágico».

Así que resulta importante recordarnos ocasionalmente que Jesús no emergió de las arenas del tiempo como el protagonista de algún mito desconectado del mundo real. Más bien, está anclado y seguro dentro del contexto de nuestra historia y geografía. Toda una gama de autores (cristianos, judíos y no cristianos) escribieron sobre la vida de Jesús, transmitiéndonos fechas, momentos, lugares y detalles acerca de la gente, la política, la religión, la arquitectura, y hasta el clima.

Jesús no vivió «hace mucho, mucho tiempo en una galaxia muy, muy lejana», sino hace unos dos mil años, entre las colinas, los ríos, los caminos y los municipios de un rincón del Imperio Romano, sobre la costa este del Mar Mediterráneo. Se trata de un lugar al que todavía se puede ir y uno tiene la posibilidad de pararse bajo el mismo cielo en que el Hijo de Dios estuvo alguna vez, cuando vivió entre nosotros como hombre.

LO QUÉ DICE LA GENTE SOBRE JESÚS

A través de los siglos y a través de los continentes, Jesús ha causado un poderoso y profundo impacto sobre la vida diaria de miles de millones de personas. No se trata de un personaje de caricatura distante en la historia o de una curiosidad religiosa sino de una persona real cuya vida y enseñanzas constituyen el rasgo central y definitorio de muchas vidas en medio de este mundo loco y mezclado al que llamamos siglo veintiuno.

Pensamos que sería una buena idea terminar nuestro libro escuchando a algunas de estas personas. Así que le pedimos a todo un grupo de amigos y parientes de diversas edades y trasfondos que escribieran algunas palabras sobre lo que Jesús significa para ellos.

Sin embargo, hay unas pocas cartas que probablemente deberíamos colocar sobre la mesa antes de continuar.

En primer lugar, Jesús se mantiene de pie independientemente de lo que la gente piense acerca de él. El propósito de este capítulo no es justificar de alguna manera su existencia o apuntalar el cristianismo en base al pensamiento de un grupo de nuestros compañeros. Simplemente intentamos dar a conocer el rico entramado en el que Jesús está impactando hoy sobre la gente y proveer una nota más personal con la que concluir el libro.

En segundo lugar, aunque deseamos presentar una variedad de respuestas sin interferir mucho con un trabajo de edición sobre ellas, admitimos que en el mismo momento de invitar a algunas personas para que escribieran unas pocas palabras, hemos sido selectivos y por lo tanto les hemos puesto un marco a las respuestas. Todas las expresiones que siguen llegan desde la variedad de cristianos que se encuentran en nuestro jardín común. No le pedimos su aporte a ninguno de los que piensan, por ejemplo, que Jesús fue solo una víctima, buena pero incomprendida; ni a aquel que cree que *El código Da Vinci* es un libro de historia; ni a alguno que considerara a Jesús como una creación ficticia de los monjes del siglo doce para poder subyugar a las masas y promover un orden social opresivo. Esos tipos pueden creer en todo eso si lo desean, pero tendrán que publicar sus propios libros.

En tercer lugar, no sugerimos que las palabras que se hallan a continuación resulten exhaustivas de ninguna manera. Representan una mínima partícula de una astilla pequeña de lo que es la experiencia cristiana. Si le hiciéramos la misma pregunta a un grupo distinto de personas, sin duda obtendríamos diferentes respuestas. Así que de ninguna manera se supone que sean representativas de la totalidad de la experiencia cristiana.

Bueno, creo que ya es bastante. Aquí va lo que ellos tienen que decir.

David, 82, brigadier retirado

Como uno que con toda certeza se aproxima a la «sala de embarque» de la vida (debo enfrentarlo), puedo aferrarme gozosamente a las promesas infalibles de Jesús.

Vivo, me amaba.
Muerto, me ha salvado.
Y en el Calvario mis culpas llevó.
Resucitado es mi eterna justicia.
Un día él viene, pues lo prometió.

Donna, 49, esposa, madre, abuela, ex pronosticadora del tiempo y modelo

Jesús es como la familia que nunca había tenido. Es mi hermano, mi padre, mi amigo. Me escucha, me aconseja, me muestra cuando estoy yendo por mal camino. No pude escuchar su voz durante muchos años porque la mía propia sonaba muy fuerte. Me perdí de contemplar su rostro porque estaba siempre muy atraída por el mío propio. Ahora él está creciendo y yo estoy menguando. Gracias a Dios.

Doug, 43, maestro de escuela y padre

¿Conocen personas de las que dicen que «están enamoradas de Jesús» y a las que se les humedecen los ojos al decir que es su Rey, Señor y Salvador y todo eso? Bueno, yo no soy una de ellas. No tengo nada en contra de esas personas o de sus sentimientos. Pero yo no soy así. Para mí la divinidad de Jesús siempre ha sido simplemente una realidad intelectual más bien que un sentimiento. Yo sé que él es el Hijo de Dios, y creo en lo que él ha dicho. Leo sus palabras y las uso en muchas diferentes situaciones de relación, de trabajo, de familia y en cuestiones de integridad personal. Sé que su muerte me permite estar en una relación correcta con Dios. Y estoy agradecido por ello.

Emma, 16, estudiante de secundaria

Jesús es mi roca. Él es estable, fuerte y confiable. Me encanta leer la Biblia y pensar de ella como mi guía para la vida, como cuando uno compra una computadora y obtiene un manual del usuario. Resulta alucinante pensar que él se sacrificó por nosotros, ¡y prueba cuánto nos ama! Jesús es un tipo increíble, y estoy contenta de haberlo encontrado, ¡sí, señor!

George, 84, antiguamente un excavador, bisabuelo

Todos hemos nacido a su imagen, y si el mundo va a sobrevivir, todos debemos aprender a amarnos los unos a los otros como Jesús nos ha amado.

James, 27, jugador profesional de tenis

No he sido cristiano por mucho tiempo, pero sé que algunas de las cosas que he llegado a conocer son verdad. El deporte, al igual que la vida, tiene sus altos y bajos, pero Jesús nos ama y apoya eternamente. Él es la primera persona en poner su brazo alrededor de mí luego de una mala actuación, y la primera persona en congratularme en un día de triunfo, y yo continuaré agradeciéndole diariamente por eso. Antes de conocer a Jesús no podía explicar el significado de la vida, y todavía no llego a hacerlo, pero siento que ahora conozco su propósito: aceptar el amor eterno de Jesús y devolver ese favor lo mejor que pueda, según lo que enseña la Biblia. Ahora juego con un propósito… y ante un público de una sola persona.

Jan, 51, esposa y madre

Me convertí en cristiana a la edad de diecisiete años cuando descubrí que la muerte y resurrección de Jesús no eran simplemente acontecimientos históricos, sino que él había muerto *por mí* para que yo pudiera ser perdonada, y que él vive y reina como Señor del universo. Luego de que han pasado más de tres décadas, estoy más consciente que nunca de que es *solo* por su gracia que he entrado, solo por su gracia que me mantengo en pie. Toda mi esperanza para esta vida y para la eternidad descansa en él.

Joan, 84, bisabuela

No puedo imaginar la vida sin la presencia del Espíritu Santo de nuestro Señor. Él es mi guía, mi inspiración y aliento en toda las circunstancias. Las palabras de Jesús están grabadas de un modo indeleble en mi corazón. ¡Aleluya!

Josué, 31, trabajador en la atención de huérfanos

Jesús pasa mucho tiempo entre los niños descartados del sudoeste de la China. Cada día lo veo en la sonrisa y en las lágrimas de los niños de nuestro Hogar para Niños Huérfanos y Abandonados. Jesús me ama tanto. Cuidar a esos niños es la manera en que puedo demostrar mi amor por él.

Matt, 33, zelote confeso del ala derecha, y analista de sistemas

Jesús fue un hombre cuya vida resultó notable en todo sentido. Sus palabras eran claras y su carácter creíble. Él señaló que la gracia es la única solución, y cuando me miro a mí mismo con sinceridad, sé que eso tiene que ser verdad. Debo optar entre confiar en las promesas que él ha hecho con respecto a mi eternidad o intentar autoconvencerme de que Jesús constituye simplemente la conspiración más intricada y exitosa que el mundo ha visto. Afortunadamente, no me meto en eso de las teorías conspirativas.

Mick, 42, plantador de iglesias a medio tiempo

Poco tiempo atrás no lograba salir de la descripción de Pablo acerca de Jesús como el Dios «en el que vivimos, nos movemos y somos». Eso no deja afuera mucho, ¿verdad? Jesús lo llena todo de todas las maneras. Él no es la persona más importante de mi vida; es la vida misma.

Milly, 12, escritora en ciernes

Bien. Jesús… ¡Bueno! Él es la mejor cosa que jamás me ha sucedido. Cuando miro hacia atrás a los años anteriores, me sorprende lo diferente que se ha vuelto mi vida a causa de él. Mucha gente pasa por alto al cristianismo por considerarlo anticuado y relacionarlo con el ser buenos, pero es mucho más que eso. Es mucho más profundo y apasionante. La Biblia contiene una historia sorprendente en la que todo apunta a Jesucristo, pero mucha gente no lo sabe. Ni siquiera puedo comenzar a explicar lo maravilloso que es Jesús. (¡Necesitaría muchísimas palabras más de lo que es mi límite aquí!) Pero puedo decir con absoluta certeza que vale la pena que lo tengas en tu vida como tu Salvador y Rey.

MJ, 37, estudiante de posgrado, esposa y madre

Lo más fascinante con respecto a Jesús, cuando uno considera detenidamente quién es él, lo que hizo y dijo, es su sorprendente radicalidad. A veces fue áspero, a veces cortante, pero siempre inmensamente compasivo y accesible. No soportaba gustosamente a los necios y se movía en medio de la escoria de la humanidad, ensuciándose las manos. Rebelde a la autoridad, mezclándose con el bajo fondo, amigo de los enfermos, de los pobres y de los perdidos. Él fue un cachetazo en la cara y al mismo tiempo, una mano extendida para rescatar y consolar. Eternamente curioso y convincente.

Norm, 30, directivo de alto cargo

A medida que avanzo en edad, me doy cuenta de que conozco muy poco sobre Jesús. ¿Qué es lo que sé de él? Sé que Jesús es la razón por la que puedo decirles a mis hijos que todo está bien aun cuando el mundo sea muy complejo y a veces las cosas que suceden resulten muy difíciles de comprender. Ellos saben, y yo sé, que no tengo todas las respuestas, que no puedo predecir todo lo que va a suceder, y que yo no estaré sobre la tierra para siempre. Pero Jesús sí entiende lo que está sucediendo y él sí andará por aquí por siempre. Así que esto es lo que les digo a mis hijos sobre Jesús: Sean sabios; conozcan a Dios. No es que necesariamente la vida vaya a ser fácil, pero ustedes acabarán teniendo un sentir acerca de por qué están aquí y descubrirán lo que es importante en la vida. Sentirán la exigencia de ser lo mejor que puedan ser y encontrarán el ánimo para ayudar a otros a sacar lo mejor de ellos mismos. Y acabarán dándose cuenta de que aunque no sepan un montón de cosas sobre él, lo que sí saben hará de su paso por aquí algo extraordinario.

JR, 42, psicólogo

Ser cristiano no fue fácil ni natural para mí. Mi familia no me crió para ser cristiano; no me llevaron a la iglesia cuando niño, ni me enviaron a una escuela en la que se enseñara sobre Jesús. Todavía recuerdo mi sorpresa cuando conocí a algunas personas que realmente tomaban en serio a Jesús. Cuando tomé la decisión de convertirme en un seguidor de Jesús, eso me requirió bastante fe. Pero no una fe ciega; era algo más que una simple fe; se combinaban con ella el sentido común y el raciocinio. Al reflexionar ahora, creo que se necesita muchísima fe para negar la realidad de Jesús.

Simón, 52, pastor, maestro y abuelo

Jesús siempre rompe las reglas, pero también siempre hace lo correcto. Continuamente me sorprendo de lo diferente que es Jesús del Jesús que imaginamos, esperamos y aun a veces preferiríamos. Él, como Aslan, no es un Señor doméstico ni domesticado: todo lo contrario. Somos nosotros los que tenemos que quitarnos del medio, no él.

Sue, 60, partera

Jesús estuvo en el principio y estará siempre en el presente. Es un maravilloso don contar con él en la vida.

Walt, 43, gerente

Me gustan los muchachos del camino a Emaús, sobre los que se halla escrito al final del Evangelio de Lucas. Jesús había muerto y se había ido. Ellos se sentían acabados. Pero se encontraron con un hombre, caminaron y hablaron con él, y finalmente se dieron cuenta de que era Jesús. Había regresado y estaba con ellos otra vez. Y dice que sus corazones «ardían». ¡Qué momento! ¡Qué mensaje! Él había vuelto. Y ahora él camina y habla con nosotros. Su presencia no nos levanta simplemente de la depresión: hace que nuestros corazones revivan. Y el mundo comienza a tener sentido.

Eh, compañero, ya no quedan más páginas. Es el final. **—Pete.**

Sí… **—Ben**

Y qué dices… ¿quieres que escribamos otro libro? **—Pete**

¡Seguro! Qué te parece una historia sobre las grandes bandas de rock cristianas de Australia de… **—Ben**

¡Oh, por favor! **—Pete**

Nos agradaría recibir noticias suyas.
Por favor, envíe sus comentarios sobre este libro
a la dirección que aparece a continuación.
Muchas gracias.

Editorial Vida®
.com

Vida@zondervan.com
www.editorialvida.com